Vivir por amor o morir por miedo

Jorge Carrasco Huerta

Vivir por amor o morir por miedo

Siempre has estado a una decisión de transformar tu vida

Tercera edición: 28 Abril de 2023

Portada: Jorge Carrasco Huerta
Maquetación: Nuevos Ekkos

ISBN: 979-85-78-32067-5
Deposito legal: M- Impreso en España

En recuerdo a ti, Papá, estés donde estés.

AGRADECIMIENTOS

*A ti, mi compañera de viaje,
mi perfecto reflejo y mi maestra.*

*Gracias por recordarme quién soy
cuando me dejo llevar por las dudas y el olvido.*

*Gracias por mostrarme mis sombras
y mis luces con tanto amor.*

Gracias por creer ciegamente en mí.

*Gracias por tu despertar,
pues en él puedo ver el reflejo de mi propio despertar.*

Índice

Capítulo 1
Todos los caminos conducen a Roma

Capítulo 2
Quien domina las causas domina los efectos

Capítulo 3
Los dos estados mentales

Capítulo 4
Mentalidad recta

Capítulo 5
Los dos maestros

CAPÍTULO 6
EL EGO

CAPÍTULO 7
RELACIONES ESPECIALES

CAPÍTULO 8
TRAMPAS Y PRUEBAS EN EL CAMINO

Capítulo 9
Trascender

Capítulo 10
Principios universales de una mente abundante

PRÓLOGO

Estoy feliz de asistir al nacimiento de otro hijo más de *Un Curso de Milagros*. Se dice que escribir un libro se asemeja a la paternidad. Cuando "parimos" libros damos a luz a un nuevo ser. Por eso hay que anunciarlo igual: acaba de dar a luz Jorge, el niño se llama *Vivir por amor o morir por miedo*. El nombre ya dice mucho de él..., y de su padre. Parece que no es un niño cualquiera, no le hemos oído llorar. Hacen falta niños como estos, son niños que nacen con un farol en la mano, niños que surgen de la luz y traen luz a los buscadores de la verdad. Son niños fruto de la necesidad que este mundo tiene de luz. Son los nuevos enviados a transformar las mentes, que ya no soportan seguir sin conocerse a sí mismas.

No alumbrará a todos, solo los que buscan luz lo abrirán y encontrarán, entre sus páginas, aquello que necesitan para aliviar la sinrazón de sus vidas. Este no es un libro de entretenimiento, es justo lo contrario, es un libro para no perder más el tiempo, para emplearlo en conocer la obra maestra que el Creador hizo en cada uno de nosotros y que diligentemente ocultamos entre ilusiones a fin de olvidarnos de quiénes somos. Es un libro para traer a nuestra presencia el recuerdo de nuestra verdadera naturaleza. ¿Hay alguna meta más loable que ésta? ¿Puede pensarse emplear el tiempo en algo más productivo? Celebraremos entonces como se merece su epifanía. Este libro es una oportunidad más para ese fragmento de la Filiación que sintoniza con la expresiva voz de Jorge, con su forma de ver, analizar y recomponer esto que venimos llamando inadecuadamente: vida.

Por eso no lo abrirán todos, por eso para una gran mayoría este alumbramiento pasará inadvertido. A muchos de nosotros todavía nos gustan, nos ilusionan nuestras ilusiones, todavía pensamos que esta vida cambiante va a traernos alguna satisfacción y confiamos en ella nuestra felicidad. Todavía demasiados vivimos en la inopia y el despertador de una voz clara y decidida rompiendo nuestro sueño nos desagrada. Hay que ir dejando esto atrás. Es importante entre todos, y este libro viene con ese cometido, aumentar esa masa crítica que está surgiendo con fuerza y que acabará haciendo imposible la pesada quimera del opio.

Jorge es un hombre con las ideas claras, que expresa con rotundidad y rapidez. Cuando alguien habla así llama la atención. Para hacer esto hay que tomarse la vida en serio, no es algo que pueda impostarse durante mucho tiempo, no es algo que pueda aprenderse en un master. La personalidad puede educarse, pero no se crea en las aulas, nació para hablar con el Espíritu y de Él saca su apostura… y su convicción.

No hace mucho que nos conocemos, pero me llamó la atención su estilo como maestro de *Un Curso de Milagros*. Rompía con la estética que normalmente se usa en este ambiente de buenismo y complacencia. Se mostró más como hombre de negocios que como guía espiritual. Por su forma de expresarse nadie hubiera dicho que hablaba de espiritualidad; decidido, claro, enérgico y eficaz. Desentonaba en aquel grupo. Me gustó porque tampoco ando con rodeos y pensé localizarlo. Me ganó, a los dos días él me estaba llamando. Los genes que compartimos nos unieron y presiento que va en serio.

Explica el Curso como si formara parte de la vida, lo hace sencillo de aplicar, sus ejemplos y símiles se basan en asuntos habituales y eso lo acerca a los problemas que surgen cada día. Su libro se compone de eso, de cotidianidad. Solo pueden hablar así quienes frecuentan la vida, la viven anotando cada uno de sus pasos, quienes observan, estudian y nada se creen, quienes preguntan y saben dónde hacerlo.

Hacen falta maestros como él que caminen por la razón, sospechen de las emociones y no la abandonen nunca. Tal vez no parezca poético hablar así, pero no es un premio literario lo que busca Jorge, nada que ver. *La introducción de la razón en el sistema de pensamiento del ego es el comienzo de su deshacimiento, pues la razón y el ego se contradicen. (T-22.III.1:1-4)* Jorge es una ráfaga de aire fresco para nosotros, prometedora por tu juventud, fuerte por tu sabiduría. En este libro encontrará el lector la consecuencia de su carácter, de su aprendizaje y de la compañía extraordinaria que frecuenta.

El Espíritu camina contigo hermano, quiero dar testimonio de ello y de la satisfacción que me produce verte en Su compañía. Tú eres de los que escucharon la llamada y respondieron. Lo supe desde el primer día.

Quiero para acabar, recoger una frase de Jesús reconociendo a los maestros que, como tú, se prodigan y extienden al servicio. Va por ti:

Y ahora, bendito seas en todo lo que hagas. Dios te pide ayuda para salvar el mundo. Maestro de Dios, Él te ofrece Su Gratitud. Y el mundo entero queda en silencio ante la Gracia Del Padre que traes contigo. (M-29.8:1-3)

José Luis Molina, Galapagar 2020

Introducción

Vamos a hablar sobre ti y sobre el mundo en el que crees encontrarte. Si a través de lo que vas a leer en estas líneas alcanzas una comprensión más profunda de la verdad en ti, este libro habrá tenido éxito.

Seguro que en estos momentos te resulta imposible renunciar a todo lo que crees que eres. A tu cultura, a tus metas y objetivos, a tu familia, a tu grupo de música, a tus aspiraciones en la vida y a todo aquello que tenga que ver con lo que has aprendido en el pasado acerca de quién eres y acerca de aquello que tienes que hacer para lograr el éxito. En definitiva, renunciar a la lucha que llevas a cabo cada día para reforzar la idea del *ego* en ti.

Si te digo que el mundo que ves en estos momentos es una ilusión, o una proyección de tu mente, tal vez pienses que estoy loco. Pero observemos un poco esta idea antes de emitir juicios que nos impidan seguir profundizando, tal vez, en algo que nos acerque a la verdad de que existe en ti.

En este mundo creerás, y digo creerás, que has alcanzado la felicidad en ciertos momentos efímeros. Un espacio que parece que llegas a alcanzar antes de que venga el siguiente problema que te conduzca de nuevo a la lucha del día a día. Una "felicidad efímera" que depende de los acontecimientos que experimentamos. La felicidad que fabrica el ego es tan inestable e ilusoria como la base sobre la que sostiene todo su sistema de pensamiento, el cual da paso al mundo que ves.

> *La felicidad elusiva que cambia de forma según el
> tiempo o el lugar, es una ilusión que no significa nada.
> La felicidad tiene que ser algo constante
> porque se alcanza mediante el abandono del deseo
> de lo que no es constante.*
> UCDM T21 VII_13:1-3

El ego no es más que un grupo de creencias y programas mentales carentes de significado, que han alcanzado cierta autonomía, y que giran en torno a la idea que has erigido de ti mismo, o dicho de otro modo, el "yo" que crees ser. Todo un sistema de pensamiento ilusorio que se halla en tu mente, que impide que veas o recuerdes a tu verdadero ser. Si el "yo" que crees ser es un concepto ilusorio, y todo lo que observas lo haces a través de sus ojos, el mundo que ves no puede sino ser una ilusión.

Solo aquel que se libera de la idea del *ego* en sí, alcanzará lo eterno y la verdad. Y al ver que lo eterno y la verdad se hallaban en Él, recordará que no hay separación entre la verdad y su verdadero Ser.

Al ego no hay que destruirlo, pues al intentar hacerlo lo único que se lograría sería reforzarlo al otorgarle así realidad. Es el simple acto de reconocerlo y llevarlo ante la luz del Espíritu, donde será declarado inexistente, y por tanto, se abandonará dicha idea. Pues eso es lo que es, tan solo una idea.

A menos que no reconozcas los programas y mecánicas de defensa del *ego*, su naturaleza y sus patrones mentales, no podrás reconocerlo y caerás una y otra vez en el mismo error, dando paso a una vida rutinaria donde se proyectan los errores de percepción de tu mente sobre el mundo que ves.

La máxima del ego es que creas que tú eres él y que busques siempre la solución donde no existe, fuera de ti, haciéndote creer en un mundo de casualidades, de buena o mala suerte, de injusticias, y donde la causa de tus problemas se encuentra en cualquier lugar excepto en tu mente. Ese es el mayor engaño jamás contado en la historia de la humanidad. Un engaño que te contará una y otra vez, y lo hará con todo un arsenal de armas, estrategias y manipulaciones a través del miedo para que no dudes ni por un instante de que compartís la misma identidad.

Cuando veas y reconozcas la verdad que hay más allá de la idea que has fabricado acerca de ti mismo, simplemente recordarás. ¿Cómo si no podrías descubrir la verdad en ti, más que abandonando la parte ilusoria que gobierna tu mente y que aún proteges con recelo?

Como hemos mencionado anteriormente, con el ego no hay que emprender ninguna batalla, pues el ego se hace más fuerte en la lucha. La única manera de resolver el conflicto de esta idea es dando permiso a que la verdad entre en tu mente y vaya haciendo los arreglos oportunos y necesarios hasta que dicha idea sea deshecha y eliminada definitivamente. La palabra eliminada para el ego le resulta aterradora, pues el ego cree en la muerte, pero para el Espíritu es simplemente la corrección y la restauración de la verdad en ti, pues el Espíritu sabe que la muerte no existe. Por tanto, aquello que muere en ti no es la verdad, sino una idea falsa con la que te has familiarizado durante mucho tiempo.

El ego no es capaz de ver el presente, pues lo percibe con los ojos del pasado. El presente lo ve únicamente como un recurso para poder proyectar todo el pasado y crear así un puente donde futuro y pasado sean iguales. De este modo es como consigue perpetuar el pasado, haciendo que tu vida, o la historia de la humanidad, se repita una y otra vez.

El Espíritu en cambio sólo conoce el ahora, pues en el instante presente se halla el conocimiento y la verdad. En realidad tú jamás has estado en el pasado y jamás estarás en el futuro. Siempre te encontrarás aquí y ahora. En la ausencia de espacio y tiempo, un instante presente que tu ego nubla con recuerdos del pasado y preocupaciones del futuro para que lo pases por alto y no entres en contacto con la verdad del momento que estás viviendo justo en este preciso instante presente.

Hemos pensado erráticamente que solo unas pocas personas pueden alcanzar un estado mental elevado o incluso alcanzar la iluminación en última instancia, y disfrutar y reconocer la vida desde dicho estado mental. Como si rozase el favoritismo divino. Lejos de todo eso, a través de este libro descubriremos los criterios necesarios para elevar el estado de conciencia que estamos experimentando actualmente.

En resumidas cuentas, a lo largo de la lectura de este libro, nos daremos cuenta de que todos los acontecimientos que vivimos no surgen al azar o por casualidad, pues en este universo no existen las casualidades ya que es un mundo regido y sostenido por la Ley fundamental de causa y efecto. Si vivimos en un mundo causal, todo lo que ocurre es consecuencia de algo. La toma de responsabilidad te conducirá a una comprensión de que tú eres esa causa, y que toda tu realidad la creas tú. Temas como el dinero, las relaciones, el origen de la enfermedad, las religiones, qué es Dios, qué es ego, el mundo de la percepción, los estado emocionales, el perdón, la abundancia, el mundo de las causas y de los efectos, la sanación de la mente y otros tantos temas más, serán los que abordaremos a lo largo de esta lectura, para llevar a la mente a un estado de comprensión que permita al lector tomar decisiones desde el nivel de las causas, para así poder cambiar los efectos de su vida.

Los milagros son un modo de liberarse del miedo. Son la respuesta perfecta a una mente que se encuentra en conflicto. Es la reinterpretación de los pensamientos de miedo por pensamientos de Amor, devolviendo a la mente al estado original del Ser.

Capítulo 1

TODOS LOS CAMINOS CONDUCEN A ROMA

> *El miedo al ataque no es nada en comparación*
> *con el miedo que le tienes al amor.*
> UCDM T13 III_2:3

1.1.- Tu problema es tu regalo

Cuando estás atravesando un conflicto agudo, es muy improbable que en ese momento puedas llegar a entender que eso por lo que estás pasando es lo que más te está beneficiando. Y por el contrario, cuando estás viviendo una etapa de comodidad, puede que sea más improbable que llegues a darte cuenta que justo eso es lo que te está retrasando en el camino.

No estamos educados para experimentar emociones, sino más bien para evitarlas. El sentido que le hemos dado a la paz es el espacio en el que respiramos temporalmente libre de conflictos, a la espera de que en cualquier momento vuelvan a aparecer ante nosotros. ¿Alguna vez has vivido una situación donde todo se estaba dando tan bien que has llegado a decir "en cualquier momento algo malo va a pasar"?

Ese ha sido siempre el resumen de mi vida hasta mis treinta años. Vivía en una montaña rusa emocional con mucha incertidumbre, que me llevaba de una situación de "felicidad temporal" a pasar de nuevo a una etapa llena de problemas. ¿Cómo se puede llegar a experimentar la felicidad en los momentos de paz, si tu mente está en un estado de desconfianza constante que requiere defensa? Los momentos a los que llamaba felicidad no lo eran. Pero era lo que yo conocía como felicidad.

A mis veintidós años aproximadamente estaba viviendo una de las épocas más felices de mi vida. Tenía un trabajo que me daba cierta independencia, vivía en un pueblo residencial al norte de Madrid lleno de naturaleza, estaba enamorado de una mujer increíble y mi familia gozaba de perfecta salud.

Aparentemente lo tenía todo y no tenía ningún problema por el que preocuparme. Pero dentro de mí había un sentimiento de inseguridad y de inestabilidad que no me permitía vivir en paz. Y eso no solo me afectaba a mí, sino a las personas que me rodeaban. De algún modo sabía que si no cambiaba eso, era cuestión de tiempo perder todo aquello que la vida me había prestado.

Fue entonces cuando recibí una llamada, que de algún modo estaba esperando desde hace tiempo, pero que no quería afrontarlo. No estaba preparado, o por lo menos eso creía. Me acababan de dar la noticia de que mi padre estaba siendo hospitalizado en un estado muy grave, debido a las consecuencias irreversibles que le había ocasionado el alcohol. En ese momento, no podía imaginarme ni por un instante, el giro que la vida tenía previsto para mí.

Yo vivía por entonces con mis abuelos, los padres de mi padre. Para mí fue muy duro perder a mi padre a esa edad, pero no imaginé lo duro que iba a ser para mis abuelos el hecho de perder a su hijo. Recuerdo una conversación con mi abuelo en una habitación en el velatorio, donde nos encontrábamos él y yo solos.

—¿Qué tal estás?—pregunté aquel día a mi abuelo.

En ese momento se creó un silencio en la habitación y mi abuelo rompió a llorar. Era la primera vez que le veía soltar una lágrima de dolor. Se apoyó sobre mi hombro para desahogarse, e inmediatamente se repuso diciendo:

—Venga, venga, es importante que tu abuela nos vea enteros —dijo mi abuelo reponiéndose—. No puede vernos derrumbados porque si no ella se derrumbará más aún.

Una de las creencias con las que más hemos cargado culturalmente, sobre todo los hombres, es no poder mostrar nuestras emociones delante de los demás.

La frase de *"los hombres no lloran"*, ha hecho mucho daño a la humanidad. Así lo aprendió mi abuelo, y así lo aprendí yo también.

Estamos educados para mostrar un yo social correcto y positivo de cara al exterior, y para ello deberás rechazar o contener ciertos estados emocionales que existen en tu interior, y que por tanto, son parte de ti. Si son parte de ti y asocias esa parte como mala o negativa, estás emitiendo un juicio contra ti mismo, al pensar que hay algo dentro de ti que es inadmisible y que no puede ser compartido con los demás. ¿No es acaso un gesto de rechazo avergonzarte al sentir cosas que existen en ti? Es más, ¿no es acaso arrogante que seas tú el que dictamines qué aspectos de tu naturaleza son aceptables y cuáles no, cuando son parte de la propia naturaleza? Llorar es natural, del mismo modo que bostezar.

No nos damos cuenta de que las emociones son energía que necesita ser expresada, y al no hacerlo, van creando el efecto de una olla a presión dentro de uno mismo y terminarán por explotar y afectarán, no solo a la persona en cuestión, sino a todo su entorno.

Tanto mi hermano Alex, mi abuelo y yo, emprendimos toda esa transición resignados a no emitir ni compartir nuestras emociones, creando un caparazón tal, que no sólo nos negamos a expresarnos delante de mi abuela, sino que tampoco nos permitimos hacerlo delante del resto de nuestro entorno, el cual estaba allí para arroparnos y amortiguar esa tristeza que debía ser expresada en ese momento.

Mi estado emocional había pasado de ser irascible a ser insoportable. La impotencia y la inseguridad que había dentro de mí era de tal calibre que no sabía cómo escapar de todo eso. Era como estar atrapado en una jaula en la que vas creciendo cada día poco a poco, pero la jaula siempre se mantiene en el mismo tamaño.

La relación que tenía estaba siendo insostenible por mi parte. La necesidad de atención, control y desesperación que había dentro de mí era proyectada constantemente sobre mi pareja. Finalmente, meses después me tocó enfrentarme a lo que tanto temía. No quería aceptar otra pérdida tan seguida en mi vida, y más en el estado en el que me encontraba. Pensaba que la vida no podía ser más despiadada e injusta. Recuerdo gritar en la calle en ese momento:

—¡Ahora no, por favor!

Todo mi mundo se estaba derrumbando. ¿Por qué tenía que ser todo tan difícil? ¿Acaso no tenía derecho a vivir una vida normal? ¿Acaso era una utopía eso que tanto buscamos a lo que llamamos felicidad?

Pero aún no había terminado la vida de poner más piedras en mi camino, como si no fuese suficiente con todo lo que estaba pasando ya. La situación tampoco estaba siendo fácil para mis abuelos tras la pérdida de su hijo. Ellos ya se habían jubilado y se les notaba cansados tras llevar una vida entregada a todo el mundo menos a ellos mismos. Se habían encargado de sus hijos y posteriormente de sus nietos. Había llegado el momento de tener que partir y dejar el único sitio donde había pasado la mejor infancia que pude tener y los mejores años de mi vida.

La sombra de la depresión no tardó en llamar a mi puerta, y las salidas por la noche eran la única vía de escape que encontraba. Estaba dejando demasiadas cosas atrás. Tenía delante de mis pies un aterrador salto al vacío, una bifurcación en el camino que me obligaba a tomar una dirección que jamás había tomado y que no sabía cómo afrontar, pero no me quedaba más remedio que abrirme a experimentar lo que la vida tenía preparado para mí.

En ese momento no podía imaginar que toda esa situación que emanaba de mis problemas, contenía los componentes necesarios para que pudiese experimentar una verdadera metamorfosis, necesaria para vivir una vida que estaba esperando pacientemente a que me sintiese merecedor de ella y así, poder manifestarse en todo su esplendor ante mí.

Creo que acerté cuando tomé la decisión sincera de querer comprender para qué estaba viviendo todo eso, y de aprender a no volver a repetir esa experiencia jamás. Por entonces seguía sin entender que no podía controlar lo que pudiese suceder fuera de mí, pero estaba dispuesto a cambiar lo que fuese necesario para no volverme a sentir así. Tal vez, eso fue lo que me llevó a adentrarme en el mundo del desarrollo personal, de la psicología y, años más tarde, de la espiritualidad, siempre de manera autodidacta, ha hecho posible, posteriormente mirar atrás y comprender el equilibrio oculto que se escondía tras todos los acontecimientos por los que había pasado.

Todos tenemos una historia de dolor y un camino que recorrer y afrontar. Aunque cada camino sea aparentemente distinto, absolutamente todos contienen una única lección, y es la misma para todos. La vida usará todos los recursos que tiene a su alcance para moldear tu experiencia, de tal modo que adopte una forma especial y única, en la que la lección pueda ser entregada y comprendida eficazmente según tu propio punto de referencia interior con el que comprendes el mundo tal y como lo ves. Tal vez la lección se esconda a través de la relaciones de pareja, de la economía, de la política, de la enfermedad, de la traición, de la pérdida o de varias de ellas a la vez. Nada de eso importa.

Lo que has de comprender es que tu experiencia en este mundo no es ni mejor ni peor que la de ninguna persona, es justo la experiencia perfecta para ti. Es el camino que debes recorrer para descubrir cuál es la enseñanza que se esconde tras ella, comprendiendo que todo lo que estás viviendo trae consigo la llave que te liberará de todos los fantasmas que se esconden en tu interior, y que no te permiten escuchar a la voz que habla por Dios a través de ti.

Una vez queda despejado el camino, la experiencia que ves ante tus ojos cambiará definitivamente y, una vez aprendida la lección, serás tú el que ilumine el camino de otros, pues uno de los aprendizajes que aprenderemos tarde o temprano en este mundo, es que el beneficio del otro es tu propio beneficio, y que aquello que enseñas a los demás es aquello que refuerzas en tu mente. Y es así como se alcanza la comprensión que todos y cada uno de los caminos conducen al mismo sitio.

Hoy miro con agradecimiento pleno a cada una de las circunstancias y a todas las personas que formaron parte de mi camino en el pasado, pues a todos formaban parte de lo inevitable y como recurso de enseñanza. Mi función solo se reducía a estar dispuesto a ver.

1.2.- Identifica las señales en el camino

No hemos venido a este mundo para cambiarlo,
sino para aprender a amarlo. Solo entonces el mundo
cambiará ante nuestros ojos.
Jorge Carrasco

Vives en un universo de espacio infinito, donde todo está ordenado tan milimétricamente, que es escalofriante llegar a pensarlo. Tal es así, que una de las mentes más evolucionadas en el mundo de la física de todos nuestros tiempos, Albert Einstein, llegó a la conclusión que no estábamos en un universo donde las casualidades pudiesen existir.

A través de la observación, y de las ciencias matemáticas, Einstein dedujo que era literalmente imposible que el orden del universo fuese producto del azar. Y esto solo nos lleva a la conclusión que debe haber una intención detrás de dicho orden producido por una inteligencia.

Vives en un mundo donde las coincidencias y las casualidades son imposibles. Estás dentro de un universo causal, donde todo lo que sucede está regido por la Ley de causa y efecto. Por lo tanto, si el universo está regido por esta ley, o bien esta ley funciona para todo o no funciona en absoluto. De este modo solo queda comprender que no es ninguna casualidad que la tierra esté en el lugar en el que se encuentra, que los planetas estén colocados en el lugar exacto en el que lo están o que mañana vaya a llover, del mismo modo que no es casualidad que tú vivas donde vives, que hayas nacido en el lugar dónde has nacido, que tengas el nombre que tienes y que las personas que están a tu alrededor sean las personas correctas y perfectas que tienen que estar justo en el lugar en el que están. Toda tu vida está sostenida por un perfecto equilibrio y, todo equilibrio se mantiene por un motor gigante que es nutrido por el recurso más ilimitado y poderoso que existe en todo el mundo, el amor.

El amor no solo puede mover montañas, de hecho eso es una hazaña insignificante para él, ya que la función del amor es crear mundos a través de tu mente. Pero tu mente nada puede hacer cuando eliges el miedo en lugar del amor en ti. Mucho se ha confundido esta palabra con términos románticos, pero, lejos de lo que hemos aprendido de Hollywood, el amor es el principio esencial que todo lo crea. Tu cuerpo está perfectamente equilibrado y funciona minuciosamente gracias al amor. Las células de tu cuerpo saben que tienen que hacer mientras duermes gracias al amor. La armonía que consigues percibir a veces en este mundo cambiante y caótico, es el reflejo del amor que se esconde tras él. Tu cuerpo se autocura cuando está enfermo gracias al amor. Y tu mente se inspira y es creativa gracias al amor. El amor no es una emoción, es una decisión que te lleva a un estado de consciencia que contiene todo y a todos, y que te conduce a experimentar una vida plena, ya que cuando la vida no es plena deja de ser vida. Al estar en ti, tú eres Él. Solo el amor es creativo, por tanto tu verdadera función es crear, no destruir. Sólo la negación del amor te llevaría a decantarte por el miedo, dando paso al mundo que experimentas y ves. El amor y el miedo son dos sistemas de pensamientos opuestos que se encuentran en ti.

Del mismo modo que uno crea la realidad, el otro construye sueños ilusorios. Uno equilibra, y el otro desequilibra. Uno lo contiene todo y el otro lo separa todo. Uno cura y el otro enferma. Uno te llena de sentido y plenitud, y el otro te vacía por dentro y no te deja respirar.

Literalmente **el miedo no te mantiene con vida, solo te mantiene respirando.** Solo a través del amor puedes experimentar la vida. En el mundo tal como lo conocemos, todos vivimos bajo el manto del miedo. A través del miedo no puedes comprender la verdad en ti, pero si puedes oír, enseñar y aprender lo que no es cierto. Cuando eliges el miedo como guía, te enseñarás a ti mismo que eres algo que no eres. No puedes enseñar a nadie aquello que no has aprendido, y todo lo que enseñas no haces más que reforzarlo en tu mente. Por lo tanto, en este mundo sólo puedes ser maestro de ti mismo. El amor es un estado de consciencia que está al alcance de cualquiera, pues se encuentra en la mente. Y todo lo que se encuentra en ti tiene que estar a tu alcance en este mismo instante.

Cuando vives en ese estado de consciencia la magia en la vida sucede. Al vivir en un universo de causas y efectos, hay que comprender que vibrar en ese estado es la causa más poderosa y acertada que se puede y se debe llegar a alcanzar, pues desde ahí, todo sucede de manera natural, no forzada y sin ser artificial. La abundancia, el amor, las relaciones auténticas, la salud, y todo lo que buscas fuera de ti, siempre se ha debido a una decisión determinante de un cambio interior que no depende de nada exterior. Nada sucede en tu vida desde el hacer, sino desde el Ser, pues tal y como rigen la Ley de Causa y Efecto, **nunca podrás tener aquello que no eres.**

Desde este mismo principio, cuando tu mente vive o vibra en el miedo, los símbolos de escasez, separación, conflicto, enfermedad y muerte se manifiestan inevitablemente en tu experiencia, no como castigo, como se ha llegado a interpretar el *Karma*, sino consecuencia o resultado de aquello con lo que tú te identificas.

Si el amor lo abarca todo y no rechaza nada, todo apunta que eres tú el que lo has rechazado y negado en tu vida. No puedes destruirlo, pero sí puedes negarlo hasta que vuelva a ser aceptado. El amor es conocimiento, por lo tanto, rechazar el amor en ti, es rechazar el conocimiento al que puedes acceder para que guíe tu camino con total claridad. De lo contrario, la experiencia en la confusión será inevitable, ya que un mundo sin conocimiento solo puede engendrar temor en tu mente.

Dejar de guiarte por el miedo y permitir que el amor sea tu maestro en este mundo, es la experiencia más enriquecedora a la que puedes optar. No hay nada exterior a ti, que tenga la capacidad de llenarte tanto de sentido y plenitud, como vibrar en el estado de consciencia del que todos procedemos. Tus necesidades son suspendidas ante este estado.

¿De qué serías capaz en esta vida si no tuvieses miedo a perder, al no tener la sensación de necesitar conseguir? ¿Seguirías faltándote al respeto a través de tus relaciones personales, sentimentales o profesionales? ¿Seguirías manipulando a los demás por la necesidad de conseguir esa aceptación o ese tesoro que tanto necesitas conseguir a costa de los demás?

Si el maestro del amor no comprende de necesidad o de pérdidas, solo podrás acceder a él cuando estés dispuesto a **perder el miedo a aquello que temes perder.** De no hacerlo, habrás decidido que sea miedo el que siga condicionando tus actos y no habrá posibilidad de permitir que el amor sea el maestro que guíe tu camino. Da igual donde te encuentres, qué edad tienes, de qué cultura seas, o qué errores cometiste en el pasado o por lo que estés pasando. Da igual cuántas veces lo has negado de tu vida. ¡Nada de eso importa! El amor no lleva las cuentas, y acepta a pesar de haber cometido errores y de seguir haciéndolo. Cuando estés decidido a dejar de elegir al miedo como recurso, y permitir que el amor retome las riendas de tu vida, tu mente comenzará a dirigir tu verdadero proceso de metamorfosis. Entonces un nuevo Maestro guiará tu camino, y usará todos los recursos de tu experiencia para elevarte al lugar que te corresponde. Te entrenará y te acompañará con un perfecto equilibrio entre dulzura y determinación. Y te mostrará que todas las respuestas que pediste siempre estuvieron delante de ti, y que jamás estuviste perdido, pues tu camino de vuelta estaba garantizado.

La vida está llena de significado, y siempre te da el mensaje correcto en el momento correcto. A veces te lo muestra de manera sutil, otras a través de una valla publicitaria gigante para que lo veas, otras veces a través de un libro, a través de un mentor o de una simple llamada, o de la persona que tienes justo a tu lado en este momento. El amor no quiere cambiar nada de lo que te sucede, tan solo quiere que aprendas a cambiar la manera en la que ves lo que te sucede y, por tanto, en la manera en la que te ves a ti mismo ante lo que te sucede. Al hacerlo, terminarás de descubrir que, realmente, **todos los caminos conducen a ROMA** < (Dale la vuelta).

1.3.- Tu punto de partida

Tu punto de partida no es el lugar en el que te encuentras ahora. Tu punto de partida se originó desde un estado de consciencia, mucho antes de tu llegada a este mundo. Un viaje que iniciaste hace tanto tiempo, cuyo costo a pagar es haberte olvidado no solo del propósito de tu viaje, sino de Quién Eres y de dónde vienes.

Este viaje no es un recorrido que va desde un punto de inicio del que crees que vienes hasta un punto final, o de llegada, al que crees que te diriges. Es un viaje hacia atrás en el tiempo, un deshacer o desaprender todo lo que has aprendido en el mundo del conflicto, un camino donde te darás cuenta que la llegada no está al final de las cosas, sino que se encuentra en el punto del que procedemos. Un viaje donde la palabra "final" pierde su significado y su veracidad, ya que en ese lugar todo se da de manera infinita y eterna.

Vamos a viajar a través de las circunstancias, del tiempo y de otros acontecimientos que atañen directamente al personaje al que llamas "yo", esa falsa y limitada idea que tienes acerca de ti mismo que has ido adquiriendo a lo largo del tiempo, responsable de los conflictos y de la confusión que estás viviendo, a medida que te has olvidado de tu verdadera identidad. El objetivo es llevarte a un punto de comprensión para que puedas ver esta imagen con perspectiva y claridad. Que puedas reconocer aquellos aspectos de ti que no son ciertos, para así dejar el espacio necesario que tu mente necesita para que la verdad de lo que Eres pueda tener lugar. De este modo es como podemos recuperar el guía y el rumbo de nuestras vidas.

Llegar a comprender el arte de invertir la percepción de las cosas para descubrir la verdad que se esconde tras todo ello, será otro de los propósitos que contiene esta lectura. Y de este modo comprenderemos que solo invirtiendo nuestro sistema de pensamiento es como podemos descubrir la verdad que ya es, que siempre fue y que eternamente será. Pues todo significado que vemos no procede del exterior, sino de nuestra propia interpretación de los acontecimientos. Y en esa elección de percepción que todos tenemos es donde radica nuestro verdadero libre albedrío y, por ende, nuestro verdadero poder, pues a través de esa elección tenemos la capacidad de traer el cielo o el infierno a nuestra experiencia de vida, según la elección que decidamos tomar.

El proceso en este libro es ayudarte a erradicar los símbolos que están enraizados en tu mente inconsciente y que condicionan de manera muy directa, aunque de manera imperceptible para el ojo humano, tu experiencia de vida. Al final, te darás cuenta de que nunca has elegido ante diversas opciones, sino que siempre has elegido ante dos únicas posibilidades, ante dos sistemas de pensamientos y ante dos únicas enseñanzas en este mundo; la enseñanza del *ego* o la enseñanza del *espíritu*.

La primera tiene como objetivo hacer más sofisticado al personaje o *ego*. Obsesionado por conquistar el mundo exterior se cubre de herramientas constantemente para poder alcanzar su objetivo: la eterna lucha por la supervivencia del "yo". Esta es la idea responsable de que vivas las mismas situaciones de desesperación, y las mismas batallas que se repiten una y otra vez en tu vida. Sus creencias descansan sobre pilares del miedo y el objetivo de sus enseñanzas está basado en abrigar resentimientos con el único objetivo de dividir, y de mantener así a la mente atrapada en un sueño de conflicto, escasez, enfermedad y muerte. Su mensaje reza así: "Si esto fuese diferente, yo me salvaría. Para que yo gane, otros tienen que perder". El cambio de mentalidad es necesario para la salvación, por lo tanto se lo exiges a todo el mundo y a todas las cosas excepto a ti mismo.

La segunda tiene como objetivo el des-hacimiento del ego, esa falsa identidad que pesa sobre ti, corrigiendo los errores de percepción que se encuentran en la mente, y sustituyendo los pensamientos de conflicto, escasez, enfermedad y muerte, por pensamientos de paz, abundancia, unicidad y vida. Sus creencias descansan sobre los pilares del Amor, y basa sus enseñanzas en el perdón para liberar a tu mente del conflicto. Es la que te conduce al corazón y a la raíz de las cosas, a la liberación de las cadenas que te pusiste, y por ende, a la emancipación del alma.

Como seres humanos, somos capaces de pasar 40 años en un mismo cubículo a cambio de una cantidad de dinero y de cierta "seguridad", olvidándonos de vivir una experiencia auténtica y enriquecedora. Vendemos nuestra libertad y nuestros momentos por una cárcel de oro. Estamos viviendo las consecuencias de nuestro propio estado mental que nos ha llevado a convertirnos en zombis dentro de un mundo superficial y carente de sentido.

Es aquí donde nos encontramos como especie, en un mismo sitio, en una misma época, en un mismo lugar, viviendo todos en nuestro máximo apogeo, en nuestra máxima esencia, ansiando un salto cuántico evolutivo que nos conduzca a una experiencia de vida muy enriquecedora.

¿Piensas que tu estado mental no interfiere directamente en tu experiencia de vida? Interfiere directamente y en todo momento. Vivir desde la alegría, desde la felicidad y desde el amor no es cuestión de talentos o dones, sino de voluntad, de una firme decisión y compromiso contigo mismo que, una vez se lleva a cabo, permite que puedas enseñar a los demás aquello que tú te permitiste aprender.

Comprender toda esta información fue la que cambió por completo mi vida y ahora quiero compartirla con el mundo, y por supuesto, compartirla contigo. Si me lo permites quiero acompañarte, a través de este libro, a un encuentro con tu Ser, con tu verdadero poder, para desvelar la verdad y desatar las fuerzas ocultas que se esconden en ti, y que ellas sean las que dirijan tu vida de ahora en adelante. ¿Qué podría haber más importante en esta vida que alcanzar una comprensión más profunda acerca de: *Quién eres*?

Permíteme que te diga algo, lo que voy a compartir contigo en este libro no pretende enseñarte nada nuevo, tan solo te recordará algo que ya conoces, pero que has relegado al olvido. Por lo tanto este libro no nos conducirá a aprender más cosas, sino a liberarnos de aquellas cosas que entorpecen que el conocimiento se manifieste de manera natural en tu mente.

Recuerda que el problema del conocimiento no es el desconocimiento, sino la absurda creencia que tenemos: de que ya lo sabemos todo. Alcanzar el estado de inocencia que caracteriza la mente de un niño, es el mejor estado al que podemos llevar a nuestra mente, para que la información pueda entrar sin resistencias y de un modo natural y fluido en todos nosotros.

En este libro vamos a intentar dar sentido a todas estas preguntas que conviven con nosotros desde el inicio de los tiempos hasta el día de hoy. Y llegaremos a comprender como nuestro particular estado mental no solo condiciona de manera directa a nuestras relaciones, negocios, salud y, en definitiva, a toda nuestra experiencia de vida, sino el impacto que tiene, y cada vez más acentuado, a nivel global. En este momento tienes a tu alcance los recursos para convertirte en el cambio que quieres ver en el mundo.

Capítulo 2

Quien domina las causas domina los efectos

Las pruebas por las que pasas no son más que lecciones que aún no has aprendido que vuelven a presentarse de nuevo a fin de que donde antes hiciste una elección errónea, puedas ahora hacer una mejor y escapar así del dolor que te ocasionó lo que elegiste previamente.
UCDM. T31 VIII_3:1

2.1.- Del victimismo a la responsabilidad

En septiembre de 2013 recibí una llamada de Oscar M., él es la persona por la que llegué a UCDM, invitándome a ir a un grupo de estudio que estaba iniciándose. Fue cuando conocí a Andrés R. quien llevaba por entonces más de diez años estudiando minuciosamente este libro, y facilitando este tipo de reuniones didácticas con el objetivo, no de sustituir al curso, sino de hacer que la comprensión del texto, sobre todo al principio, fuera más fácil de digerir, y evitar interpretaciones erróneas, consecuencia de la mente tramposa en la que nos encontramos. Esta es la definición y la función que tiene un maestro de UCDM.

En ese momento mi mente estaba obsesionada con dos cosas: conseguir una relación de pareja estable y alcanzar una seguridad financiera. A medida que Andrés iba avanzando en la lectura y desarrollando el contenido de ese día, observaba que el contenido que compartía señalaba siempre a que todo lo que sucedía en mi vida era porque yo lo estaba pidiendo y creando de algún modo. Por dentro comencé a sentir una confusión tremenda, ya que contrastaba con las lecciones del mundo tal y como las conocía. A medida que avanzaba, de la confusión pasé inmediatamente a ser gobernado por un estado de frustración que se manifestó con una actitud desafiante hacia él. Fue entonces cuando le pregunté:

> Yo: Vamos a ver Andrés, ¿me estás diciendo que todo lo que me sucede en mi vida es porque yo quiero que me suceda?
>
> A: Así es.
>
> Yo: Y, lo que no tengo en mi vida, ¿es porque yo mismo estoy alejándolo de mi vida?
>
> A: Así es. Contestaba él con una calma inmutable en todo momento, mientras mi actitud iba en aumento cada vez más y más.
>
> Yo: Pues creo que estás muy equivocado.
>
> A: [...] ¿En qué aspecto no estás de acuerdo?
>
> Yo: ¡En todo lo que dices!

El contenido que mis oídos estaban escuchando era tan amenazante para mi ego, que sin darme cuenta, todos mis mecanismos de defensa se activaron y pasaron a gobernarme, del mismo modo que un avión que entra en piloto automático mientras el piloto se queda en reposo permitiendo que el control sea dirigido por la nave. En ese momento, todo el contenido que compartía lo interpretaba como una amenaza, y por tanto, comencé a rechazarlo.

Fue su actitud calmada que mantuvo durante todo momento, la que consiguió hacer que la información que necesitaba escuchar, pudiese encontrar una brecha y sortear muros de defensa que mi ego había levantado en ese momento, y que cambiaría mi percepción del mundo tal como lo comprendía.

Yo: Vamos a ver Andrés, si lo que dices es cierto. ¿Cómo puede ser posible que yo quiera tener novia y más dinero y no lo tenga?

A: Sencillamente, porque no quieres tener ni dinero ni pareja. Por eso no lo tienes.

Yo: ¿Me vas a decir tú a mí lo que yo quiero o no quiero sin conocerme? ¿No es un poco arrogante por tu parte juzgarme de ese modo sin saber quién soy o lo que yo quiero? ¡Sabré yo lo que quiero o no quiero en mi vida! Tengo las ideas muy claras de lo que quiero conseguir y no creo que tú sepas más que yo de lo que quiero o lo que no quiero.

A: Simplemente te digo que es imposible que estés viviendo una experiencia externa a tu mente. Puede que lo desees. Pero si no lo tienes es porque estás tomando la decisión inconsciente de alejar todo eso de tu vida. El beneficio que obtienes de no tenerlo es lo que deberás descubrir para poder eliminar las barreras que has interpuesto entre aquello que deseas y tú.

En ese momento me quedé en silencio sin poder argumentar palabra. Las palabras que había dicho me llevaban a un estado de introspección profunda que me hacían comprender que siempre he estado al mando de mi vida en un 100%. Esto me alejó de toda idea de azar y victimismo con lo que mi mente tramposa me solía mantener entretenido. Al entender este concepto, comprendí que estaba siendo responsable completamente de mi experiencia de vida.

Esto me llevó a interesarme de manera más comprometida con el contenido de UCDM. En la medida que iba profundizando en los conceptos que postulaba en libro y aplicaba los ejercicios diarios, iba entrando en un estado de inspiración que jamás había llegado a experimentar. A su vez iba adquiriendo más y más comprensión de los pilares repetitivos sobre los que descansaba mi sistema de pensamiento. Esto a su vez me llevó automáticamente a ser cada vez más consciente de que en la medida que se movían las estructuras de mi mundo interior, automática e inevitablemente se movía todo mi mundo exterior comprendiendo con claridad así la asociación directa que existe entre creencias (causa) y experiencias (efecto).

Al ver con más claridad los dos sistemas de pensamiento que se alojaban en mi mente, comencé a comprender que siempre he elegido ante estas dos únicas opciones. De este modo veía cómo mi mundo exterior entraba en caos y en lucha cada vez que me inclinaba por un sistema de pensamiento, y cómo se ordenaba automáticamente y sin esfuerzo cada vez que me inclinaba por el otro. Este juego de decisiones desde el interior y la observación de lo exterior, me hizo desarrollar durante los siguientes años, la capacidad de poder discernir entre cuál de las dos voces que hablaban dentro de mí era a la que tenía que escuchar realmente con atención.

Tiempo después llegué a comprender con total claridad, como si de una revelación se tratase, la causa que mantenía levantado el muro que impedía que pudiese disfrutar de ambas cosas. Al entender el origen de las causas, fue fácil poder decidir de nuevo y permitir que el milagro obrase en mi mente. En ese momento vi que todo comenzó a organizarse de manera natural y sin esfuerzo a través de mí.

Después de permitirme jugar a ir y venir entre las dos opciones que tenía ante mí, experimentando durante ese tiempo un sinfín de experiencias y regalos, tomé una decisión firme y sincera conmigo mismo lo que me llevó a abrirme a una nueva etapa en mi vida. Ya estaba preparado.

Fue en la misma semana de enero del año 2017 cuando comencé a salir con la mejor compañera de viaje que pude tener en esta vida, y cuando conocería al socio con el que emprendería el nuevo proyecto a través del cual me llevaría a alcanzar una facturación anual que jamás había podido imaginar en ese momento, armándose todo de una manera sencilla a la que mi mente no estaba acostumbrada.

En ese momento pude comprender un pequeño atisbo de la capacidad y poder creativo que podemos llegar a alcanzar en este mundo, cuando depositamos nuestras decisiones en el maestro interior correcto.

2.2.- El origen de tus problemas

Todo lo que sucede en tu vida, primero ha debido originarse en tu mente. ¿Alguna vez te has parado a pensar que si todos los seres humanos no estuviésemos en este planeta, no existirían los problemas humanos?

El mundo tal como lo ves sería distinto. No habría guerras, ni contaminación, el racismo sería un concepto que no comprenderías. El machismo y el feminismo tampoco sabrías lo que es. Conceptos como "el rico", "el pobre", "la víctima", "el verdugo", "el *bullying*", "el traidor" o "el traicionado", no tendrían cabida en este mundo. El cambio climático seguiría un curso natural y no se vería afectado por el impacto que generamos en la tierra, a causa de nuestro desequilibrio interior. No sabrías lo que es la envidia, ni conocerías los eternos debates políticos basados en constantes ataques y juicios absurdos destructivos. Incluso los conflictos emocionales más populares en la sociedad a día de hoy, la depresión y la ansiedad, desaparecerían inmediatamente.

Estos conceptos no hablan de la vida, sino del *ego*, que contrasta directamente con la naturaleza de lo que verdaderamente eres. El conflicto, que conlleva darle poder y valor a estos símbolos, es lo que se manifestará en el nivel de tu experiencia para que puedas ver tus pensamientos conflictivos con tus propios ojos. Para que tu mundo tenga significado has tenido que darle tu primero ese significado.

Pero, ¿para qué necesitamos crear una experiencia en este mundo, basado en todos estos conflictos? ¿Será todo esto la consecuencia de no terminar de comprender quiénes somos? ¿Será que estamos jugando a ser algo que se aleja de nuestra verdadera naturaleza?

El mundo físico nace del mundo de lo no físico. Todo pensamiento tiene el poder de crear, pues el pensamiento opera en el nivel de las causas. Todo lo demás es efecto. Tus actos son pensamientos en movimiento, tus palabras son pensamientos en voz alta, tus emociones son la expresión de tus pensamientos cuando entran en contacto con tu cuerpo, y tus relaciones son el reflejo de tus creencias. De nada sirve cambiar un conflicto a nivel de los efectos si la causa sigue en tu mente, pues se seguirá manifestando aunque cambie de forma.

Tu mente individual está compuesta por la suma total de todas tus creencias. Tu mente individual, pertenece a su vez a una mente colectiva que está compuesta por todos los pensamientos y creencias del mundo. La mente colectiva a su vez está dividida por un sin fin de grupos colectivos. Tu mente individual crea tu realidad individual, del mismo modo que la mente colectiva crea la realidad colectiva que todos compartimos.

Todos albergamos dos tipos de pensamiento en nuestra mente, unos que proceden de un estado mental basado en el amor, y otros que proceden de un estado mental basado en el miedo. Cuanto más compartas un pensamiento o una idea, más reforzarás en tu mente el sistema de pensamiento del que procede. Y cada sistema de pensamiento te mostrará mundos radicalmente distintos. Cuanto más cerca estás del amor, más experimentas la armonía, el concepto de unidad, la abundancia, la salud y la vida. Cuanto más lejos estás del amor, más experimentas el concepto de división, de escasez, de enfermedad y de muerte. Cuanto más te alejas del amor, más intenso es el miedo y viceversa.

El miedo como tal no existe. Es la consecuencia de la ausencia del amor, del mismo modo que la oscuridad es la consecuencia de la ausencia de la luz, o el frío es la consecuencia de la ausencia del calor. En física, puedes medir la cantidad de luz, pero no la cantidad de oscuridad. Existen calorías que generan calor, pero no existe energía que genere frío ya que la "frigoría" equivalente al valor negativo de 1 kilocaloría, por eso lo que experimentas como miedo es ausencia de amor.

Solemos confundir popularmente el amor como una emoción romántica o el miedo como una emoción de supervivencia, pensando que existen más emociones aparte de estas. Pero debemos ampliar nuestro punto de referencia frente a estos dos conceptos para comprender lo que realmente significan, cómo nos afectan y qué realidades nos muestra cada uno de ellos.

El amor no es una emoción, es un estado de consciencia. Si el amor es el principio real, el amor es lo único que tiene que ser verdad y conocimiento.

La ausencia de conocimiento engendra temor en la mente. El espíritu procede del amor, del mismo modo que el ego es la proyección de un estado mental ilusorio.

El milagro es la respuesta perfecta de una percepción destructiva o conflictiva a nivel mental, por una percepción constructiva. Es la respuesta que ofrece el espíritu frente a la dicotomía del ego. La percepción destructiva procede de un sistema de pensamiento basado en el miedo, y la segunda, procede de un sistema de pensamiento basado en el amor.

Los Milagros son pensamientos. Los pensamientos pueden representar el nivel inferior corporal de experiencia, o el nivel superior espiritual de experiencia. Uno de ellos da lugar a lo físico, el otro crea lo espiritual.

UCDM T1_I 12:1

No existen pensamientos neutros, ya que al operar en el nivel de las causas todos tienen efectos. Pensar es inevitable, pero elegir qué sistema de pensamiento vas a alimentar cada día es posible. Y aquel que alimentes lo experimentarás en tu vida. Podemos comprender entonces que el amor es creativo y el miedo destructivo. Tu estado emocional no solo altera tu percepción de la realidad, sino que afecta directamente a tu salud, a tus relaciones, a tu economía, y a tu experiencia de vida.

Tu mente está dividida, y en la medida que compartas pensamientos de miedo o de amor, refuerzas uno de los dos sistemas mentales, dando paso a la experiencia que estés decidiendo vivir como consecuencia de lo compartido. A través de tus relaciones reafirmas tus creencias. Por tanto, tus relaciones son el recurso que tienes para elevarte al cielo o sumergirte en el infierno.

Como seres humanos queremos mejorar nuestras relaciones, nuestra economía o nuestra salud, entre tantas y tantas cosas, sin querer comprender que todas esas cosas son la consecuencia de nuestro propio estado mental. Por tanto, es solo elevando tu estado mental, como puedes elevar cualquier área en tu experiencia de vida, tema que abordaremos en profundidad en capítulos posteriores.

Si tu mundo interior crea tu mundo exterior, comprenderemos que el verdadero significado de coraje se encuentra cuando te enfrentas a tu dragón interior, y no a nada exterior. Tu mente individual no está separada. Al pertenecer a una mente colectiva, cuando te enfrentas a tus propios temores y liberas a tu mente del conflicto, estás liberando a otras mentes a liberarse del conflicto. Por tanto, cuando tu cambias, literalmente estás cambiando el mundo que ves.

Nuestro mayor miedo no es que no encajemos. Nuestro mayor miedo es que tenemos una fuerza desmesurada. Es nuestra luz y no nuestra oscuridad lo que más nos asusta. Empequeñecerse no ayuda al mundo. No hay nada inteligente en encogerse para que otros no se sientan inseguros a tu alrededor. Todos deberíamos brillar como hacen los niños. No es cosa de unos pocos, sino de todos. Y al dejar brillar nuestra propia luz, inconscientemente damos permiso a otros para hacer lo mismo. Al liberarnos de nuestro propio miedo, nuestra presencia libera automáticamente a otros.

Marianne Williamson

Una mente que se libera a sí misma del conflicto a nivel de las causas, se libera a sí misma en su totalidad. Y, ¿no tiene sentido que aprendas a liberarte del miedo primero para poder llevar paz a otras mentes? Solo hace falta un poco de sentido común y de observación, para darnos cuenta que algo no va bien en nuestra vida. El problema que tenemos es que no miramos con atención, y como vemos que todos hacen lo mismo, pensamos que es lo normal y que todo está bien. Y no nos damos cuenta de que estamos en un sueño profundo, gobernados por un estado mental enfermizo que nos lleva a vivir una experiencia de vida profundamente enferma. Y esto nos perjudica desde un nivel individual, hasta un nivel colectivo.

Puedes aplazar lo que tienes que hacer y eres capaz de enormes dilaciones, pero no puedes desvincularte completamente de tu Creador, quien fija los límites de tu capacidad para crear falsamente. Una voluntad aprisionada engendra una situación tal que, llevada al extremo, se hace completamente intolerable. La resistencia al dolor puede ser grande, pero no es ilimitada. A la larga, todo el mundo empieza a reconocer, por muy vagamente que sea, que tiene que haber un camino mejor.

UCDM T2_III 3:3-6

Como dijo Jiddu Krishnamurti:

No tiene nada de saludable adaptarse perfectamente a una sociedad profundamente enferma.

Nadie nos ha dicho que podemos vivir desde otro estado mental, basado en la salud, alegría, abundancia y felicidad. Y mucho menos nos han dicho que vivir desde este estado depende de nosotros, no de los acontecimientos externos a nosotros. Pero cada vez estamos más cerca de descubrir la verdad que se esconde en todos.

2.3.- Hay un lugar dentro de ti donde todo es posible

En este momento te encuentras gobernado por un sistema de pensamiento limitado que condiciona toda tu experiencia de vida. Y es desde ese sistema de pensamiento limitado, desde donde intentas dar significado a lo que no comprendes, intentando encontrar la solución que buscas a través del mismo. Sueles ver el mundo que ves desde tus mismos pensamientos repetitivos, confusos y limitados, que no entienden lo que ven porque no comprenden quién eres. Y recurres a ellos como hábito una y otra vez, sin perder la esperanza de encontrar algún día una respuesta satisfactoria y clarificadora del mundo que ves, y desde ahí sacar una conclusión lógica. ¡Es absurdo!

Tal vez estés intentando relacionarte con las personas y construir relaciones de amor y estables desde un sistema de pensamiento de miedo e inestable. Tal vez estés buscando a través de los demás amor, respeto o atención, sin darte cuenta de que la falta de amor, respeto y atención que no recibes de los demás, es el reflejo de la falta de amor, respeto y atención que no te estás dando a ti mismo. ¡Es absurdo!

O tal vez estés intentando solucionar problemas cotidianos que se repiten una y otra vez en tu vida, o una situación en particular contra la que llevas tiempo combatiendo, afrontándolo desde un sistema de pensamiento que está basado en el conflicto, sin darte cuenta que es justo tu forma de pensar con la que intentas lidiar en dicha situación, el verdadero problema. Y aún así, no pierdes la esperanza de que algún día cambiarán las cosas sin cambiar tú primero. Seguro que sabes de lo que te hablo.

Solo quiero ahorrarte tiempo y ayudarte a que obtengas la mentalidad correcta para que hagas de tus "problemas", tu mejor escenario para evolucionar y alcanzar esa vida que tanto mereces. Pero antes, permíteme que te diga algo, por mucho que insistas, y por mucho que sigas justificando que tus problemas son reales, no vas a conseguir que se solucione nada.

Quiero ayudarte a comprender que en realidad, tú no tienes problemas, pero, al creer en ellos y alimentarlos cada día los vives como si fuesen reales. Debes saber que tus problemas, los que crees que tienes, los creas tú inconscientemente, y que todo problema que estás viviendo lleva intrínseca la pregunta ¿quién soy? Si tuvieses certeza acerca de ti mismo, sería imposible que tu mente te mostrase conflictos fuera de ti, pues esos problemas que se presentan en tu vida son los representantes del conflicto interior que tienes con respecto a quién eres. Una vez solucionas esta pregunta, solucionas tus problemas.

¿Has observado alguna vez tu sistema de pensamiento, en lugar de creer todo lo que te dice dicho sistema? Parece sutil, pero dentro de ti se encuentran todas las soluciones, el problema es que pasas gran parte de tu vida buscando fuera, por eso nunca hallas. Es justo en un lugar que has olvidado dentro de ti donde está la llave para que te eleves. Y cuando digo que te eleves, no me refiero a que salgas volando, sino a que aprendas a acceder a un sistema emocional que vibra en una frecuencia más elevada del estado emocional en el que te encuentras actualmente. Que aprendas a escuchar la voz que procede de la inspiración y la intuición, la cual te mostrará cómo relacionarte, cómo caminar por el mundo, qué decir, qué hacer, hacia dónde ir y con quién, y cómo pensar ante lo que ves, abriéndote las puertas de un nuevo mundo ante ti. Pero deberás estar preparado para soltar tu viejo mundo al que tanto te aferras, ya que no puedes ver dos mundos a la vez.

Ahí está la puerta por la que tienes que pasar, esa muerte simbólica de lo que crees que eres para dar paso a un nuevo ser, como si de un gusano de seda se tratase, para alcanzar una nueva versión de ti mismo que te permita ver la vida desde lo alto, en lugar de seguir arrastrándote ante determinadas situaciones. Tu mayor objetivo es alcanzar una comprensión profunda de ti mismo, y para ello, primero deberás invertir tu atención en las distracciones que el exterior te ofrece, para centrarte en lo que sucede dentro de ti. Solo de este modo podrás aprender a discernir entre la verdad y lo falso que se esconde en ti, y a liberarte de aquello que te sobra.

Cuando entras en conflicto con la vida, no significa que la vida tenga ningún problema contigo, créeme. Eres tú el que estás en conflicto cuando los acontecimientos no se dan como tú quieres que se den. La vida solo te pone en contraste con su fluir natural, y a eso que pone en contraste es a lo que llamamos conflicto. Pero, ¿qué parte de ti es la que contrasta con la vida? Aquellas partes que nada tienen que ver con ella, es decir, aquellos aspectos que pertenecen al ámbito del ego, de lo falso y de lo ilusorio.

En la medida en que practiques el arte de la observación inocente, o dicho de otro modo, la observación libre de juicios hacia lo que piensas y sientes en tu interior, y hacia lo que ves y escuchas en el exterior, comenzarás a comprender cómo funcionan los mecanismos de dicho estado mental. Y cuanto más lo observes, más consciente serás de la base absurda sobre la que descansa. Créeme, cuanto más absurdo lo veas más fácil te resultará abandonarlo. ¿Para qué querrías conservar algo que sabes que no te hace bien y que ha dejado de tener sentido para ti? En la medida que lo vayas abandonando, otro estado mental irá abriéndose paso poco a poco en tu mente, mostrándote una realidad completamente distinta y mucho más enriquecedora.

El verdadero camino de evolución no es dar pasos hacia adelante, sino hacia adentro. Cuando hago referencia al interior no me refiero a ningún lugar, sino a lo que sucede en tu mente y en tus emociones. No podemos comprender lo abstracto desde lo específico, ni lo ilimitado desde una mentalidad limitada. Tu naturaleza es ilimitada. Mientras no estés dispuesto a abandonar tu mentalidad limitada no podrás conocerte en absoluto pues, ¿cómo podrías conocer lo ilimitado que hay en ti desde una mentalidad limitada?

Invertir tu tiempo en conocerte en profundidad es invertir tu tiempo en alcanzar un estado emocional elevado. No solo es la mejor inversión que puedes hacer por ti, sino la única que tiene verdadero sentido, ya que es la única manera de poder experimentar una vida llena de salud, abundancia, dicha y amor, rodeado de relaciones auténticas y experiencias verdaderamente apasionantes a un nivel inimaginable. Y todo pasa por conquistar al Ser infinito que se encuentra en tu corazón. Recuerda esto, **¡todo lo que vives sucede a través de ti!**

Vivir una experiencia basada en la felicidad y en la alegría no solo es posible, sino que debería ser tu estado natural. Para ello hay que comprender que vivir esta experiencia no depende del exterior, sino de un movimiento interior que no depende de nadie más que de uno mismo. Por lo tanto, vivir una experiencia de estas características no es cuestión de dones, talentos, habilidades, fechas de nacimiento, horóscopos, religión, país natal, lugar de residencia, de si tienes pareja o no, de si tienes familia o no, ni nada por el estilo. Vivir una experiencia así es cuestión de voluntad. De un firme compromiso con uno mismo y de llevarlo a cabo hasta el final, pues **nadie que sinceramente se proponga alcanzar la verdad puede fracasar.**

Una cosa si puedo garantizarte, solo desde un estado de felicidad y de dicha puedes ser de gran ayuda para los demás. Por el contrario, desde un estado de queja y de victimismo no serás capaz ni de ayudarte a ti mismo. Y, ¿no tiene sentido que si quieres ayudar a los demás primero has de aprender cómo hacerlo contigo mismo? ¿Cómo podrías enseñar a conducir a alguien si tú no has conducido primero? ¿Acaso puedes aprender a conducir solo estudiando, o deberías subirte a un coche y manejar el volante por ti mismo?

En el capítulo que hemos destinado a las relaciones, abordaremos una de las trampas más comunes del ego. Están relacionadas con la confusión que existe con el verdadero significado de dar a los demás o darse a uno mismo, haciéndote creer que cuando atiendes a los demás lo haces por amor, cuando es un gesto de puro egoísmo y manipulación emocional, y cuando te atiendes a ti, te dices que eres un egoísta, en lugar de comprender que estás haciendo el mayor gesto amor propio por ti, y por aquellos que te rodean. No tenemos que confundir, por lo tanto, un gesto de amor propio con el egoísmo y un gesto de egoísmo con el verdadero significado del amor.

La mente y las leyes que gobiernan este mundo no descansan jamás. Tomar decisiones es algo inevitable y no depende de ti si las vas a tomar o no. No puedes dejar de decidir. Lo que sí depende de ti es ante qué dos opciones vas a decidir. Pues siempre que tomas una decisión en tu vida estás eligiendo tan solo entre tu fortaleza o tu debilidad, nada más.

Todos vivimos situaciones difíciles en algún momento de nuestra vida. Es algo inevitable. Pero, ¿las afrontamos todos igual? ¿De qué o de quién depende la manera en la que lo hacemos? ¿En base a qué punto de referencia interpretamos lo que sucede ante nosotros?

Las situaciones o los acontecimientos no tienen la capacidad de hacerte daño. Solo tú tienes esa capacidad. Son solo tus propios pensamientos, tu punto de vista, tu interpretación ante el acontecimiento, lo único que tiene tal capacidad de someterte o de elevarte. Y esa manera de ver las cosas depende única y exclusivamente de una decisión que nace de ti. Dejar de escuchar a tu mente racional para dar paso a escuchar solo a tu corazón. Paradójicamente, este es el viaje más corto y a la vez más largo que tenemos que hacer.

Solo con que te negases a tolerar que la debilidad dejase de guiar tus actos, dejarías de otorgarle valor al miedo. En ese acto se encuentra tu propia liberación. Todos repetimos situaciones en nuestra vida, la pregunta es ¿aprovechamos verdaderamente las lecciones que traen consigo? Las lecciones que no aprendes, se volverán a presentar una y otra vez con el fin de darte una nueva oportunidad de decisión, para que puedas aprender a escapar del dolor y el sufrimiento que te infligiste a ti mismo en algún momento y te enseñes así una solución más satisfactoria.

El objetivo no es ganar la batalla ante los demás, sino salir del bucle en el que te encuentras. **El verdadero cambio se produce cuando encuentras una razón que vaya más allá de los pensamientos y creencias rutinarios que usas cuando se presentan los mismos conflictos.** Porque, precisamente, son esos pensamientos los que te mantienen sometido en el bucle. Las situaciones que vives contienen la energía y fuerza necesarias para producir un cambio en ti, y están provistas de todos los recursos necesarios para que puedas liberarte en un instante. Jamás has tardado tres años, cinco años o seis meses en cambiar. El cambio se produce en un momento tan minúsculo que ni siquiera el tiempo es capaz de contener dicho instante. El resto del tiempo es el espacio que reservas a la incertidumbre y al miedo en tu mente.

El cambio real sólo se producirá si haces la elección correcta. El problema es que sueles tener dudas sobre cuál es la elección correcta, y normalmente, terminas usando la situación y toda tu energía para reafirmar tus problemas y tu debilidad, en lugar de utilizar todo el poder que se esconde en ti para librarte de ellos definitivamente. Todo esto te lleva a un estado de estancamiento mental y parálisis existencial muchas veces, lo que hace que vivas una muerte cómoda, lenta y dolorosa elegida por ti mismo. Eres tú, por tanto, tu mayor aliado y tu mayor enemigo al mismo tiempo.

Del mismo modo en que el agua estancada se va pudriendo poco a poco, y la vida que se encuentra dentro de ella comienza a morir lentamente, tu vida experimenta el mismo efecto cuando haces que tu sistema de pensamiento se atasque en las mismas ideas, sin permitir de este modo, que nuevas ideas fluyan por tu mente para oxigenar de nuevo el agua que mantienen con vida tu ecosistema interior.

La vida, el universo, Dios, el Espíritu Santo, tu Yo superior, la consciencia universal, la parte de ti que sigue en su sano juicio, la inspiración en ti o el unicornio alado, ¡da igual el nombre que le pongas!, siempre te va a presentar los desafíos que necesitas afrontar junto con la solución para que sea resuelto y el aprendizaje sea finalizado, siempre y cuando permitas que sea este maestro que se esconde en ti el que te guíe en tu camino. El problema es que nos han enseñado a afrontar los problemas del mundo con soluciones y mentalidades mundanas. Y es justamente escapando de esta mentalidad donde hallarás la solución a todos tus problemas, y la que te llevará a la comprensión de que jamás tuviste problemas. Pero de momento, la pregunta correcta no es si los problemas aparecerán o no, pues los conflictos que se presentan en el exterior son el reflejo de tu conflicto interior actual. Y negar ese estado mental no te dará la solución, tan solo la ocultará temporalmente hasta que vuelva a manifestarse de nuevo. La pregunta correcta sería: ¿estás dispuesto a aprovechar el próximo problema que se presente en tu camino, como recurso de aprendizaje para aprender tu lección pendiente, y poder pasar así al siguiente nivel? o, por el contrario, ¿volverás a usar ese escenario como recurso para volver a reforzar las viejas ideas de victimismo e impotencia que tienes acerca de ti, huyendo de la situación, haciéndote pequeño o proyectando toda tu impotencia sobre lo que acontece?

Tu mundo exterior condiciona todo tu mundo interior. Pero tu mundo interior es el único que crea todo tu mundo exterior. **Aquello que temes, no se encuentra en el mundo, se encuentra en tu mente.**

A veces es difícil imaginar, ni tan siquiera, el poder tan inconmensurable que contiene la oleada de pensamientos que proceden de la mente. Para comprender lo que Eres, primero deberás pasar por el estrecho e incómodo aro de aceptar la idea de que tú y solo tú eres el único responsable y creador de todo lo que te acontece en la vida. Alcanzar este estado de responsabilidad y comprensión será el paso más importante para liberar a tu mente de la idea limitada, victimizada y ridícula que tienes acerca de ti, al creer que lo que sucede fuera de ti tiene la capacidad de condicionar tu estado interior. Llegado este punto es momento de empezar a preguntarse: *Quién eres.*

2.4.- El universo exterior es el reflejo de tu universo interior

La paz mental es claramente una cuestión interna. Tiene que empezar con tus propios pensamientos, y luego extenderse hacia afuera. Es de tu paz mental de donde nace una percepción pacífica del mundo.

UCDM L34_1:2-4

Todo pensamiento es causa, y al ser causa, tiene efectos. Esto quiere decir que todas aquellas ideas en las que tienes fe, las experimentarás hasta el momento en que dejes de creer en ellas, ya que solo tú puedes otorgarles el poder de que sean reales o falsas.

Creer en ellas significa que les das valor, y al darles valor significa que las deseas. No existen pensamientos neutros, porque todos los pensamientos tienen poder. O bien te hablan de un mundo de lucha, traición y abandono, o bien te conducen a un mundo de paz, felicidad y amor. O te conducen a un mundo de escasez o te conducen a un mundo lleno de abundancia. O bien te conducen al cielo, o bien te conducen al infierno.

Si pudiésemos comprender que todas nuestras decisiones se reducen a tan solo dos opciones, nos daríamos cuenta que la vida no es tan complicada ni que tenemos tantas escalas de grises ante nosotros. La gama de colores es cosa del efecto. Cuando hablamos en términos de causas, tan solo tenemos dos tipos de pensamientos. Pensamientos que nacen de un sistema mental basado en el Amor y pensamientos que nacen de un sistema de pensamiento basado en el miedo.

Si te paras a observar, todas las decisiones que tomas en tu vida se reducen a estas dos opciones. O bien decides desde el **Amor** o bien lo haces desde el **miedo**. A lo largo de la lectura, te irás dando cuenta que estas dos palabras no son emociones específicas tal como las conocemos, sino que abarcan mucho más de lo que, por lo general, llegamos a pensar.

Siempre decides ante tu grandeza o tu pequeñez, ante el victimismo o la responsabilidad, ante la escasez o la abundancia, ante Dios o el *ego*, ante la vida o la muerte, ante la unidad o la separación, ante la verdad o la ilusión, No hay más opciones que éstas. Todo lo demás es navegar en la forma y perderse en ella.

Probablemente puedas pensar que son pocas opciones las que tenemos, y por lo tanto, que el margen que tienes de libre albedrío te ha decepcionado bastante. Pero no hay que subestimar la experiencia tan enriquecedora y llena de posibilidades que se esconde tras la elección correcta. Y, ¿qué mejor que tener tan solo dos opciones por las que aprender a tomar todas nuestras decisiones en lugar de perdernos en infinitas posibilidades llegando a tomar decisiones incorrectas en todo momento? Juzgar es inevitable en este mundo pues, al no conocer, nuestra mente racional tiene que dar un sentido a lo que ve. Aquello en lo que creemos nuestra mente nos lo muestra en modo experiencia para poder verlo, y es ahí, en el nivel de la experiencia, donde podemos experimentar y aprender. Si la experiencia que estás viviendo te habla de libertad, felicidad, abundancia y dicha, se puede decir que estás experimentando los efectos de pensamientos alineados con la verdad. En cambio, si la vida que ves te habla de injusticia, dolor, escasez, sufrimiento o soledad, deberás revisar inmediatamente cuáles son esas creencias que estás alimentando constantemente y que mantienen a tu mente dormida en un sueño que se ha tornado en pesadilla.

La escasez o la injusticia nada tienen que ver con la vida. Pero sí tienen que ver con las creencias que alberga tu mente.

Y, permíteme que te avise, pero **invertir en pensamientos de escasez dentro de un universo abundante, tan solo te conducirá a vivir una experiencia de abundante escasez.**

Tu mente es como el genio de la lámpara, todo los deseos que le pidas te los concederá. La pregunta es, ¿realmente estás pidiéndole correctamente a tu genio de la lámpara? Lo que ves da testimonio de lo que piensas. Pensar es existir, pues la vida es pensamiento. ¿Recuerdas esa frase de Descartes: "Pienso, luego existo"? ¿Puedes abrirte a la idea de que el mundo que ves representa tu estado de ánimo, que nadie puede obligarte a pensar como piensas, y por tanto, a sentir como sientes?

Acerquémonos a un ejemplo cotidiano. ¿Conoces a alguien que el lunes por la mañana siempre se queja de la vida, del tráfico, de la lluvia, del jefe, del pescadero, del policía que dirige el tráfico, incluso de ti? Y, por el contrario, los viernes es una persona con un ánimo fabuloso, todo es maravilloso, el tráfico no le afecta, si hace sol o llueve y hasta la policía se ha convertido en su mejor amigo.

El escenario es el mismo, ¿verdad? ¿Qué ha cambiado entonces? Es su estado de ánimo el que está condicionado toda la experiencia que contiene un día, por abrazar la creencia de que los lunes son un asco y los viernes fabulosos. Si el pensamiento se encuentra en nivel de las causas, todo lo demás son efectos de la oleada de pensamientos que genera tu mente. Las emociones, las relaciones, los actos, y todo el mundo que ves se convertirán en testigos de las creencias a las que das fe.

Recuerda que aquel que domina las causas, dominará los efectos. De nada sirve intentar cambiar los efectos, pues eso te llevará a vivir en la frustración y en la impotencia. Dominar los efectos es perderse en la ilusión, y por lo tanto perder el poder que se te ha dado. Vivir intentando dominar los efectos es la forma a través de la cual reniegas de tu verdadero poder.

Veré los testigos que me muestran que la manera de pensar del mundo ha cambiado. Veré la prueba de que lo que se ha obrado por mediación Mía ha permitido que el amor reemplace al miedo, la risa a las lágrimas y la abundancia a las pérdidas. Quiero contemplar el mundo real, y dejar que me enseñe que mi Voluntad y la Voluntad de Dios son una.

UCDM. L54_5:3-5

Solo decidiendo hacer los ajustes necesarios en el nivel de las causas (pensamientos) el mundo que ves puede cambiar. Todo acto es dirigido por una intención. Toda intención nace de una idea o pensamiento. **Los pensamientos primero debes tenerlos para poder compartirlos, y cuando los compartes no los debilitas. Por el contrario, te siguen perteneciendo y al compartirlos los refuerzas en tu mente.**

Si podemos aceptar el concepto de que este mundo representa las ideas que compartimos a través de la intención que ponemos en cada acto, ¿cómo podría tener sentido la falsa conexión que el ego hace entre dar y perder? Desde este punto de vista, cuando compartes algo lo experimentas en primera persona. Ese es el beneficio de compartir que la vida nos ofrece a todos. Y si solo existen dos tipos de pensamientos, en esta vida te quedan tan sólo dos opciones, **o bien vives por amor o bien mueres por miedo.**

Siempre tenemos la oportunidad de transformar nuestra experiencia calibrando aquello que compartimos con los demás, pues tenemos que recordar que siempre que damos somos nosotros los primeros en recibir los beneficios de esa transacción.

Desde este punto de vista, el mayor gesto que puedes hacer por ti es amar incondicionalmente a los demás. ¿Cómo si no, podemos experimentar el Amor o la felicidad en este mundo más que dándolo constantemente para poder reconocerlo en nosotros mismos?

Capítulo 3

Los dos estados mentales

Si compartes una posesión física, ciertamente divides su propiedad. Más si compartes una idea, no la debilitas. Toda ella te sigue perteneciendo aunque la hayas dado completamente. Si puedes aceptar el concepto de que este mundo es un mundo de ideas, la creencia en la falsa conexión que el ego hace entre dar y perder desaparece.

UCDM T5 I_1:10-12

3.1.- Sofisticando el personaje

Desde que pasé por mi primera gran crisis emocional a la edad de 22 años, mi obsesión por la lectura y por el aprendizaje comenzó a crecer día tras día. De siempre me había gustado el mundo del estudio de la mente y del comportamiento del ser humano. Recuerdo que, ya en el instituto, me apunté a la asignatura de Psicología, y era de mis clases preferidas.

Pero el gran hambre por aprender surgió a mis 23 años. Mi mundo comenzó a girar en torno al desarrollo físico, y al desarrollo personal. Sin darme cuenta que todo eso era un modo de reafirmar el problema que tenía conmigo mismo, y por ende, de seguir alimentando el problema. Pero de eso me daría cuenta años después.

Un hambre que jamás conocí por la lectura comenzó a despertarse como si dentro de mí se hubiese encendido un interruptor que, hasta ese momento se había mantenido apagado. Eso sí, ese interruptor era muy específico. Recuerdo haberle dicho por entonces a un amigo mío que me encantaba leer, pero que solo me interesaban cosas que realmente me aportasen algo. Todas las novelas y demás literaturas eran, para mí, una pérdida de tiempo.

Por aquella época estaba atravesando un conflicto de autoestima bastante importante que afectaba a casi todas las áreas de mi vida. Me costaba conseguir tener una relación, mientras veía como mis amigos disfrutaban de su vida en pareja, y si se cansaban o terminaba la relación que tenían, comenzaban con otra con total facilidad. Primero comencé a interesarme por todo lo que tenía que ver con el comportamiento humano, como por qué los hombres piensan de un modo y las mujeres de otro. Fue entonces cuando un amigo me habló de un libro que, por entonces, se puso de moda, que contenía los secretos de la seducción. En estos libros te explicaban como debías comportarte ante cada situación, qué frases decir, qué hacer, qué tono poner, qué no decir, qué no hacer, cómo vestir, cómo no vestir, etc. Todo basado en el comportamiento. Las técnicas de seducción, realmente son técnicas de manipulación. Y no digo que no funcione, pero la realidad te lleva a comprender que puedes aparentar ser algo durante un tiempo, aparentar ser un tipo seguro de ti mismo y decir ciertas palabras que excite al sexo opuesto para conseguir un objetivo afectivo. Pero lo que tienes dentro de ti siempre termina por llevar el control de tu vida.

Llegué a relacionarme con muchas mujeres durante una temporada, sin llegar nunca a nada serio, pero sentía que seguía estando en la misma casilla del tablero del juego. Por mucho que me esforzara, no me daba cuenta que no avanzaba en absoluto a una vida plena.

Fue a los 25 años cuando el mundo del desarrollo personal llamó a mi puerta. Recuerdo ir a una conferencia en Málaga a la que fui invitado por una compañía. Durante la mañana salieron dos o tres ponentes, cada uno experto en ciertas disciplinas. Estrategia de mercado, planes de comisionamiento e internet. Todo era muy interesante. Pero habían dejado lo mejor para el final. Fue entonces cuando salió el *Coach* de la empresa, con el que comenzaría una relación muy directa poco tiempo después, y se convertiría en mi primer mentor dentro del mundo del desarrollo personal. Por entonces estábamos en el año 2007 y el mundo del *Coaching* no era muy conocido por entonces.

Lo presentaron y vi como toda la sala se ponía en pie ante él. Se llamaba Curro A. La seguridad que desprendía era increíble y todo lo que decía hacía estremecerte con solo escucharle. Veía cómo la gente le miraba y le admiraba, y yo sentía lo mismo. Inmediatamente me dije; ¡yo quiero ser como él! Tenía claro que ese era mi camino.

Desde ese momento comencé a apuntarme a todo tipo de cursos de Inteligencia Emocional, Lider Coach, PNL, y a asistir a todo tipo de eventos y conferencias, no solo a nivel nacional, sino a nivel internacional, motivado por todo lo que tuviese que ver con estas disciplinas. Durante este tiempo aprendí mucho acerca del cuerpo, cómo reaccionamos ante las emociones, las reacciones y comportamientos del cerebro ante las emociones, el condicionamiento de éstas sobre tu sistema nervioso, etc. Comencé a dar conferencias semanales en Madrid y poco a poco me fueron llamando para ir a otras provincias de España.

Mis habilidades iban aumentando cada vez más. A su vez, iba almacenando herramientas de todo lo que tuviese que ver con aumentar mis resultados y con conseguir el reconocimiento que tanto deseaba. Herramientas de planificación y gestión del tiempo, cursos del control de las emociones para que los demás vean que eres todo un ejemplo a seguir, e incluso me aprendía las mejores frases célebres para conseguir impactar cada vez más en las conferencias para recibir esa ovación final.

Como he dicho antes, la vida no comete errores y nada sucede por casualidad. El error no era lo que estaba viviendo, sino desde que intención interior lo estaba haciendo. Mientras yo vivía en mi burbuja de autoengaño creyendo que estaba evolucionando realmente, la vida me estaba preparando para la siguiente etapa.

Había invertido mucho dinero y mucho esfuerzo durante todos esos años en mi "desarrollo". Pero no estaba siendo consciente de que estaba obsesionado con el exterior. Toda mi vida giraba en torno al conseguir. Cuánto reconocimiento voy a conseguir de los demás, cuánto dinero voy a conseguir este mes, ¿conseguiré una relación de pareja este año? Mientras tanto, ¿cuántos teléfonos voy a conseguir este mes? ¿Qué concepto de mi estaba reforzando en mi mente a través de cada acto? ¿Qué me estuve enseñando en cada acción que estaba llevando a cabo?

Estaba intentando llenar un vacío interior a través del mundo exterior. Estaba intentando solucionar mi problema a través del comportamiento, a través de decir ciertas palabras elocuentes, de vestir de cierta forma, de aparentar ser algo que no era, de aprender herramientas para controlar el tiempo y los resultados… En definitiva, estaba haciendo más sofisticado el personaje que había creado alrededor de mí. No me daba cuenta que con cada acto de "querer conseguir" y de "controlar el exterior", estaba reforzando un sistema de pensamiento basado en la necesidad y en la carencia. Y justo ese sistema de pensamiento era el que estaba dando paso al mundo tal y como lo veía. ¿De qué modo mi mente podía mostrarme en qué pensamientos estaba invirtiendo, si no era a través de mi experiencia con el mundo exterior?

Fue en el año 2012 cuando la vida volvió a darme un toque de atención. Me quedé sin dinero con el que poder pagar el alquiler de mi casa. Llevaba meses sin ingresar prácticamente nada, estaban a punto de echarme de casa por no poder pagar el alquiler, y rezaba porque la vida me lo dejase fácil por un momento. Y a todo eso se sumaba un agotamiento emocional tan intenso, que me resultaba imposible realizar cualquier tarea por pequeña que fuese. La depresión no tardó en llamar por segunda vez a mi puerta.

Sabía que algo no estaba bien. Mi frustración e impotencia comenzaban a descontrolarse de nuevo. ¿Cómo era posible que con todo lo que me había esforzado no había conseguido lo que tanto quería?

Yo: El desarrollo personal me dijo que todo dependía de la actitud, ¡y yo he demostrado tener mucha actitud! ¿Por qué es todo tan difícil? ¿Es esto de lo que trata la vida? ¿Voy a tener siempre que vivir luchando por conseguir cosas? ¿Dios mío, es esto lo que tienes preparado para mí? ¿Nada de lo que he estudiado ha servido para nada? ¿Acaso yo no soy merecedor de algo mejor?

Toda mi vida había estado siendo un esfuerzo constante sin resultados estables. Y me negaba una y otra vez a pensar que todo lo que había aprendido no servía para nada. Por tanto, solo me quedaba pensar que el problema tenía que ser yo.

Después de un mes con las persianas bajadas, llorando día y noche y con fuerza para levantarme a comer cuando tenía algo de hambre, recuerdo estar en la ducha y sentir algo que se cruzó por mi mente. Era como si alguien quisiera abrirse camino a través de mí y yo no le dejase. Pero,

¿acaso había otro "yo" dentro de mi aparte del que yo conocía? De ser así, ¿quién había estado siendo durante todo este tiempo? ¿Qué tenía que perder al descubrirlo si ya no me quedaba nada?

Todo lo que mi mente me había prometido jamás me dio lo que en realidad estaba buscando. Por aquel entonces mi confusión era tal que ya no sabía ni lo que quería. Pero sí conseguí ver con claridad lo que no quería. Así que usé eso como punto de partida.

Estaba dispuesto a cualquier cosa con tal de librarme de ello. Fue entonces cuando una energía recorrió todo mi cuerpo concentrándose sobre todo en los puños, en el pecho y en la garganta. Sin saber que estaba sucediendo dentro de mí, toda mi frustración dejó de proyectarse hacia fuera para reconducir esa misma energía a un cambio interior. Fue entonces cuando grité con fuerza:

—¡¡No quiero más estooooo!!

Golpeé fuertemente con mis puños la pared del baño, como si de una firma en un contrato conmigo mismo se tratase. En ese momento no era consciente aún, pero todo mi mundo acababa de cambiar. Sin darme cuenta, estaba preparado a desaprender, a romper todas las estructuras aprendidas y comenzar de nuevo. Había llegado el momento de decidir hacer un cambio desde dentro hacia fuera. Comprendí que debía vaciar la taza para poder llenarla de nuevo.

3.2.- Lo que compartes lo refuerzas

El mundo que ves representa tus pensamientos y tus creencias. Son como una gran pantalla de cine donde poder proyectar tu propia película. Es el escenario donde puedes experimentar aquellos pensamientos en los que has decidido creer, o dar el poder de que sean reales para ti, tanto a nivel individual como colectivamente.

Para compartir algo primero debes de tener ese algo, ¿verdad? Del mismo modo pasa con tus ideas. Para compartirlas primero tienes que tenerlas. Al contrario que los objetos materiales, las ideas al ser compartidas no se pierden, más bien se expanden y se refuerzan cada vez más en aquella mente que las comparte. Cuantas más personas creen en esa idea más poderosa se torna. Cuanto más poderosa se torna más intensa es la experiencia.

Que muchas personas compartan la misma idea no significa que esa idea sea verdad. Pero cuantos más la compartan, más fuerza tendrá. Al compartirla la vivirán, la experimentarán e inevitablemente la reforzarán al compartir con los demás la experiencia de esa idea, asociando que, al vivir los efectos de la idea, es tan real como la experiencia que han vivido.

Por ejemplo, en algunas culturas del mundo se piensa que si derramas la sal tendrás mala suerte, mientras que en otras se piensa que la sal es un símbolo de protección. En occidente se piensa que si eructas en la mesa es de mala educación, mientras que en ciertos países de oriente se piensa que hacerlo es muestra de satisfacción y, por tanto, de agradecimiento y respeto.

Todos los pensamientos compartidos por la sociedad condicionan nuestra experiencia de vida pero, ¿hasta qué punto lo hacen? Si fuésemos conscientes del poder que tienen los pensamientos que compartimos con los demás, no seríamos tan tolerantes con las divagaciones de nuestra mente, y estaríamos más atentos de lo que sucede dentro de nuestra mente. Seleccionaríamos muy conscientemente los pensamientos que queremos sembrar, regar y alimentar cada día.

Pensamos que esta tarea es muy complicada y que podríamos perdernos buscando toda la oleada de pensamientos que genera nuestra vasta mente, pero al final llegas a descubrir que solo existen dos tipos de pensamientos y que sólo debes hacerte experto en aprender a discernir entre uno u otro. La ansiedad que genera la necesidad de tener que decidir en cada circunstancia ante las innumerables posibilidades se nos torna angustioso. En el mejor de los casos, recurriremos a las decisiones que hicimos anteriormente en el pasado, recurriendo al piloto automático de lo familiar y lo conocido, justificando frases como "así soy yo, y no puedo cambiar", haciendo de este modo de nuestra vida la misma historia que se repite una y otra vez. En el peor de los casos, nos conducirá a experimentar una sensación extrema y paralizante, llena de desaliento y frustración, ansiedad o depresión, generada por la impotencia que nace de la incapacidad de no poder decidir correctamente, del apego a lo que ya pasó y de la incertidumbre a lo que está aún por venir.

Pero lejos de esa creencia, podemos comprender este punto de otro modo y dar una nueva perspectiva que facilite las próximas decisiones que vas a tomar en tu vida, para que puedas ver con claridad que no estás decidiendo ante una multiplicidad de opciones, sino únicamente ante dos posibilidades.

Todo pensamiento debe nacer de un estado mental. Las dos únicas fuentes posibles de las que puede nacer todo pensamiento es del estado mental del Amor o del miedo. Todos nuestros conflictos nacen de nuestros miedos, y todos ellos nacen de una causa o un estado mental localizado. Cada estado mental da paso a un mundo. Del miedo nace el mundo de la percepción, y del amor surge el mundo del conocimiento. Aunque se manifiesten en millones de formas específicas y distintas aparentemente unas de otras, tan solo existen dos únicas causas que dan paso a cada uno de ellos.

De este modo comprenderemos que todos los miedos han de abordarse de la misma manera. Una causa, un efecto. Un problema, una solución. Si accedemos a la causa podemos cambiar el efecto. Pero de nada servirá lidiar con el efecto creyendo que resolviendo lo exterior conseguirás eliminar el miedo que se haya en tu interior. Dicho de otro modo, si estás viendo una película que no te gusta, de nada sirve que le tires piedras a la pantalla, que insultes a los actores que aparecen en la película o que cierres los ojos para no verla. Seguirá reproduciéndose hasta que vayas al proyector y cambies de película. Los efectos de tu vida son el resultado de tus pensamientos que son proyectados sobre la gran pantalla, el mundo que ves.

Una creencia limitante es una afirmación consciente o inconsciente que nos repetimos una y otra vez en nuestro diálogo interno, y que si no identificamos a tiempo puede acabar haciéndose realidad.

Cuando tomamos decisiones desde el miedo, comenzamos a vivir un proceso de muerte cómoda, lenta y dolorosa. Creamos una zona de confort y una serie de mecanismos de defensa alrededor de dicha ilusión para poder proteger el sistema de pensamiento que nos mantiene en dicho estado. Es inconcebible construir un mundo seguro y estable cuando el pilar de las decisiones, tanto conscientes como inconscientes, está basado en el miedo y en el caos.

Tomar responsabilidad debe ser el primero de los pasos para liberarnos de los grilletes que nos hemos puesto a nosotros mismos, pues una mente que cree que es víctima de los acontecimientos se mantiene en un estado de impotencia viviendo una continua "realidad" de injusticia en la que la decisión de cambio se torna imposible mientras se siga viendo a sí misma de esa manera.

Un paso fundamental, por lo tanto, es reconocer que todo conflicto que vivimos es el resultado de una decisión consciente o inconsciente de ver las cosas desde un punto de vista basado en el miedo. Si la misma situación se observase desde un estado mental basado en el Amor, el conflicto sería imposible de percibir en el mismo escenario. Es una transacción en el nivel de pensamiento lo que te libera o te condena. Desde esa posición podremos identificar y ser conscientes de todas las decisiones que se están tomando desde el miedo *(ilusión o estado ilusorio)* para poder revisar la base de cada creencia, pues mientras se siga protegiendo, aunque sea tan solo una creencia basada en la ilusión, la mente no se habrá quedado totalmente liberada.

Todo tu inconsciente deberá pasar por tu consciente para recordar a Dios y recordar a su Hijo.

UCDM

¿Cómo si no podría ser posible poder construir un mundo seguro y equilibrado si las decisiones que tomamos están basadas en el miedo y en el caos? ¿Y cómo sería posible construir un mundo equilibrado si no somos nosotros los primeros en alcanzar ese equilibrio de manera individual?

3.3.- Las mil caras del amor y del miedo.

Vivir en un estado basado en el amor es todo lo que necesitamos para experimentar una vida plena, llena de abundancia, de dicha y de sentido. Alcanzar dicho estado, el lo que todos anhelamos pero hemos llegado a pensar que es alcanzable para unos e inalcanzable para otros, y eso no es así.

Siempre hemos asociado el amor con sentir mariposas en el estómago cuando alguien especial se cruza en nuestro camino. Y, por el contrario, hemos creído que el miedo era una emoción muy específica tan fuerte que hace que nos tiemblen las piernas, o salgamos corriendo, cuando se presenta un peligro ante nosotros.

En este libro vamos a dar una perspectiva más amplia del significado real de estos dos términos —amor y miedo—, tan conocidos por los beneficios que aporta cada uno, y aprenderemos a discernir entre uno y otro para poder elegir correctamente en los momentos cruciales de nuestra vida.

Emociones hay muchas, pero estados mentales solo dos. Por tanto, las emociones que conocemos deben proceder de uno de estos estados mentales; amor o miedo. También podemos denominarlos como estados de conciencia elevada o superior, o estado de conciencia denso o inferior.

El Dr. David Hawkins, en su libro *El poder frente a la fuerza*, nos dejó un sublime trabajo explicando minuciosamente EL MAPA DE LA CONCIENCIA (P. 74), del que me voy a valer para explicar de manera esquematizada y resumida lo que estamos explicando aquí.

EMOCIÓN	VISIÓN DE LA VIDA	NIVEL	ALGORITMO
Inefabilidad	ES	Iluminación	700-1000
Éxtasis	Perfecta	Paz	600
Serenidad	Completa	Alegría	540
Reverencia	Benigna	Amor	500
Comprensión	Significativa	Razón	400
Perdón	Armoniosa	Aceptación	350
Optimismo	Esperanzadora	Voluntad	310
Confianza	Satisfactoria	Neutralidad	250
Afirmación	Factible	Coraje	200
Desprecio	Exigente	Orgullo	175
Odio	Antagonista	Ira	150
Deseo Imperioso	Decepcionante	Deseo	125
Ansiedad	Atemorizante	Miedo	100
Remordimiento	Trágica	Pena	75
Desesperación	Desesperada	Apatía	50
Culpa	Maligna	Culpa	30
Humillación	Miserable	Vergüenza	20

Los datos de esta tabla han sido recogidos del libro
EL PODER FRENTE A LA FUERZA del Dr. David Hawkins.

Como bien sabes, todo en esta vida es vibración. El estado mental del amor genera una vibración elevada y rápida, y el estado mental del miedo genera una vibración densa y lenta. Dicho de otro modo, el amor emite una vibración de alta frecuencia y el miedo emite una vibración de baja frecuencia.

Tu estado mental emite un pensamiento con una vibración determinada, y recibirá una información en forma de experiencia que tenga que ver con la señal que ha emitido. Por ende, atraerás la información que vibre en la misma sintonía desde la que emites la señal.

El Dr. David Hawkins llegó a medir nuestros estados emocionales gracias a la Kinesiología, a los interminables estudios que realizó durante una larga y reconocida carrera profesional, haciéndonos comprender que en este mundo, el nivel más elevado que podemos llegar a alcanzar es la iluminación, que calibra entre 700 y 1000, siendo a su vez la vergüenza la expresión más densa que podemos llegar a experimentar, calibrando esta en tan solo 20.

Como puedes ver, hay distintos niveles de emociones y, según el nivel emocional en el que estemos vibrando, tendremos una visión de la vida que irá cambiando según el estado emocional en el que nos encontremos. Aunque nos movemos entre todos, cada uno de nosotros tiende a familiarizarse más con un estado determinado.

Por ejemplo, hay personas que están sumidas en la culpabilidad, y aunque a veces muestran momentos de "felicidad", su vida está gobernada, generalmente a nivel inconsciente, por una sensación de culpabilidad que se manifiesta en su comportamiento. Muestran una imagen muy amable, no suelen pedir ayuda, ya que piensan que no son dignos de recibir nada, y cuando lo hacen, lo hacen desde el extremo opuesto, recurriendo a la rabia y a la impotencia. Piensan que a través del sacrificio podrán liberarse de la culpa que sienten. No saben decir NO, cargan con problemas y situaciones de otras personas. En ocasiones, cuando no pueden más, llegan a proyectar la culpa que sienten sobre los demás, o inclusive, llegan a infligirse una dosis de autocastigo, en el mejor de los casos a través de la alimentación o las drogas, y en el peor de los casos en forma de agresión física. Aunque parezca raro, una persona que se encuentra en el nivel de la ira, está más cerca de la iluminación, que el que se encuentra en el nivel de la culpa. El primero está más cerca de experimentar el amor propio y, de algún modo, comenzando a descubrir lo que significa el respeto por sí mismo.

En el segundo caso, el de la culpa, el amor propio es prácticamente inaceptable en su mente, manifestando un comportamiento de sumisión durante el tiempo que se mantenga en dicho estado. De este modo, podemos comprender que, aunque aparenta tener una imagen más amable frente al que se encuentra en la ira, está mucho más lejos de experimentar el amor. En la gran mayoría de las veces, sobre todo cuando han dejado este mundo, nos referimos a ellos como "era muy buena persona". Tenemos que entender que no hay buenas o malas personas, esos términos son del ego, frutos de una mente separada. Hay estados emocionales transitorios que te hacen ver las situaciones de una determinada manera, y reaccionar en consecuencia.

El enfado, aunque se exprese de manera primitiva y violenta, no deja de ser una petición de ayuda. Y el que pide ayuda, es porque cree que la merece. Tenemos que comprender que la ira es una emoción realmente primitiva, por tanto, nuestros actos irán acorde con dicha emoción. Pero no debemos olvidar que estamos evolucionando hacia emociones más elevadas que son desconocidas para nosotros como seres humanos, y que es parte inevitable de nuestro camino, y tarde o temprano, todos terminamos por ascender hasta los niveles más elevados. Será entonces cuando el mundo cambie ante nuestros ojos, o cuando el reino de los cielos descenderá sobre la tierra.

Pensamos que los acontecimientos que nos suceden en nuestra vida, son los responsables de las emociones que se manifiestan en nuestro interior. A lo largo de este libro, iremos descubriendo, que nuestro estado emocional es el responsable de mostrarnos el mundo tal y como lo vemos, y que, a través de dicha percepción, podemos reafirmar el estado mental en el que nos encontrarnos.

Por ejemplo, cuando decidimos sentir rabia, solemos pensar que es por culpa de algo o alguien ajeno a nosotros, en lugar de comprender que solo yo puedo decidir cómo sentirme, hacerme consciente que me encuentro en un estado emocional determinado, y que mi mente buscará argumentos en el exterior para justificar mi estado emocional y no hacerme responsable de lo que sucede dentro de mí.

Justo ese modelo de pensamiento es lo que nos mantiene maniatados en el mismo bucle una y otra vez. Es, precisamente, haciéndonos responsables de lo que sucede dentro de nosotros cómo podemos salir de la noria emocional en la que estamos inmersos. Este gesto que parece tan pequeño e insignificante, es el punto más importante que podemos alcanzar, y que iremos descubriendo a lo largo de esta lectura, para darnos cuenta que sí podemos escapar del estado en el que nos encontramos, y que depende de nosotros mismos poder acceder a niveles emocionales superiores.

Ya son muchos los que han pasado por aquí y han alcanzado un estado de iluminación. Y siempre les hemos visto como seres especiales o semidioses, que han sido elegidos minuciosamente por orden divina, y que están muy lejos de lo que nosotros podemos ser y alcanzar.

Son estos mismos "seres especiales", que están hechos de lo mismo que tú y que yo, los que nos han dejado información y guías a lo largo de los siglos hasta el día de hoy, para que podamos emprender el camino del ascenso tal como ellos ya lo hicieron, y tal como muchos lo siguen alcanzando, para que no tengamos que tropezarnos tantas veces en el camino. Si fuésemos distintos a ellos, ¿por qué se esforzarían en dejarnos sus enseñanzas a nosotros, si ellos mismos supiesen que jamás podríamos alcanzar dicho estado? Del mismo modo que tú ves diferencia entre ellos y tú, ellos no ven ninguna entre tú y ellos, ya que han terminado de sanar todo símbolo de conflicto y de la separación en su mente. Por tanto, te ven igual que a ellos.

Uno de estas personas nos aventuró que todas las formas son válidas en el camino de la iluminación, ya que, es tu voluntad lo que hará que tarde o temprano alcances el siguiente nivel en el que te encuentras. Pero dejó bien claro que si quieres ir por la vía rápida, el perdón es la mayor y más poderosa herramienta que tenemos a nuestro alcance para ascender rápidamente por la escalera de los estados emocionales y poder disfrutar así de experimentar esta vida desde el amor y no desde el miedo. Emociones hay muchas, pero estados mentales existen solo dos. Si observas, la fila del coraje que calibra en 200, sería la línea que separa ambos estados mentales, como si fuese la puerta que te conduce de un mundo a otro. Por tanto, siempre que experimentamos las emociones que calibran por debajo de 200 podemos comprender que estamos experimentando las mil caras de un estado mental basado en el miedo y en la ilusión. Por el contrario, cuando estamos experimentando las emociones que calibran por encima de 200 podemos comprender que estamos experimentando las mil caras de un estado mental basado en el amor y en el conocimiento.

El perdón calibra en 350, y hace falta coraje para aplicarlo correctamente. Es por eso por lo que, recurrir al perdón, te permite posicionarte en un lugar mucho más elevado, desde donde tu percepción cambiará radicalmente en esta vida.

Podemos comprender, por ende, que ambos estados mentales nos mostrarán un mundo totalmente distinto al otro debido a su naturaleza contradictoria. Cuando nos experimentamos en el amor vemos un mundo lleno de posibilidades, abundancia, agradecimiento y dicha, y cuando nos experimentamos en el miedo vemos un mundo lleno de injusticias, enfermedad y muerte.

La realidad, es que convivimos en todo momento con ambos estados mentales. Experimentar una vida basada en la alegría, la abundancia y la felicidad es posible, pero no nos han enseñado a hacerlo, ni nos han contado que alcanzar un estado elevado no es cuestión de dones o talentos, sino de voluntad y de aplicación sincera, que requiere cierto grado de humildad.

En su libro *El poder frente a la fuerza*, Hawkins consiguió aventurarnos que la humanidad calibra actualmente en una media por debajo de 200, siendo esta la línea que tenemos que alcanzar si es que queremos ver un mundo distinto ante nuestros ojos.

Dicho de otro modo, cuantos más individuos asciendan a una madurez emocional, que vibre en el amor y no en el miedo, estamos más cerca de salvarnos de todas las crisis que conocemos. Y para que esto suceda, solo tiene que ser un mínimo número de personas el que alcance dicho estado mental.

Si un número suficiente de nosotros llega alcanzar una mentalidad verdaderamente milagrosa, este proceso de acortar el tiempo puede llegar a ser virtualmente inconmensurable. Es esencial, no obstante, que te liberes a ti mismo del miedo cuanto antes, pues tienes que escapar del conflicto si es que has de llevar paz a otras mentes.

UCDM T2_VIII 2:7-8

Tu papel es fundamental en este mundo, pues cuando aprendas a salvarte es como salvas a otros. La necesidad de cambio que ves fuera de ti, debe ser justo la necesidad de corrección que necesitas hacer en tu interior. Y en la medida que vayamos liberando nuestra mente individual de nuestros propios conflictos, estaremos dando paso a que otros puedan liberarse también.

Espero que a través de este libro, puedas hallar los recursos para elevar tu estado de conciencia a tu siguiente nivel, y convertirte así en el cambio que quieres ver en el mundo.

3.4.- Los regalos que se derivan del amor

Tu papel en este mundo es más importante de lo que piensas. De hecho no es solo importante, ¡es crucial!

> *Del mismo modo en que el Hijo de Dios completa a su Padre, así también tu papel en el plan de tu Padre completa dicho plan. La salvación tiene que invertir la descabellada creencia en pensamientos y cuerpos separados, que viven vidas separadas y recorren caminos separados. Cuando mentes separadas comparten una sola función, se unen en un solo propósito, pues cada una de ellas es igualmente esencial para todas las demás.*
>
> UCDM L100_1:1-3

Lo único que tenemos que poner en juicio son todas las creencias que tenemos acerca de nosotros mismos, no solo como individuos, sino también como conjunto para darnos la oportunidad de volver a interpretar aquellas creencias que nos mantienen maniatados en el infierno de nuestra existencia y separados a unos de los otros.

Una mente atemorizada no puede llevar a cabo su función de manera natural, ya que, desde el miedo, la mente se encuentra fuera de su estado natural. El miedo es una emoción fragmentada y fragmentante que genera tres únicas reacciones: ataque, huida y bloqueo.

Por ejemplo, cuando nos sentimos heridos porque alguien nos ha dicho un comentario inapropiado, reaccionaremos desde una de estas tres posibilidades. Hay personas que tienden a quedarse paralizados esperando que pase el chaparrón *(bloqueo)*. Hay personas que tienden a evitar ciertas circunstancias o personas constantemente para que no les hagan daño *(huida)*. Y hay personas con temperamento que, a la mínima que ven o escuchan algo que no les gusta sacan los colmillos *(ataque)*. ¿Crees que tu mente y tu cuerpo pueden encontrar la armonía desde el ataque, la huida y el bloqueo?

El cerebro humano consta de tres formaciones. Estas son, por orden de evolución, el cerebro reptiliano, el sistema límbico y el neocórtex. El cerebro reptiliano es el lugar donde está almacenado todo lo que tiene que ver con el instinto y la supervivencia. El ataque, la huida y el bloqueo son reacciones que emanan de estos instintos primarios y podemos verlo en todas las especies del planeta. El problema con el que tenemos que lidiar los seres humanos es que hemos dejado que este cerebro arcaico sea el responsable de la toma de decisiones en nuestro día a día, y hemos permitido que abarque más responsabilidades de las que le corresponde.

Cuando había leones que nos acechaban tenía sentido que este sistema se encargase de tomar las decisiones por nosotros, reaccionando en milisegundos sin que tuviésemos que pensar cuál es la mejor opción, ya que, esos segundos son cruciales para ponerte a salvo y sobrevivir. Por tanto, el cerebro reptiliano tiene un programa de piloto automático que, cuando ve un peligro, se activa pasando a coger el control total de tu cuerpo, tus emociones y tus pensamientos, sin tan siquiera pedirte opinión o permiso. En el presente no hay leones en nuestro día a día, pero aun así, seguimos dejando a este cerebro prehistórico que actúe por nosotros en conceptos, ya no de supervivencia, sino en otros conceptos más intelectuales como el futuro, las relaciones, el éxito, nuestra alimentación, dónde vivir, qué profesión realizar, u otros ámbitos de nuestra vida.

La adrenalina y el cortisol, son sustancias producidas por un estado de estrés. Estas sustancias se producen de manera automática cuando el miedo se apodera de ti, y repercute en tu bienestar físico y emocional.

Para que te hagas a la idea, una pequeña dosis de estas sustancias son beneficiosas en un momento puntual para la recuperación de un acontecimiento importante. Pero, cuando tu cuerpo está sometido durante mucho tiempo a estas sustancias, terminan por hacerse nocivas y llegan a poner en riesgo tu salud, y por tanto, tu vida. Es paradójico cómo, aquello que cumple la función de salvarnos, terminamos por convertirlo en nuestra mayor amenaza.

Las principales células encargadas de tu sistema inmune, llamadas las células *Natural Killer (NK)*, son las responsables de destruir las células infectadas y las células cancerosas, manteniendo el equilibrio nuestro cuerpo. Las sustancias generadas por el estrés impiden que estas células puedan detectar con claridad a las células infectadas o cancerosas. De este modo es cómo un alto pico de estrés puede llevarnos desde un simple resfriado, hasta la proliferación de un cáncer.

Dicho de otro modo, cuando te enfadas con alguien estás bebiéndote un vaso de veneno y, mientras, deseas que se muera él. Siempre vas a ser tú el que vas a experimentar las consecuencias de tus pensamientos en todo su esplendor, tanto para bien como para mal. En realidad nos disgustamos más de lo que deberíamos, y de lo que realmente nuestro cuerpo puede llegar a soportar. Si no, pregúntate ¿cuántas veces te has preocupado por un sin fin de cosas que jamás han ocurrido? o ¿cuántas veces te has llegado a enfadar con alguien por algo absurdo?

Del mismo modo que el miedo ciega a las células NK que hay en tu cuerpo, impidiendo que mantengan el equilibrio de tu ecosistema interior, el miedo también te ciega a ti, impidiendo que experimentes el equilibrio con tu ecosistema exterior.

El miedo solo puede cegar, pues ese es su objetivo. Nunca podrás ver con claridad aquello que temes ver. Cuando experimentamos bloqueo, huida o ataque ante cualquier acontecimiento, estamos negando comprender lo que sucede en realidad ante nosotros.

No hay que confundir atacar con ser valiente o con ausencia de miedo, pues todo ataque nace de la ausencia de Amor, por lo tanto procede de un estado mental diametralmente opuesto. Al comprender esta base, te será mucho más fácil observar desde qué estado mental estás operando en cada circunstancia, a cuál de esos dos estados mentales le estás dejando las riendas de tu vida y, por lo tanto, podrás aventurar de forma sencilla los efectos que tendrán que actuar desde ahí por la ley fundamental de causa y efecto.

Vivir constantemente en un estado mental basado en el miedo tan solo genera veneno dentro de ti. **El miedo no te mantiene con vida, tan solo te mantiene respirando.**

A todas vistas, experimentar una vida desde el miedo tan solo puede generarnos sufrimiento en todos los niveles. Es curioso cómo algo tan debilitante y nocivo ha llegado a tener tanta popularidad en nuestra educación y sociedad actual, y cómo nos hemos acostumbrado a ello como si fuese lo único a lo que podemos aspirar.

Por el contrario, cuando vibramos en el estado del amor, tu cerebro activa otras partes del cerebro, y genera a su vez otro tipo de sustancias, entre ellas, la serotonina. Se ha descubierto que la serotonina no solo se encuentra en el cerebro, sino que en su mayor parte se encuentra en las plaquetas de la sangre y en el sistema digestivo. Debe ser por eso, que cuando nos enamoramos decimos que sentimos mariposas en el estómago.

Esto concuerda mucho con las últimas investigaciones que se han hecho acerca del segundo cerebro que tenemos en nuestro cuerpo, compuesto también por un conjunto de redes neuronales que recubren el **estómago** y el sistema digestivo. Es por eso, por lo que es tan importante para nuestro equilibrio, mantener una buena alimentación en nuestro día a día. Y no solo física, a través de la comida que nos metemos en la boca, sino con igual o más importancia la alimentación emocional, a través de la información que ingerimos a través de nuestro cerebro, ya que ambas van a parar directamente a nuestro estómago. Recuerda, que no solo de pan vive el hombre.

La serotonina es la hormona encargada del bienestar, generando sensaciones de dicha, relajación, satisfacción y aumento de concentración. Del mismo modo que el miedo genera sustancias nocivas, el amor es un sistema reconstituyente por la liberación de endorfinas naturales, un analgésico natural que mitiga el dolor, potencia el placer y afecta positivamente a todos los órganos. Potencia el nivel sexual, la concentración, la inspiración y otras capacidades ocultas que se hallan escondidas en nosotros.

¿Desde qué estado crees que la vida te sonríe más? ¿Crees que entablar relaciones desde el miedo, la desconfianza, la manipulación y el egoísmo es más práctico, que entablar relaciones desde la confianza, la comunicación y la responsabilidad? ¿Crees que crear proyectos empresariales desde el ataque, la huida y el bloqueo es más práctico, que hacerlo desde la empatía, la comunicación y el sentido de la unidad?

¿Crees que es responsable elegir una carrera profesional desde el miedo a defraudar a nuestra familia, en lugar de hacerlo desde la intención de querer aportar algo de valor al mundo? ¿Todavía crees que recurrir al miedo es el mejor recurso de supervivencia al que puedes optar en este mundo? Créeme, hay más muertes por miedo en el mundo que por leones que se comen a seres humanos. ¿Y no es paradójico, que en la era en la que más seguridad vivimos y más recursos tenemos, sea la época que mayor estrés hemos experimentado en la historia del hombre?

Vivimos en un estado constante de conflicto interior, con el que llevamos tanto tiempo lidiando, que hemos terminado por acostumbrarnos a él, y lo vemos como si fuese nuestro estado natural de ser. Decimos estar bien cuando estamos mal, decimos estar en paz cuando estamos resignados, y decimos mantener relaciones basadas en el amor, cuando las usamos principalmente para cubrir una sensación de incompleción*1, y están construidas desde la desconfianza, la manipulación y el egoísmo en mayor o menor medida. Este tema lo abordaremos en detalle más adelante. Vivimos una época donde más gente somos y donde más solos nos sentimos. Nos relacionamos más a través de redes sociales que mirándonos a los ojos. Vivimos en la era donde más importancia se le ha dado al "yo", en lugar de a "nosotros".

Es paradójico ver cómo vivimos en un mundo de locos, y todos esconden su locura para que los demás no la vean. Si vivimos en un mundo de locos, ¿no tendría sentido que sacases tu loco a pasear? La sociedad de la felicidad que hemos creado, se alimenta de nuestro sacrificio y sufrimiento, pero mantenemos sujeta con fuerza una falsa careta que dice "todo va bien", que tapa lo que realmente sentimos por dentro y donde expresar abiertamente nuestras emociones está mal visto, es molesto para los demás y lo hemos lle-

---

*1 Terminología que usa UCDM para describir el estado de creerse incompleto y separado del resto.

vado casi al terreno de lo prohibido. ¿Cómo podría alguien alcanzar un estado de felicidad desde un estado mental que vive resignado, y que cree que no puede expresar lo que siente por miedo a ser juzgado por los demás? La necesidad de ser aceptados por los demás, de pertenecer a un grupo, incluso de competir para destacar dentro del grupo, son mecanismos que impiden que la felicidad pueda manifestarse en tu mente. Ya que, siempre que buscas la aceptación exterior lleva implícito el rechazo hacia ti mismo.

No nos damos cuenta del daño que nos hacemos al vivir desde un estado mental basado en el miedo. Todo esto habla de una sociedad enferma, y para que sanemos como sociedad, primero debemos hacerlo como individuos. Tenemos que entender que el amor no es lo que nos han contado en las películas de *Hollywood*. Es el poder más elevado que existe en el universo y se esconde en cada uno de nosotros, esperando a que le des paso para salir a flote, y beneficiarte de su presencia en ti.

Será cuestión de tiempo, y no es cosa de unos pocos, sino de todos, que lleguemos a alcanzar dicho estado mental. ¿Qué mayor sentido podría tener la evolución sino este? ¿Hacia qué "lugar" crees que nos estamos dirigiendo? ¿Y cómo crees que podrías alcanzarlo más que enseñándote a ti mismos a través de los demás, aquello que quieres aprender, para convertirte en ello y así poder experimentarlo?

Tu destino, tu función y tu misión en este mundo es amar, no odiar. Estamos hechos para amar, para ayudar, para asistir y para compartir. No hemos sido creados para competir, luchar, robar y matar. Pero para dar paso a un nuevo mundo, tendrás que estar dispuesto a soltar tu viejo y cansado mundo de ilusiones.

3.5.- No puedes ver dos mundos

La mente es muy poderosa y jamás pierde su fuerza creativa. Nunca duerme. Está creando continuamente. Es difícil reconocer la oleada de poder que resulta de la combinación de pensamiento y creencia, la cual puede literalmente mover montañas. A primera vista parece arrogante creer que posee hasta el poder, mas no es esa la verdadera razón de que no lo creas. Prefieres creer que tus pensamientos no pueden ejercer ninguna influencia real porque de hecho tienes miedo de ellos.

UCDM T2 VI_9: 5-10

Del mismo modo que tu cerebro no puede experimentar emociones de miedo y amor a la vez, tú no puedes ver a la vez los dos mundos que nacen de cada sistema de pensamiento.

En este mundo podemos reducir todo a estas dos premisas y recordar siempre que sólo puedes apostar ante dos únicas opciones. No elegimos ante nada más, nunca lo hicimos y jamás lo haremos. Y cómo no, toda causa tiene su efecto. Cada decisión nos acercará más a experimentar la verdad o la confusión de lo que somos.

Ante cada conflicto que se te presente se abre un escenario perfecto para elegir de nuevo. Y, de algún modo, todos sabemos que el amor y la verdad no pueden ser vencidos por el miedo y la falsedad. Tan solo podemos retrasarnos en el camino ante la inevitabilidad de su llegada, tropezando más veces en la misma piedra hasta que aprendamos a tomar la decisión correcta. Pero, antes de acceder a ese estado, debemos comprender cómo opera nuestra mente y preocuparnos por deshacer todos los muros que hemos levantado dentro de nosotros para que no entre en nuestra vida.

Hace miles de años el ser humano pensaba que la tierra era plana. Esa idea nació en algún momento y se fue adentrando poco a poco en nuestra civilización, haciéndose popular entre todos nosotros.

Cuando pensamos como grupo, dejamos de pensar como individuos. Por decirlo de otro modo, cuando todos pensamos igual, en realidad nadie está pensando. Esto quiere decir que cuando una idea gobierna al grupo que perteneces, nadie pone en tela de juicio esa idea. A esto se le llama **pensamiento colectivo**.

Al no poner en tela de juicio dicha idea, todo el grupo la compartirá. Al compartirla la vivirán como si fuese real, y cuanto más la compartan, más creerán en dicha idea y con más intensidad la experimentarán. En base a esta fórmula es como construimos nuestro mundo.

De lo que no se daban cuenta en esa época, es que estaban todos compartiendo una idea errónea y limitada, y al hacerlo, sus mentes tenían que buscar en el exterior todo lo que hablase a favor de esta idea, para poder mantenerla con vida. Esto conlleva, por supuesto, negar la verdad. El que compartamos creencias entre todos no significa que sean verdad. Lo que sí es cierto, es que al compartirlas viviremos los efectos en el nivel de la experiencia como si de una verdad absoluta se tratase. En esa época se dice que no navegábamos con barcos hasta el horizonte, pues aquellos que lo hacían estaban condenados a caer por un precipicio infinito y vivir en el vacío eternamente. Esta forma de pensar obviamente, nos llevaba a una experiencia limitada basada en el miedo. Confiar en nuestros pensamientos como si fueran ciertos es el peor obstáculo que le ponemos a la verdad. **El problema del conocimiento no es el desconocimiento, sino la creencia de que lo sabemos todo** y de que aquello que pensamos es una verdad absoluta.

El verdadero significado de la mente inocente se ha malinterpretado durante toda la vida. No significa que nos comportemos como niños, que nos pasemos el día jugando, que nos volvamos irresponsables, que no paremos de llamar la atención esperando que los demás nos atiendan, y que nos victimicemos cuando no lo hacen. Muchos se han tomado esta interpretación al pie de la letra y a día de hoy siguen siendo niños en cuerpos de adultos.

El verdadero significado de tener una mentalidad inocente es salvaguardar la característica de la mentalidad curiosa, que todo lo pregunta y que todo lo quiere descubrir, que caracterizan a un niño que acaba de llegar a este mundo. En el momento que comenzamos a dar por sentadas las cosas, empezamos a construir nuestro particular mundo de creencias, y es ahí donde nuestro aprendizaje comienza a morir.

Las creencias son una proyección de la mente tramposa.
Te da la sensación de saber sin saber.
Budha

La percepción que tienes del mundo es congruente para ti, porque lo que ves es un reflejo de tus propias creencias. Y tus creencias son, a su vez, un reflejo de lo que quieres ver. Por tanto, lo que estás viendo habla de aquello que realmente valoras. Por ejemplo, si no paras de ver traición en tu vida, debes comprender que eres tú el que estás valorando ese tipo de creencias, que son las que dan paso al mundo tal como has aprendido a verlo, y así es como lo experimentas. A través de esa experiencia, es el modo en que mantienes con "vida" tus creencias, y por tanto, tu mundo conocido.

El miedo ha dado lugar a todo lo que ves. El mundo que ves no habla del mundo real, pero sí habla de la interpretación que tenemos acerca de él, y esta interpretación habla más de nosotros que del mundo en sí. Al ego no le gusta nada que le cambien las cosas de sitio, y mucho menos su sistema de pensamiento, pues cambiar sus creencias conlleva eliminar el punto de referencia desde donde percibe el mundo, y esto le llevaría directamente al umbral de la incertidumbre donde perdería su tesoro más preciado: el control. El hecho de aferrarnos a lo conocido a pesar de que sea falso y nos haga daño en lugar de soltarlo y abrirnos a lo nuevo, es síntoma de que estamos operando gobernados por el sistema de pensamiento basado en el miedo. ¿Te suena la frase, "más vale lo malo conocido que lo bueno por conocer"? Esta creencia popular lo resume claramente.

Siglos atrás, una persona comenzó a ser una amenaza para los habitantes de la época, cuando comenzó a demostrar que la tierra no era plana, ni te caías al llegar al horizonte por un precipicio y vagabas sin rumbo eternamente en el espacio infinito. Esta persona comenzó a demostrar que las estrellas giraban en torno a nosotros, lo que significaba que había una nueva información que nos estaba apuntando a pensar que la tierra contenía una forma distinta a la que creíamos. Ese cambio de pensamiento nos conduciría a experimentar una experiencia radicalmente distinta a la que conocíamos.

A día de hoy se nos hace inconcebible pensar que la tierra es plana, pero la primera toma de contacto con este pensamiento fue tan radical para nosotros, que terminamos literalmente por quemar en la hoguera al mensajero. Este gesto habla de lo intransigente que es el ego, y hasta dónde pueden llegar sus mecanismos de defensa con tal de proteger su mundo conocido desde su rígida estructura mental. ¿Qué clase de ser lucharía contra la verdad?

¿De qué tendría que defenderse? Y sobre todo, ¿por qué tendría que defenderse? Si la verdad fuese una amenaza para él, ¿no sería acaso que ese sistema de pensamiento ha nacido en lo falso o en lo ilusorio?

Una vez aceptamos la idea de una tierra redonda, un mundo nuevo y lleno de posibilidades se adentra en nuestra experiencia. Descubrimos nuevos mundos, nuevas culturas, nuevas lenguas, nuevos alimentos, nuevas civilizaciones, y todo eso fue dándose forma hasta el día de hoy, habiendo alcanzado un mundo mucho más conectado de lo que estaba en nuestro pasado.

El miedo configura el mundo tal como lo ves, del mismo modo que el amor da paso a un mundo totalmente distinto. Por mucho que sigas protegiendo tus creencias limitantes conflictivas, no significa que sean verdad. Podrás atribuirles valor, pero siempre serán falsas. Podrás buscar la felicidad a través de ellas, pero jamás podrás encontrarla, pues son de hecho esas creencias las que expulsan la felicidad y el amor de tu mente.

Del mismo modo que no puedes experimentar la idea de tierra plana y tierra redonda a la vez, hasta que no sueltes tus ideas limitantes y conflictivas no podrás dar paso a nuevas ideas en ti. No puedes ver dos mundos que proceden de sistemas de pensamiento radicalmente distintos. Solo puedes experimentar pensamientos que nacen de dos únicos sistemas de pensamientos. Ambos contienen una gama infinita de posibilidades y alternativas en el nivel de la experiencia, pero siempre será lo real y lo irreal las dos únicas opciones ante las que puedas elegir.

No puedes ver un mundo sin haber primero otorgado valor a lo que ves. Si eliges el odio, ten por seguro que el amor no podrás verlo, pues estarás valorando el odio por encima del amor. ¿Crees que puedes odiar y amar a la vez?

Esta fue la mayor lección y más reveladora que generó una revolución interior en mí, ya que, sólo con comprender este concepto, tomé conciencia de que todas las cosas por las que estaba pasando, para bien o para mal, las estaba eligiendo yo. Y si yo soy el responsable de lo que estoy viviendo, también he de ser el responsable de poder cambiarlo. Y lo mejor de todo, es que comprendí que no dependía de nadie para poder hacerlo, pues sabía que si cambiaba mi mundo interior, mi mundo exterior cambiaría automáticamente.

Puedes ir más allá de tus pensamientos e ir en busca de un nuevo mundo. Tan solo deberás revisar tus viejas creencias que conforman tu mundo ordinario. Y es a través de tu mundo ordinario como podrás darte cuenta de qué clase de creencias estás valorando, pues todo lo que ves fuera de ti es el reflejo de lo que hay dentro de ti.

3.6.- Cómo corregir el error

Enfocarse mucho en el problema no hace que se resuelva el problema, por el contrario, lo alimenta más, pues al reforzar en tu mente la idea del problema solo hará más que lo experimentes con más intensidad. Si el mundo que ves es el reflejo de tu estado mental, ¿qué puede salvar al mundo excepto el abandono de tus creencias en el conflicto?

Los locos creen ciegamente en el mundo que ven con sus propios ojos. Y al no ponerlo en duda, refuerzan sus creencias de dicho mundo cada día que pasa. Jamás podrás convencer a un loco de que lo que ve no es real, intentando hacer que cuestione aquello que ve. Prueba a acercarte a alguien que esté experimentando un conflicto en ese momento, y dile que lo que está viviendo no es real y verás que pensará que el loco eres tú.

Ahora bien, si se le lleva a comprender de dónde procede el origen del conflicto, si comprende que la fuente de sus pensamientos procede de un estado mental basado en el conflicto, y si comprende que la experiencia que está viviendo es la consecuencia de dicho estado mental, puede alborear un suspiro de esperanza y libertad en dicha mente. Pues de este modo, le estarás mostrando el camino de la liberación del sufrimiento, y comprenderá que él siempre tuvo la llave de las cadenas que creían atarle.

Es por tanto imprescindible que te hagas consciente de tu locura y tu conflicto interior, si es que te quieres liberar por completo de la dicotomía que esconde tu mente. Alcanzar el estado interior que te dará todo aquello que buscas erráticamente a través del exterior.

El mundo en sí no tiene significado. Es tu mente la que tiene que otorgarle un significado primero para que cobre sentido para ti. Lo que contemplas en él es la representación de tus deseos, y de este modo es como puedes proyectar tus pensamientos y deseos fuera de ti, y creer que son reales. **¡Tú eres el que moldea tu mundo a imagen y semejanza de la limitada interpretación que haces de ti!**

Seguir creyendo en tus conflictos, o en los conflictos del mundo, tan solo hace que te demores en tu camino. Pero al comprender cuál es la naturaleza de tus pensamientos, tienes la capacidad de decidir de nuevo. Así de fácil y así de difícil a la vez. ¿Por qué son nos hace difícil? Porque lo simple se hace difícil de digerir para las mentes retorcidas y acomplejadas. Es por eso, por lo que a través de esta lectura, iremos deshaciendo los nudos mentales que tenemos para que salga de ese estado y la comprensión se pueda alcanzar sin esfuerzo.

Cierra los ojos por un momento, y pregúntate dónde pones tu atención cuando piensas, sientes, hablas o actúas. ¿Es el amor quién te abre camino, o es el miedo y el resentimiento el guía que has elegido para que te acompañe en tu vida?

Tus pensamientos son creadores. Donde pones tu atención pones tu poder creador, pues a los pensamientos que valores, cobrarán forma ante ti. Si te dirige el miedo, tus proyecciones se volverán contra ti. Si te dirige el amor, será inevitable que veas ante ti los testigos que hablan por él. ¡Este es tu verdadero libre albedrío!

En el pasado yo también viví en un mundo de miedo, frustración e ira, y a día de hoy, a veces sigo experimentando los falsos tejidos de una mente engañosa. Pero cuando te haces consciente de que puedes liberarte de dicho mundo, es cuando comienza a alborear en tu mente un viejo recuerdo de tu verdadera naturaleza ilimitada y todopoderosa. Pues cuanto más te liberes del miedo y de la debilidad, más cerca estarás de recordar quién eres realmente.

¿Con qué información alimentas tu corazón, tu mente y tu espíritu cada día? Si quieres recordar la verdad en ti deberás entrar en el espacio vacío donde todas tus creencias dejan de tener significado, pues son tus propias creencias las que no te dejan ver con claridad. Es vital elegir centrar tu atención en lo que quieres crear, y no en lo que temes que suceda. Agradece un mundo nuevo que se manifiesta ante ti, sonríele y dale las gracias desde la seguridad de que ya ha entrado en tu vida. Visualízalo y respíralo cada día. Pues si el mundo que ves es el resultado de tus pensamientos de conflicto, del mismo modo tus pensamientos basados en un estado de amor, abundancia, gratitud y felicidad darán paso a un nuevo mundo ante tus ojos.

Sal de tu razón y ve a tu intuición. Sal de tus pensamientos lógicos y baja a tus sentimientos. Sal del ruido exterior y conduce tu atención a tu universo interior, pues todas las respuestas que llevas buscando durante tanto tiempo han estado, están y estarán siempre en tu corazón. Pues es a tu corazón, y no a la gente que te rodea, al que tienes que escuchar a la hora de tomar las decisiones en tu vida. Si aprendes a escuchar a tu corazón hallarás siempre la respuesta correcta. Si escuchas a los demás, vivirás una vida que no te corresponde.

No te dejes engañar ante el mundo que ves, pues tu mente confusa te mostrará un mundo confuso. Aquí nada es lo que parece. Es un mundo de escaparates y disfraces con intenciones escondidas. Vivimos en un sueño creado por espejos y proyecciones que no sabemos interpretar, y mucho menos, escapar de él. Sólo mirando con los ojos del espíritu es como puedes comprender el mundo que ves. El espíritu le dará la vuelta a las cosas tal como las ves, pero no las negará. Por el contrario, las usará como recurso de aprendizaje para tu más alto bien. **Pues tu conflicto no radica en las cosas que te suceden, sino en la estructura mental con la que las afrontas.**

Lo único que puede separarte de la vida, de la naturaleza y de Dios, son tus propias creencias. No te dejes engañar por más tiempo por las apariencias de un mundo de disfraces. En este mundo nada es lo que parece. El ego se viste de espiritual para ser idolatrado, y el espíritu se confunde con debilidad y la credulidad, siendo en ocasiones hasta motivo de burla por las mentes acomplejadas. Y toda esa oscuridad contra la que luchas, y de la que crees que tienes que esconderte, es tu propia oscuridad proyectada sobre el mundo exterior.

Cuando sientas miedo abrázalo, dale la bienvenida pero solo para despedirte de él. Elige de nuevo pensamientos que te eleven y no que te mantengan en el conflicto. Cuando permites que sea el amor y no el miedo el que se expanda a través de tus pensamientos, emociones, palabras y acciones, observarás cómo todo se ordena a tu alrededor como consecuencia de haber elegido por el maestro correcto.

Aprender a desaprender lo aprendido es un camino que te conducirá al pasado pero solo para deshacer lo andado y así poder avanzar. La culpa no existe, es un concepto aprendido. El perdón será, por tanto, la herramienta que puedas usar no para perdonar al mundo por lo que te ha hecho, sino para liberar a tu mente de la dicotomía y del miedo, y así liberarte a ti junto con él.

3.7.- La verdad te hará libre

Muchas personas que han pasado por este mundo nos han dejado grandes enseñanzas acerca de cómo alcanzar un estado mental más elevado y, aunque cada uno haya recorrido su propio camino individual, las enseñanzas están basadas en los mismos principios universales, pues quien domina las causas, domina los efectos.

El primer principio en el que coinciden es que no tenemos que olvidar que no somos seres humanos viviendo una experiencia espiritual, sino que somos seres espirituales viviendo una experiencia humana. Esta es la base de nuestra confusión y conflictos. Es la piedra angular donde descansa el miedo y el mundo tal como lo vemos, basado en injusticias, caos, enfermedad, separación y muerte.

Lo abstracto es el mundo de lo genérico, de lo mental, de lo que no se ve. Lo específico es el mundo de lo individual, de lo que se ve, de la experiencia y de lo concreto. Una vez comprendamos el mundo de lo abstracto podremos moldear lo específico ya que estaremos accediendo al lenguaje de las causas, no de los efectos.

Las Leyes Universales no pueden contradecirse entre sí, y pueden aplicarse a cualquier situación específica por igual porque operan desde la consciencia del amor, y el amor no tiene contrarios, no se contradice a sí mismo, ni excluye a nada ni a nadie. Estas son las leyes del *espíritu*. Lo contrario a las Leyes Universales son las leyes del caos. Estas son leyes caóticas porque nacen de un estado de conciencia que opera en el miedo, en la separación, en la confusión y en la desesperación. Al ser una emoción fragmentada y fragmentante no aplica sus leyes a todos por igual. Son leyes que hablan de la ilusión, de lo separado y de lo distinto. Las leyes de la competencia, de la desigualdad, de las diferencias y de la injusticia. Estas son la base sobre las que descansa. Estas son Las leyes del *ego*.

Tenemos que comprender, y comprenderlo bien, que de nada servirá corregir el error en el nivel del comportamiento o de los efectos, pues sólo podrá ser corregido en el nivel de las causas. Si la causa del problema sigue viva, el conflicto seguirá manifestándose aunque cambie de forma, por mucho que insistas en tratar de corregir la forma que emana del problema cuando se manifieste ante ti. Del mismo modo, quien accede a las causas dominará los efectos en su vida. Una vez comprendida la causa del conflicto, los ajustes en el nivel del comportamiento se corregirán sucesivamente.

Pongamos un ejemplo práctico para comprender esto mejor. Miguel es una persona que fuma tabaco. El tabaco no es un bien de primera necesidad para la supervivencia del cuerpo. De hecho es más bien todo lo contrario. ¿Para qué usa Miguel el tabaco entonces si realmente su cuerpo no lo necesita? Para calmar una ansiedad. Y ¿de dónde nace la ansiedad? de su estado mental. Dicho de otro modo, el tabaco es la forma (nivel de los efectos) de un pensamiento conflictivo que procede de su mente (nivel de las causas).

Un buen día Miguel decide dejar de fumar sin tomar conciencia del para qué usaba el tabaco. En este caso

Miguel intenta corregir el problema a nivel de comportamiento, sin prestar atención a la causa que le lleva a fumar. ¿Cuál es el conflicto que nace en la mente, que hace que genere esa ansiedad en forma de emoción, y que mantiene gobernada la fuerza de voluntad de esa persona?

Miguel ha dejado de fumar (nivel de los efectos) pensando que así resolverá el problema, pero no ha corregido el conflicto en el nivel de las causas. Al no haber corregido el conflicto en el nivel de las causas, este se volverá a manifestar en el nivel de la experiencia adoptando otra distinta que represente el conflicto que sigue vivo en su mente.

En el mejor de los casos dejará el tabaco pero ese vacío existencial seguirá manifestándose, recurrirá a comer compulsivamente y engordará. Probablemente pruebe con el deporte para liberarse de dicha tensión, incluso llevándolo a un nivel extremo para calmar su ansiedad. A nivel emocional el conflicto se representará en forma de un carácter irascible. Incluso, el conflicto puede manifestarse en el nivel sintomático en forma de enfermedad, como infección de garganta. En el peor de los casos la persona volverá a fumar de nuevo y su esfuerzo no habrá servido para nada, excepto para reafirmar aún más la creencia de incapacidad que se esconde en su mente inconsciente.

En ambos casos se ha intentado abordar el problema desde el efecto, con lo que el cambio es imposible ya que, al no corregir la causa el problema, este seguirá manifestándose una y otra vez.

La corrección debe llevarse a cabo únicamente en el nivel en el que es posible el cambio. El cambio no tiene ningún sentido en el nivel de los síntomas donde no puede producirse resultados.

UCDM T2 VI_3:6

Este mismo concepto se aplica a todo, a los conflictos personales, conflictos sentimentales, conflictos profesionales, conflictos económicos, etc. Cambiar de pareja sin resolver el conflicto en el nivel de las causas, hará que se manifieste el conflicto una y otra vez, aunque adopte distintas formas.

Una manera más eficaz de solucionar el conflicto es preguntándose a uno mismo. ¿Para qué uso el tabaco? ¿Qué emociones estoy intentado evitar a través de este hábito? Estas preguntas conllevan una toma de responsabilidad y de conciencia que, de abrirte a ello, te conducirán a una liberación gradual de tu ser.

Preguntarte "¿por qué fumo?", "¿por qué nunca tengo pareja?", o "¿por qué no llegó nunca a final de mes?", apuntará al exterior y no te permitirá acceder a una respuesta profunda. La respuesta aquí sería del tipo "porque así lo aprendí, porque soy así, porque no soy lo suficiente o porque el mundo es injusto". Al haber dado una respuesta a esa pregunta tu mente se siente satisfecha en su proceso de búsqueda, ya que ha encontrado una respuesta que encaja con la pregunta que le has formulado.

El problema es que este modelo de preguntas te sitúa en el papel de víctima de las circunstancias, y proyecta toda tu responsabilidad fuera de ti, adjudicándoselo a otros. Es como decirte más o menos, "me he convertido en lo que soy por culpa de los acontecimientos", sin darte cuenta que estás usando los acontecimientos para reafirmar tus pensamientos acerca de la vida, y por tanto, de la idea que tienes de ti. ¡Esa idea es lo que no paras de proteger!

Cuando realizas una pregunta desde un *para qué*, en lugar de *por qué,* la respuesta te llevará inevitablemente a mirar adentro, y por lo tanto, a una respuesta auténtica y a una toma de responsabilidad.

3.8.- Cómo usar la experiencia a tu favor

Para facilitar la comprensión de la lectura, vamos a imaginar que la mente es como un iceberg. Cada uno tiene su iceberg mental que está dividido en dos partes:

- **Mente consciente:** El pico que sobresale en la superficie es la parte de tu mente de lo que eres consciente, como tu nombre y apellidos, tus gustos, ciertas creencias, la música que te gusta, tus deseos, etc.
- **Mente inconsciente Individual:** El bloque de hielo que se esconde por debajo del agua es la parte de tu mente de la que no eres consciente, como por ejemplo de dónde nacen tus deseos, donde se originaron tus conflictos, mandatos y creencias que no percibes, etc.
- **Mente inconsciente Colectiva:** El agua sobre la que flotan todos los conjuntos de mentes individuales o icebergs, es la mente donde se comparte donde se guardan todas las creencias del mundo.

Imagina que tu mente consciente constituye el 5% de tu mente, y tu mente inconsciente el otro 95%. Esto significa que somos seres totalmente inconscientes de nuestros actos. Por ejemplo, seguro que te gusta un tipo de música, de eso eres consciente, pero no eres consciente de los mecanismos de selección de tu mente inconsciente que hacen que ese tipo de música sea la que te guste. Probablemente pienses que eres tú el que has elegido la música que te gusta, pero de lo que no eres consciente es que tu mente ha ido haciendo ajustes en base a la época en la que vives, a sentirte actualizado, a la necesidad de encajar con los demás, a un estilo de personalidad determinado que has ido construyendo, a vínculos especiales o a la necesidad de volver simbólicamente al hogar (pasado), por la sensación de poder, o tantas cosas más. Esa música no te gusta porque sea buena o mala, sino porque a través de ella estás queriendo reafirmar tu personalidad.

Esto es un sencillo ejemplo de cómo tu mente inconsciente es la que selecciona por ti las experiencias que quiere vivir para expresar las creencias que se esconde en ella, mientras crees que tu yo consciente siente que tiene el control de las cosas y que sabe lo que hace en todo momento.

Una parte más de la mente que debemos mencionar es la mente del inconsciente colectivo. Tal vez pienses que tu mente es individual y que está separada del resto del mundo, que tus pensamientos son privados y que las ideas que tienes son solo tuyas. Al contrario que tu cuerpo, tu mente no está separada de las demás mentes. Todas ellas conviven en una mente colectiva. Así, del mismo modo que tu mente individual da paso a una experiencia individual, la mente colectiva da paso a una experiencia colectiva.

En este capítulo abordaremos sólo las dos primeras mentes. La mente del inconsciente colectivo lo veremos más en profundidad en capítulos posteriores, cómo nos afecta y cómo podemos afectar también nosotros a dicha mente.

Tal como ya hemos dicho, los pensamientos los refuerzas al compartirlos, y cuando más compartes las creencias o pensamientos más se refuerzan en tu realidad. Hay que atender bien a esta frase, pues aquí está la clave de todo. "Tus pensamientos crean tu realidad", no es tu realidad la que crea tus pensamientos. Dicho de otro modo, toda la vida que tienes a tu alrededor son tus pensamientos manifestados en formas de relaciones, de trabajo, de economía, de salud, etc. Para comprender el mundo, deberás invertir tu sistema de pensamiento plenamente. Una vez lo hagas verás el sentido tan profundo que tienen las cosas.

Sigamos avanzando. Los pensamientos no solo se comparten a través de la palabra, esto sería pensar en tus pensamientos con una mente limitada, creyendo de este modo que los pensamientos solo tienen el salvoconducto de tu palabra para ser expresados en el mundo exterior.

Tus pensamientos son reafirmados constantemente a través de toda tu realidad. A través de tus emociones, a través de tus relaciones, a través de tu comportamiento, a través de tus hábitos, a través de tu alimentación, a través de tus reacciones, e incluso a través de tus sueños.

Por ejemplo, a la persona que le multan frecuentemente, no es algo que surja por casualidad. Inconscientemente está usando su experiencia para poder reafirmar la creencia en la injusticia y en el castigo, y justificar así su frustración y rabia. En este caso, además el conflicto lo tiene con la autoridad, que representa la energía masculina. Por tanto, apunta directamente a un conflicto que aprendió en el pasado acerca de sí mismo a través de la energía masculina, probablemente tenga referencia con su padre. En capítulos más avanzados hablaremos del significado de las tres energías que nos componen y de cómo se representan en toda nuestra vida.

Por otro lado, una persona que está siempre de trabajo en trabajo de manera inestable, o luchando por llegar a final de mes, no durante un momento puntual, sino durante varios años, posiblemente esté reforzando una creencia de incapacidad o de insuficiencia que aprendió por el camino también.

O, por ejemplo, la persona que siempre acaban dejándole en las relaciones, o cuando tiene una pareja no es lo suficientemente para él o ella, posiblemente esté usando la experiencia de manera inconsciente para reafirmar la creencia de no ser merecedor/a del amor. En este caso el conflicto es con la energía femenina. No es que todos los hombres o las mujeres sean iguales, sino que se sentirá atraído inconscientemente por un estereotipo específico para poder vivir la experiencia una y otra vez a través del otro, con el fin de poder reafirmar su identidad nuevamente. Este punto lo veremos más desarrollado y con plena claridad en capítulos posteriores.

Lo que quiero llevar a la comprensión, es de cómo usamos sin darnos cuenta la experiencia que vivimos para reafirmar nuestras creencias, y cómo podemos dejar de hacerlo del mismo modo.

Tal y como hemos dicho, solo decidimos ante nuestra fortaleza o ante tu debilidad. En estos tres casos, la decisión que se está tomando procede de un conflicto, y por tanto, del miedo o la debilidad. Y mientras se use la experiencia para justificar creencias conflictivas, la vida seguirá repitiéndose como una sopa de ajos.

Volvamos al caso de Miguel. Del mismo modo que tú no sabes qué mecanismos inconscientes configuran tus gustos, Miguel tampoco sabe qué le lleva a fumar tabaco. Pongamos un ejemplo práctico a modo simulación para comprender esta práctica. Imagina que Miguel cae en cuenta que fuma para calmar una ansiedad e inseguridad. Esto le lleva a comprender que el tabaco es una muleta para evitar sentir u ocultar ciertas emociones que quieren aflorar si no fuese por el tabaco, como es la ansiedad.

La ansiedad es la consecuencia de la obsesión por el futuro, del miedo de no ser capaz de poder afrontar las situaciones de la manera correcta, de quedarse sin recursos o de no ser capaz de dar la talla o estar a la altura. Del mismo modo que la depresión es la consecuencia de la obsesión por el apego al pasado, por aquello que ya no está y que no se podrá recuperar jamás, dejando tal vacío que nada de lo que pueda venir en el futuro pueda llegar a tener el mismo significado. Por tanto, si en tu caso tienes demasiada ansiedad, suelta el futuro. Si tienes depresión, desapégate del pasado. Solo así podrás estar en el presente, donde se encuentra la felicidad, el equilibrio y la vida. A medida que vayas liberando tu mente del tiempo, irás acercándote más y más al instante presente.

Llegando a esta comprensión, Miguel podría hacerse una pregunta interesante que le abriría el siguiente nivel de comprensión; ¿Quién es aquella persona que tendría miedo a afrontar algo? Alguien que se siente incapaz o limitado. En el capítulo del ego, veremos cómo aprendemos las ideas de lo que creemos que somos durante nuestra infancia. Por tanto, Miguel podría ganar terreno a su mente inconsciente con cada pregunta que apunte hacia una búsqueda sincera consigo mismo.

¿Dónde aprendí que yo tenía que ser alguien incapaz o que la vida es muy dura?

Tu mente siempre te mostrará aquello que tú le pidas. Del mismo modo que cuando le preguntas desde una situación de víctima de la vida, te ofrecerá las respuestas que procedan de la misma naturaleza de dicha pregunta, cuando haces preguntas con la intención de descubrir, tu mente te ofrecerá respuestas que hablen de la verdad.

Recordemos que en todo verás aquello que desees ver. Si quieres ver la verdad en ti la verás. Pero si quieres seguir protegiendo la idea victimizada que has creado acerca de ti mismo, no habrá nadie que venga a impedírtelo. Y tú serás siempre el primero que recogerá los resultados de ambas decisiones, para bien o para mal.

A estas alturas, Miguel ya se habrá dado cuenta que esa sensación de impotencia y pequeñez no es algo nuevo para él, y que abarca mucha más experiencia que fumar tabaco. Por lo tanto, un ejercicio práctico que podría llevar a cabo Miguel sería escudriñar su mente e identificar a través de qué situaciones se siente impotente y pequeño, y escribir todos los acontecimientos en una hoja para tomar consciencia de todos ellos.

Recordemos que las creencias que nacen del miedo contienen tres reacciones; ataque, huida y bloqueo. Por tanto, hay que poner atención a las situaciones donde estas reacciones hacen acto de presencia. Por ejemplo, podría ser algo así:

- Cuando me corrigen por alguna cosa me pongo a la defensiva y me defiendo atacando. Necesito marcar distancia con los demás por miedo a ser juzgado.
- Siempre que me relaciono con los demás necesito que me escuchen y que se interesen por lo que hago.
- Cuando me hablan los demás acerca de su vida no presto mucha atención.
- Siempre que comienzo un proyecto a medio plazo acabo tirando la toalla. Casi siempre busco recompensas a corto plazo.
- En mis relaciones, las mujeres me tratan como si fuese un niño y ellas son como mi madre.
- Siempre que quiero quedar con mis amigos necesito inventarme algo o contentar a mi pareja para que pueda salir sin tener que discutir.
- Miento por miedo a que me juzguen.
- Siempre me relaciono con las mismas personas.
- Me cuesta mucho descubrir nuevos mundos y abrirme a nuevas experiencias.
- Fumo tabaco y me alimento mal.

Al hacer esta lista, Miguel ganaría terreno a su mente inconsciente, y se daría cuenta que todas estas situaciones tienen más relación entre ellas de lo que él se pensaba. Los mecanismos de selección inconscientes y su forma de ver el mundo, proceden de la creencia que aprendió en el pasado de que es alguien incapaz y limitado. Y es a través de todas estas decisiones inconscientes el modo en el que no para de reforzar la creencia de que él es un ser limitado e incapaz.

Cada vez que se fuma un cigarro está reafirmando en su mente la idea de que no es capaz de afrontar el futuro. Cada vez que se pone a la defensiva con su pareja cuando le regaña como si fuese un niño, en lugar de ocupar el lugar de hombre que su mujer necesita ver, está reforzando la idea de que no es capaz de estar a la altura. Cada vez que se deja llevar por la necesidad de ocupar las conversaciones para hablar de sus méritos en lugar de escuchar de corazón a los demás, está reafirmando la idea de falta de reconocimiento en él, y por tanto, de ser alguien carente de valor. Cada vez que se pone a la defensiva ante una situación, está reafirmando que es víctima del mundo.

Ahora Miguel puede ser más consciente de que es él mismo el que está recreando de algún modo todas estas situaciones para mantener con "vida" una creencia limitante que tiene acerca de él. Del mismo modo en que su mente usa la experiencia para reafirmar dicha idea, al tomar conciencia, puede invertir el proceso y usar la experiencia para disolver esa creencia definitivamente.

Probablemente Miguel piense que hay situaciones que son más difíciles de soltar que otras. Por ejemplo, podría verse capacitado para comenzar a escuchar más a los demás, en lugar de fardar de lo que hace o ha conseguido, pero no se ve preparado para dejar de fumar.

Tal como dice *Un Curso de Milagros*, tú has creado un orden de realidad, y piensas que hay grados de dificultad en los problemas. Es decir, piensas que hay problemas más difíciles de solucionar que otros. Para el Espíritu Santo, mente recta o mente superior, un problema es un error de percepción que nace en el nivel de la mente. Por lo tanto, para dicha mente, no hay grados de dificultad a la hora de corregir cualquier problema, sea el que sea, ya que todos los problemas conllevan solo un cambio de percepción. Una vez corregido el error en la mente, también queda corregido en el mundo de los efectos.

Capítulo 4

Mentalidad recta

4.1.- El rey guarro

Había una vez un rey que le llamaban el rey guarro. Era conocido porque siempre iba con las puñetas*² llenas de comida. En esa época, era normal comer con las manos, y al hacerlo, sobre todo la gente de la nobleza, se manchaba las puñetas con la comida. Este rey, al nunca cambiarse de ropa, se paseaba siempre con las puñetas sucias por todo el palacio. De ahí se ganó el título del rey guarro. Cuando llegó a sus oídos el mote con el que le habían bautizado, indignado llamó a toda la corte para dar una solución a dicho problema.

Él no estaba dispuesto a tener que asearse más, a cambiarse de ropa, y mucho menos a que le cosieran puñetas nuevas, pues hacer puñetas es un trabajo que lleva mucho tiempo. De ahí la frase "vete a hacer puñetas". Desde su indignación y enfado, el Rey ordenó crear una solución para el problema de su imagen. Los asesores de la corte, llegaron a caer en la brillante idea de copiar todos los artilugios del campo para llevarlos a la mesa. De la pala

---

* ² Las puñetas son los adornos generalmente de puntilla, que se lleva en la boca manga de una prenda. En especial el que llevan las togas de doctores, jueces o magistrados.

hicieron la cuchara. Del rastrillo hicieron el tenedor. Y del serrucho hicieron el cuchillo. Así fue como de los utensilios del campo, se inventaron los cubiertos que hoy día conocemos.

Una vez inventado los artilugios, la cosa no quedaba ahí. Él no iba a estar dispuesto a ser el único bicho raro que comiese con cubiertos mientras el resto comía con las manos. Por lo tanto, ordenó a todo el mundo que tenían que empezar a comer con cubiertos. A partir de ahí, la cultura fue aceptando poco a poco la idea de que los cubiertos iban a estar presente sus vidas desde ese mismo momento. Desde entonces, el conflicto del rey fue proyectado sobre toda la población del reino, ya que, los guarros ahora eran aquellas personas que no comen con cubiertos.

Si te das cuenta, comer con las manos es el acto más natural que existe en este planeta. Todos los animales o los seres vivos comen sin necesidad de ningún tipo de artilugios, exceptuando el ser humano.

Éste es un claro ejemplo de cómo se forjan las creencias a lo largo de la historia, y cómo nos sometemos a ellas. Son memorias históricas. Literalmente si vas a comer a un restaurante y comes con las manos, te tachan de guarro, de maleducado, y es molesto a la vista de los demás. Le llamamos faltar al respeto, pero ¿acaso estás haciendo mal a alguien por comer con las manos? Dependiendo de en qué culturas, comer con las manos es un acto de gratitud y de disfrute. Así se construyen las creencias en nuestro sistema de pensamiento. Hay creencias limitantes que nacen de conflictos, y creencias en poder antes que nacen de la inspiración. La verdad y la libertad de ser y dejar ser.

El rey guarro, pensó que había dado solución a su conflicto, al crear un artilugio que ocultaste el problema que procedía de su mente. Mucho más lejos de esta ilusión, ese conflicto seguía dentro de él, lo único que hizo fue taparlo a través de una muletilla.

Así actuamos los seres humanos, ocultando los aspectos que no aceptamos de nosotros mismos, y proyectamos nuestras creencias sobre los demás. Esas partes que no aceptamos de nosotros, al verlos en los demás, nos irritan e incomodan. Pero no nos damos cuenta, que eso que nos irrita y nos incomoda de los demás, son las cosas que nos irrita y nos incomoda de nosotros mismos, que al rechazarlo y negarlo, no somos capaces de ver lo que está sucediendo en nuestro interior.

Hemos rechazado tanto esa imagen de nosotros, que nos hemos disociado totalmente de ella, por eso no podemos identificarnos con eso que hemos rechazado.

Esa es una de las herramientas más alucinantes del ego, volverte ciego ante la evidencia. De ahí la famosa frase "Ves antes la paja en el ojo ajeno que la viga en tu propio ojo". Con esto podemos aprender, que hay muchas creencias que nacen desde un conflicto, que hemos comprado, y que a día de hoy nos siguen gobernando.

Lo que no nos gusta de nosotros lo rechazamos con tanta intensidad que terminamos por disociarnos de ello, y proyectándolo sobre los demás, pensado que al sacarlo fuera, nos desharemos de esa "cosa" definitivamente. La necesidad de cambio que ves en los demás, por tanto, siempre es la necesidad de cambio que tienes que hacer en ti.

4.2.- Un conflicto con Dios

Si no te gusta lo que ves,
cambia la forma en la que ves las cosas,
y verás cómo las cosas que ves cambian.
Dr. Wayne Dyer

Desde los 6 a los 9 años de edad, estuve estudiando en un colegio católico en el centro de Madrid. Si te soy sincero, no me van nada las religiones, de hecho, siempre tuve cierto rechazo a las "verdades" que compartían en el nombre de Dios. Por el contrario, siempre me he sentido atraído por la historia de personas como Jesús de Nazaret y Buda.

¿Qué otra definición puede tener el éxito más que alcanzar un estado de plenitud total?

Fueron los primeros seres humanos entre muchos que lograrían alcanzar un estado mental tan elevado que les permitiría comprender la mecánica que mueve nuestro mundo, y por ende, a nosotros.

El mensaje que dejaron era tan poderoso que después de 2000 2500 años sigue estando vigente entre nosotros. **Un mensaje para este mundo, pero que no procede de este mundo.** Tan es así, que a día de hoy siguen siendo los mayores *influencers* del planeta, y no les ha hecho falta internet. ¿Qué mensaje dejaron que tanto caló en nosotros? ¿Y qué hemos llegado a hacer con ese mensaje los seres humanos? Las religiones para mí son como el juego del teléfono estropeado.

Siempre se ha señalado a Jesús como el Hijo de Dios encarnado en la tierra, ¡el elegido! ¿El elegido por quién?

¿Por Dios? Eso me hace entender que Dios tiene un hijo preferido. ¿Qué somos el resto para Él entonces? ¿Y encima a su hijo bienamado lo manda asesinar brutalmente? ¿Por mi culpa, por mi culpa y por mi gran culpa? ¿Dios es amoroso y a la vez castigador? ¿Dios cree en la culpa y en el castigo?

¿Qué mensaje quiere darnos este hombre? Mejor dicho, ¿quién es este hombre? Y, por consecuencia, ¿quién tengo que ser yo? ¿Culpable de algo? ¿No merecedor? ¿Limitado? ¿Víctima?

Jesús no habría alcanzado el estado de paz perfecta si hubiese seguido creyendo en los símbolos del castigo, de la culpa, de la vergüenza y del ataque. El problema no es el mensaje, es lo que se ha hecho con el mensaje. Sinceramente, si el significado de Dios es un ser que se cubre de amor, pero crea guerras en su nombre, miserias y plagas para matarnos a todos cuando se le cruza un cable, no me gustaría encontrarme con este señor cara a cara en el día del juicio final. A no ser que eso que pensamos de Él, hable más de nuestra propia forma de pensar que de Él en cuestión.

Y sinceramente, si Jesús era el elegido, el único Hijo de Dios, y él era tan especial que tenía algo que los demás no tenemos, no nos sirve como ejemplo. Ahora bien, si yo estoy creado con las mismas características que él, y también puedo llegar a alcanzar el mismo estado mental que él logró alcanzar y, como consecuencia, poder disfrutar de una experiencia plena en este mundo, entonces sí me sirve como ejemplo y como Maestro. Esto significaría que él no es únicamente el elegido, sino que todos lo somos, y que está en nuestras manos reinterpretar el mensaje que tanto se ha manipulado para el control de las masas, y que sea nuevamente comprendido para la liberación de las mismas.

Recuerdo cuando fui a comprar *Un Curso de Milagros* (UCDM), la sensación de vergüenza que experimenté al salir por la puerta del Fnac con ese libro azul y gordo debajo del brazo. Todos mis pensamientos comenzaron a revolotear al mismo tiempo, diciéndome; "qué van a pensar los demás de ti con este libro, pareces un testigo de Jehová, escóndelo y que nadie te vea con él. ¡Mírate! ¿Tú siempre has huido de las religiones y ahora te compras un libro que habla de Dios y del Espíritu Santo?" Pasaron algunos años hasta que me atreví a sacarlo en público y leerlo delante de la gente, tal y como podía leer otros libros tranquilamente. E incluso pasó mucho tiempo hasta que hablé de este libro a mi grupo de amigos más cercano.

Todo esto me llevó a darme cuenta de la vergüenza que se apoderaba de mí cuando entraba en contacto con la palabra "Dios". Me llegó a recordar que, cuando era pequeño y pasaba por una iglesia o un cementerio, me sentía obligado a tener que santiguarme, pero lo hacía realizando un gesto como si fuese contorsionista, para que los demás no se diesen cuenta de lo que estaba haciendo. Cuando íbamos de viaje, siempre rezaba un padre nuestro y lo hacía mentalmente y con los ojos cerrados. Si en ese momento alguien se dirigía a mí, hacía como que me había quedado dormido. De algún modo había asociado durante mi vida que creer en Dios es de incrédulos y de débiles, que al santiguarme mostraba mis miedos y mi debilidad, que hay que tener los pies en la tierra y que finalmente tienes que ser tú el que se ocupe de todo, porque nadie más va a venir a rescatarte en este mundo.

Comencé a ser consciente del conflicto que me generaba la palabra Dios, Espíritu Santo, Milagros, y todo lo que tuviese que ver con un lenguaje judeo-cristiano. Hasta me pregunté, ¿no podría el curso llamar a Dios por otro nombre como el Universo, la Consciencia Universal o algo más actualizado? A través de la lectura de UCDM fue como comprendí que la palabra "Dios" no tenía que ser cambiada, sino reinterpretada. Era la idea que tenía yo acerca de Dios, todo lo que me habían contado a lo largo de los años, las malas interpretaciones que había hecho el ser humano durante siglos, junto con los actos radicales que se justificaban en nombre de Dios, lo que tenía que estar dispuesto a desaprender para recibir un nuevo significado que me acercase más a Él y que ese significado procediera de dentro de mí, no del exterior.

Fue entonces cuando experimenté el mayor de los milagros en mi vida, y con él, todo lo que trajo a mi experiencia desde ese mismo instante. El gesto más simple y difícil a su vez, de dejar de luchar e intentar controlar la vida para **pasar a vivir una vida de total entrega y confianza, sabiendo que la vida siempre te da lo que más necesitas en cada momento para tu más alto bien, pero no te da lo que tú crees que más te conviene.** Esta aceptación fue la lección más enriquecedora que pude hacer, no solo por mí, sino por todas las personas que comenzaron a llegar en forma de avalancha a mi vida en busca de respuestas.

Desde ese momento todo mi mundo cambió radicalmente para mí, abarcando todas las áreas de mi vida, desde la sentimental hasta la económica y profesional. La vida me condujo a otra ciudad, la alimentación que tenía cambió sin darme cuenta a una alimentación mucho más saludable y natural, entre tantas y tantas cosas, siempre superando toda expectativa que pudiese imaginar. Cuando sueltas el control de las cosas y permites que la vida te sorprenda, recibes mucho más de lo que puedes llegar a imaginar.

De este modo comprendí que todos mis problemas se reducían a uno solo, al conflicto que yo tenía con la vida y, por ende, con Dios. Y que una vez sanado, el resto quedarían corregidos automáticamente.

Un Curso de Milagros cita claramente que el único problema que tienes es que crees que eres algo que no eres; *"El único problema que tienes es que has olvidado que*

Tú Eres Dios". Pero, ¿cómo podrías recordar que tú eres Dios, si en tu mente hay una barrera o conflicto que no te permite experimentarte desde esa totalidad? La mente no puede comprender aquello que rechaza. Por tanto, mientras sigas rechazando o juzgando a Dios, jamás podrás conocerlo. Y mientras no le conozcas a Él, no podrás conocerte a ti mismo.

Por eso, para comprender aspectos de ti, primero has de liberarte de ciertas lecciones basadas en la culpa y en el castigo, carentes de significado o de sentido común, que nos han contado a todos a lo largo de la historia y que hemos aceptado como ciertas. De este modo es como podrás reinterpretarlas, para adquirir un nuevo significado basadas en el amor y en la liberación de tu ser, y no en la culpa y en el castigo de ti mismo.

No has venido a este mundo a cambiarlo. Has venido a este mundo para aprender a amarlo. No es la vida la que debe cambiar, sino los conceptos que tienes tú acerca de ella. Cuando sueltes tus viejas creencias acerca de lo que conoces y te abras a amarlo tal y como es, solo entonces el mundo cambiará ante tus ojos y te mostrará todo su esplendor.

4.3.- Dale la vuelta a las cosas para poder comprenderlas

> *Las percepciones falsas producen miedo y las*
> *verdaderas fomentan el amor, mas ninguna de ellas brinda*
> *certeza porque toda percepción está sujeta a cambios.*
> *Por eso es por lo que la percepción no es conocimiento.*
> *La verdadera percepción es la base del conocimiento,*
> *pero gozar de conocimiento es la afirmación de la verdad*
> *y esto se encuentra allende cualquier percepción.*
>
> UCDM T3 III_1:8-10

Tal y como hemos mencionado anteriormente, nuestra mente está compuesta por tres partes: Mente consciente, Inconsciente individual e Inconsciente colectivo.

Del mismo modo que hemos visto cómo Miguel escondía una creencia limitante o conflictiva en su inconsciente individual que gobernaba gran parte de su experiencia, también albergamos creencias limitantes o conflictivas en nuestro inconsciente colectivo que condicionan nuestra experiencia desde tiempos remotos, hasta el día de hoy, como hemos visto en la historia del Rey Guarro.

Es importante entender que tu mente individual no está separada de las demás mentes. ¿Alguna vez has pensado en alguien y ese alguien te ha llamado justo en ese momento? ¿O has pensado en una idea superoriginal y de repente la has visto en algún lugar? ¿O has soñado con algo que iba a suceder y ha sucedido? Se llama mente precognitiva. Todo es prueba de que la mente está unida entre sí.

Al estar todas las mentes unidas entre sí, se puede comprender que la mente colectiva afecta a tu mente individual del mismo modo que tu mente individual afecta a la mente colectiva. Esto es lo que se conoce también como mente holística, donde el todo contiene a la parte y la parte contiene al todo. Dicho de otro modo, cuando liberas a tu mente individual de tus conflictos, estás haciendo el mayor acto de amor por todo el mundo, pues cuando liberas a tu mente del conflicto, estás a su vez liberando a la mente colectiva de dichos conflictos. En este caso, vamos a ver y a reinterpretar a lo largo de este capítulo, las creencias más conflictivas con las que hemos ido cargando a lo largo de miles de años, y que han ido pasando de generación en generación hasta el día de hoy como si de nuestra propia herencia se tratase.

Estas creencias condicionan directamente tu experiencia individual, y no solo eso, son el freno por excelencia que el ego usa para impedir tu verdadera evolución. Al corregir estas creencias basadas en el miedo y en la culpa, estarás liberándote del yugo que conllevaba sostenerlas, y de este modo, ayudarás a la mente colectiva a que se liberen junto contigo. En el mundo dual, el mundo tal y como lo conocemos, toda historia tiene un principio y fin, un alfa y un omega. En el cielo no existen principios ni finales pues el concepto de eterno e infinito no es mucho tiempo o mucho espacio, sino ausencia del símbolo del tiempo y ausencia del símbolo del espacio.

En este mundo necesitamos símbolos para poder comunicarnos. Las palabras son símbolos, todo símbolo tiene un significado y todo significado apunta hacia una dirección. En realidad, como ya hemos mencionado anteriormente, son solo dos direcciones las que se abren, como si de una bifurcación en el camino se tratase.

Del mismo modo, nos daremos cuenta a través de esta lectura, que esa es la sencillez de la vida. De este modo se garantiza que no nos perdamos en el camino, ya que, al tener solamente dos opciones podremos aprender a discernir con facilidad entre la una y la otra. El problema de los símbolos, como en todo, es su talón de Aquiles por llamarlo de alguna manera, y es que, al ser interpretativos, el significado puede variar según la interpretación que le demos.

Una buena interpretación del significado nos guiará como brújula en la más oscuras de las noches en medio del imponente océano hasta conducirnos a buen puerto. Una mala interpretación de los símbolos, por el contrario, nos conduciría a una dirección equivocada y nos hará perdernos con total seguridad en el mismo océano, sin dejarnos la posibilidad de alcanzar tierra firme. Por lo tanto, aprender a reinterpretar el verdadero significado de los símbolos es el primer paso para corregir la orientación de nuestro viaje como si de un GPS se tratase.

La Biblia, por ejemplo, contiene muchos símbolos a los que le hemos dado una interpretación errónea. Y cómo no, esto ha llegado a afectar a nuestra experiencia humana radicalmente. Los símbolos hablan de fantasías, y esas fantasías pueden conducirnos a un dulce sueño o, por el contrario, pueden tornarse en la peor de las pesadillas.

Hemos llegado a creer que somos seres culpables porque alguien, hace mucho, mucho tiempo, se comió una manzana prohibida que no tenía que tocar y nos han castigado a todos aquí, cumpliendo un castigo en un planeta confinados teniendo que pagar todos el pato, por lo que hizo un hombre que se llamaba Adán, y a su vez por la culpa de una mujer llamada Eva que le tentó a hacerlo.

Hemos creído que para que nos perdone ese señor con mala leche y barba blanca que se encuentra en el cielo, y para que no nos envíe con un señor con más mala leche aún que se encuentran en las profundidades de este mundo al que llamamos infierno, tenemos que sacrificarnos mucho y portarnos bien.

Esto incluye poner cara de niños buenos, saludar al prójimo aunque no nos apetezca, ser obedientes, ser educados, decir Jesús o Salud cuando alguien estornuda, bautizarnos, hacer la comunión, ir a misa los domingos, confirmarnos, hacer caso a nuestros mayores, no pintar fuera del cuadro, no tener sexo antes de casarnos, una vez casados no divorciarnos, y si lo hacemos bien durante toda nuestra vida podremos entrar de nuevo en el reino de los cielos, siempre y cuando consigamos pasar con éxito el día del Juicio Final.

Pongo el ejemplo de la religión católica, pero si estudiamos cualquiera de las religiones en el mundo tienen todas sus dicotomías. El mismo error que cobra forma aparentemente distinta, pero con la misma base enfermiza. Hay dos formas de malinterpretar los símbolos. La primera es la contradicción y la segunda la redundancia. En los ejemplos donde hemos malinterpretado los símbolos podemos ver cómo hemos llegado a un nivel de autoengaño tan profundo que solo puede llevar a la mente a un estado de profunda confusión. Simplemente al llevarlo ante el sentido común, se puede observar la base tan absurda sobre la que se sostiene. En ese momento en el que nos damos cuenta o tomamos conciencia del error, a la mente no le queda más remedio que abandonar dicho significado debido justamente a la total falta de significado y, por ende, de sentido. En ese punto es donde se produce un cambio real en nuestra perspectiva y, en definitiva, en nuestra experiencia.

La contradicción de los símbolos

Hay muchos términos que se contradicen entre sí. Pero uno de los que más me ha llamado la atención siempre es el término de Guerra "Santa". Hemos llegado a matar en el nombre de Dios y a inventarnos el nombre de Guerra "Santa" para justificar el ataque de algo que jamás se podrá justificar, ¡el ataque!

Tal como dice *Un Curso de Milagros*, ningún ataque está justificado. Ni tan siquiera aquellos que solo se manifiestan a nivel del pensamiento, donde todo nace. Creer en que es posible una guerra santa es como creer que el amor es vengativo, que el silencio es ensordecedor, que hay guerreros pacíficos, que existen los secretos a voces o que es posible la lucha por la igualdad. Si es guerra no es santa, si es vengativo no es amor, si es ensordecedor no es silencio, si es guerrero no es pacífico, se es a voces ya no es secreto y si hay lucha jamás habrá igualdad, pues en toda lucha, para que sea posible, debe haber un ganador y un perdedor.

LA REDUNDANCIA DE LOS SÍMBOLOS

No nos damos cuenta pero, en la redundancia de los símbolos se anula el verdadero significado del símbolo en cuestión. Por ejemplo, cuando decimos "¡eso es amor incondicional!". ¿Acaso existe un amor que sea condicional? ¿Acaso existe un amor que hable de condiciones y traiga contratos debajo del brazo? Si realmente existiese el amor incondicional tendría que existir su opuesto, el amor condicional. A no ser que uno sea amor y el otro sea un farsante disfrazado de este. Pero ya se sabe lo que se dice, se pilla antes a un mentiroso que a un cojo. Cuando el amor es condicional no es amor, sino miedo. Es una transacción que hacemos con otro con el fin de conseguir algo a cambio importante para nosotros y que decoramos con la palabra amor en lugar de llamarlo por su nombre, miedo o manipulación emocional.

¿A veces has querido cambiar a alguien? Por ejemplo, te has enamorado ciegamente, has ido conociendo más y más a esa persona y al principio era todo perfecto. Pero pasado un tiempo empiezan a nacer en nosotros unas ganas extrañas de necesitar que esa persona comience a cambiar ciertas cosas por ti para cubrir tus expectativas.

Si el amor es aceptación, esto debe ser otra cosa pues, en la necesidad de cambiar al otro existe un rechazo frente a la versión actual que tenemos delante de nosotros, y como consecuencia, la necesidad de cubrir nuestras expectativas de mejorarla para que se alcance la perfección y así hallar el beneficio que estamos buscando a través de que "el otro" cambie sus errores. Tiene que hablar más, tiene que callar más, tiene que vestir de cierta manera, que comportarse de cierto modo, que ser más atento/a, que ser más desapegado/a, que leer más, que leer menos, etc. Si lo hace te demostrará el amor que siente por ti, se sacrificará y así podrás confirmar lo mucho que le importas. Pero si no lo hace será un egoísta, te decepcionará y no merecerá tu transacción de amor porque no te demuestra lo que le importas realmente. ¡A esto le llamamos Amor!

Todo movimiento oculto de manipulación, ya sea consciente o inconsciente, es producido por la mala interpretación que hemos dado a través de símbolos. Tan solo debemos llamar a las cosas por su nombre y todo se colocaría en el lugar que le corresponde.

Decir amor incondicional, por lo tanto, es como decir que vas a subir arriba, a salir afuera o a ver algo con tus propios ojos. Del mismo modo que es imposible subir abajo, salir a dentro y ver algo con los ojos de los demás, es literalmente imposible que, cuando exista alguna acción que comprenda condiciones exista amor en esa transacción, ya que el amor con condiciones o amor condicional es un imposible.

Lejos de todos estos conceptos, el amor es de natu-raleza incondicional que acepta, entra, une, comprende, asiste, y da sin esperar nada a cambio. Todos procedemos de ahí. Por lo tanto, todos tenemos la capacidad de amar. La pregunta es ¿por qué no lo hacemos si al hacerlo somos nosotros mismos los primeros beneficiados de experimentar sus efectos en dicha transacción?

El mal uso de los símbolos, de las palabras, nos ha llevado a un estado de confusión en el que hemos ido almacenando creencias imposibles en nuestra mente a lo largo de los tiempos, que han ido pasando de generación en generación, dando origen a experiencias de su misma naturaleza confusa basadas en el miedo. Tergiversar o manipular los símbolos como se ha hecho durante toda la historia de la humanidad, puede llegar a someter a una raza entera y a manejarla a su antojo manipulándolos desde el miedo. Y es ahí donde nos encontramos como seres humanos, sumidos en un estado mental enfermizo, esperando a ser restablecidos por sí mismo para salir de dicho estado y elevarse al lugar que le corresponde estar.

4.4.- Los símbolos del cielo y la tierra

EL CIELO Y EL INFIERNO

Cuando nos referimos al cielo, por lo tanto, no podemos referirnos a ningún lugar ni a ninguna época, algo que está arriba o abajo, dentro o fuera, o algo que fue o que será. Pues si realmente se situase en un lugar o en una época el cielo estaría condicionado a las leyes del espacio y del tiempo. Si esto fuese cierto, el cielo entonces no sería algo ilimitado puesto que su existencia dependería de agentes externos a él para poder existir como son el pasado o el futuro, el aquí o el allí.

Pero, ¿qué es el cielo entonces? Generalmente cuando nos referimos al Cielo solemos mirar hacia arriba y verlo cubierto de nubes o con un sol resplandeciente, pensando que detrás de ese decorado se esconde un señor que nos mira con mucha vigilia al que llamamos Dios. Más allá del decorado, debemos comprender que es el símbolo del Cielo si es que queremos llegar a comprender lo que realmente somos. Si el cielo en sí no está en ningún lugar ni en ninguna fecha en específico, ¿dónde se encuentra realmente y qué significado tiene? Lo único que está más allá del espacio tiempo es la mente. Por lo tanto, el cielo debe encontrarse en la mente. Esto nos lleva a comprender que el cielo, por lo tanto, es un estado de consciencia, un estado mental donde no existe ningún símbolo o pensamiento basado en el juicio o la percepción, sino que está basado en el más puro conocimiento y, por ende, en el amor.

Cuando Jesús dijo, "veréis descender el reino de los cielos en la tierra" no se refería a ningún lugar, interpretación errónea que hemos compartido durante más de 2000 años. Siempre se refería a dos estados mentales. El estado mental Santo o elevado libre de necesidad (cielo), y el estado mental común y enfermo, compuesto de pensamientos basados en el conflicto y en la separación que compartimos los habitantes del mundo (tierra), al que llamaremos pensamiento mundano. Y todo aquel que esté dispuesto a liberar a su mente de todo pensamiento de conflicto, allanará el camino para que el conocimiento pueda restablecerse de nuevo en él.

Aclarar este concepto es de vital importancia en nuestro desarrollo espiritual y en la auténtica búsqueda de nuestro verdadero Yo, ya que, al comprender que eso que tanto buscamos o anhelamos siempre se ha encontrado, se encuentra y siempre se encontrará en nuestra mente, es cuando cesa la interminable búsqueda en el exterior.

> *Deja de buscar el amor, la abundancia o la felicidad fuera de ti. Busca en cambio las barreras que te has puesto para que no se manifieste de manera natural en tu vida.*

Términos como afuera o adentro, arriba o abajo, el otro y yo, pierden su significado pues no hay símbolos que se contradigan entre sí. Si Dios es infinito y eterno, no puede puede haber nada fuera, después o separado de Él. Ahora bien, si el cielo es un estado mental, ¿qué es entonces el infierno? Del mismo modo que el símbolo del cielo es un estado mental, el infierno, por lo tanto, tampoco es un lugar donde vive un señor con cara de mal ajo, de piel roja, con una cola larga que da la vuelta al supermercado, armado con cuernos y un tridente rojo que vive en el inframundo y que los mejores paisajes que se avistan ahí están cubiertos por roca y llamas, donde van a parar allí las personas malvadas que no se han portado bien es este mundo.

Leído así parece hasta de cuento de ciencia ficción, pero no debemos subestimar que es la historia que tanto nos han contado y ha convivido esa creencia entre nosotros durante miles de años. Creencia que debemos reinterpretar definitivamente y observar bajo el prisma del sentido común, pues no debemos olvidar que no existen pensamientos neutros y que, debemos liberarnos de la locura antes de que el estado de cordura vuelva a reinar en nuestro corazón.

El infierno es el estado mental opuesto al Cielo. Ambos están al alcance de nuestras manos, y según el estado mental que alimentemos traeremos a nuestra experiencia aquí en la tierra uno de los dos. ¡Este es nuestro verdadero libre albedrío! *Un Curso de Milagros* nos señala que siempre que tomamos una decisión lo hacemos para reafirmar uno de estos dos estados mentales. No hay más opciones, del mismo modo que son todas las que necesitas.

El famoso Jardín del Edén que aparece en los textos bíblicos no hace referencia pues a un lugar que existió hace mucho tiempo, sino a un estado mental en el que gozábamos de perfecto conocimiento. "Adán y a Eva fueron expulsados del reino de los cielos por comer la manzana prohibida", pasa a ser que el Hijo de Dios decidió libremente privarse del conocimiento del que gozaba para poder vivir una experiencia basada en la separación y en la limitación, creyendo que era un cuerpo, idea original del pecado. Cuando hablamos del Hijo de Dios, por consiguiente, nos referimos en este libro a tu verdadero Yo. Al Tú que se encuentra en su estado mental recto, original e inmutable, del que no eres consciente pero que siempre Es, fue y será.

En este libro no pretendo hacer hincapié en religiones ni mucho menos, pero tal como está configurada nuestra mente y debido a su naturaleza, es de vital importancia aclarar algunos términos malinterpretados o tergiversados para que podamos dar un nuevo contexto que erradique y elimine definitivamente de nuestra mente la información que nace de la culpa, el sacrificio y el castigo. Pues es justo estos símbolos los que debemos desaprender y erradicar de nuestra mente para que podamos avanzar en nuestra búsqueda de nuestra verdadera esencia y caminar libres de las cadenas que nos hemos impuesto a nosotros mismos.

Estos símbolos son la manzana prohibida de la tentación, pues es el alimento que necesita el ego para que sigas alimentando un estado mental que impide que el conocimiento se adentre en tu mente de nuevo. Si el conocimiento se adentrase en tu mente, comprenderías que el concepto del ego, o dicho de otro modo, la falsa idea que has fabricado acerca de ti mismo, sería totalmente falsa y absurda, y como consecuencia de ese darte cuenta, la abandonarías en un instante.

Pero el conocimiento no puede entrar en ningún lugar donde no es bien recibido, del mismo modo que la paz no puede entrar en una mente que está en pugna. Para hablar del término del ego hemos reservado un capítulo entero para comprender bien qué "es" y sus mecanismos de defensa o de supervivencia a través de los cuales te mantienes amarrado, o dicho de otro modo, te mantienes en el infierno a cambio de ciertas miserias que tienes en alta estima. A esta situación es a lo que llamamos "vender nuestra alma al diablo".

Ahora bien, la solución de dicha situación nos llevará a la comprensión final de que la negociación y transacciones que hacíamos para mantenernos en el estado en el que nos encontramos siempre fue con nosotros mismos, pero para que fuese creíble necesitábamos hacer un desplazamiento en nuestra mente expulsando la responsabilidad de nuestro estado fuera de nosotros, dando paso al victimismo, un testigo que nos hiciese creer a nosotros mismos que la culpa de nuestro estado mental o de lo que nos sucediese nada tenía que ver con nosotros, sino que algo ajeno a nosotros tenía que ser el culpable. Así podía la mente culminar un estado de autoengaño y mantenerlo "a salvo" tan solo en el tiempo. Por lo que, para poder vivir la experiencia de separación, la mente debía negar el conocimiento y vivir en la negación, ya que sería imposible vivir una experiencia limitada sin previamente negar tu poder ilimitado.

El Cristo y el anticristo

Cristo, o mente crística, no es una persona que se llamaba Jesús. Es un estado mental elevado alcanzable por todos. Es el estado natural de tu mente recta, donde te unes a tu verdadero Ser en perfecta armonía. Por lo tanto, el ego debe ser la idea contraria a Cristo. Si el ego es la idea contraria a Cristo, entonces, se convierte en el anticristo.

Por lo tanto, la idea limitada que tenemos acerca de nosotros mismos es la idea del anticristo. La mente crística es un estado de iluminación, despertar o liberación, que es, a grandes rasgos, la libertad total del sufrimiento a partir del correcto entendimiento de la realidad. Para alcanzar un correcto entendimiento de la realidad hay que alcanzar una percepción elevada, y para ello, hay que liberar a la mente de todo juicio o pensamiento de una percepción errónea o percepción destructiva basada en el miedo.

Este estado es más que demostrado que es alcanzable por todos, y que no es cuestión de talentos o dones el que lo alcancemos o no, sino que es una mera cuestión de voluntad. Esto significa que el anticristo del que tanto se habla, debe ser lo contrario al estado de iluminación. Un estado basado en el aprisionamiento, en el desconocimiento de la realidad y en la confusión de lo que somos realmente.

El símbolo del pecado nace de la idea de que el hijo de Dios es un cuerpo, que vive separado del resto, creado de carne y huesos, que vive en la enfermedad y que su destino es irremediablemente la muerte. En tu mente puedes identificarte por lo tanto con dos únicas opciones, o eres un ser limitado, nacido en un cuerpo y condenado a morir (ego o anticristo), o eres un ser ilimitado, libre y eterno experimentándose a través de un cuerpo para vivir una experiencia determinada que nace de su propia voluntad (espíritu o cristo).

La idea del pecado no es algo real, ni mucho menos algo que tenga que ver con la tentación del sexo. Tan solo es la creencia ilusoria de pensar que eres un cuerpo y que estás separado de Dios, que eres algo limitado, que eres culpable y que existen acontecimientos externos a ti capaces de robarte tu paz interior. Todo este conjunto de creencias nacen de un estado mental basado en la ilusión y en el miedo, y son totalmente irreconciliables con la naturaleza de lo que realmente Eres.

El estado de paz o de felicidad, de dicha, de libertad, de abundancia, de amor, de creatividad o de inspiración, son las mil caras de un estado elevado emocional al que todos podemos alcanzar. Y no solo eso, sino que finalmente retornaremos todos inevitablemente a dicho estado. No obstante todos lo buscamos y anhelamos ese estado desde que nacemos. Y no cesamos la búsqueda durante toda nuestra vida. Es como si se nos hubiese perdido algo que necesitamos encontrar para que nuestra vida cobre sentido y poder descansar en paz. ¿Pero lo buscamos en el lugar correcto?

¿Hemos comprendido cuál es el camino o la orientación para acercarnos o alcanzar ese estado mental? Para encontrar ese estado de felicidad, el amor o abundancia no deberíamos dejar de invertir ni un solo segundo más en pensamientos que te hagan creer que se encuentra fuera de ti. Más bien sería recomendable que invirtieras toda tu energía en buscar las barreras que te has puesto que impide que esa experiencia no se dé en tu vida.

Asociar corrección exterior con cambio interior es un síntoma que nos habla de un estado de locura. Del mismo modo, asociar corrección interior con cambio exterior es síntoma de cordura, pues el mundo exterior que ves es el reflejo de tu propio universo interior.

EL DÍA DEL JUICIO FINAL

El día del juicio final es una expresión que tenemos que entender también y comprender bien. Pues como todo en este mundo, está sujeta a interpretaciones y según cómo se interprete puede inspirarte o atemorizarte. Tal como hemos mencionado, el Edén o el Cielo son símbolos que apuntan en todo momento a un estado de conciencia basado en el conocimiento, y que hemos negado. Pues en el conocimiento se halla la verdad y por lo tanto la realidad de lo que Eres. El mundo tal como lo ves es el mundo de la percepción. En el mundo de la percepción es inevitable juzgar, pues no conocemos nada. Tan solo podemos percibir a través de los sentidos una minúscula parte de toda la vasta información que realmente acontece en todo momento a nuestro alrededor.

En el Cielo reina el conocimiento, por lo que la idea de percepción en ese estado carece de significado y, por lo tanto, se abandona. La percepción nace de la separación. Un desplazamiento que hizo la mente al negar el conocimiento o el estado original del Ser. Al negar tu estado original niegas automáticamente el conocimiento, al negar el conocimiento tienes que percibir las cosas y al no conocerlas comienzas a juzgarlas.

Este es el primer paso que hay que comprender a la hora de hablar del juicio, pues en este mundo, o en este estado mental en el que nos encontramos, el juicio es inevitable. ¿Por qué es inevitable? Porque no estás conectado con el conocimiento, estás disociado de él. No conoces lo que ves, por lo tanto lo juzgas. No conoces lo que eres, por lo tanto te juzgas. El día del juicio final no es un día del calendario donde tendrás que enfrentarte a todos tus pecados y rendir cuentas por lo que hiciste. Es el momento en el que se comprende que el ego es un concepto ilusorio, y por ende, se le declara inexistente. Es alcanzar un estado mental elevado que te conecte con el conocimiento de lo que verdaderamente Eres al haber abandonado la idea de lo que no eres. Es un estado mental donde los juicios dejan de existir y dejan de tener sentido, abandonándose a lo que no es nada, a lo que nunca fue y a lo que jamás será.

Por lo tanto, el día del juicio final no es el día en el que serás juzgado y condenado por un Dios castigador, sino el día en el que la mente emitirá el último de los juicios antes de recobrar su estado original.

Del mismo modo, el milagro es un concepto se le han atribuido poderes mágicos que contiene la capacidad de violar las leyes físicas. Un milagro simple y llanamente es la corrección que sucede en el nivel de pensamiento de una creencia basada en el conflicto o en la falsedad, cuando es sustituida por una creencia basada en el amor o en la verdad.

Por tanto, el milagro es el recurso que usa el Espíritu para restablecer la cordura en tu mente, llevando de este modo la corrección a nivel de pensamientos o causas, que generan un cambio en el nivel de los efectos o experiencia.

4.5.- Dios, el Espíritu Santo y el ego

Como dijo un día Bruce Lee: "Be water my friend".

Un gran ejemplo de lo que somos se puede ver a través del agua. Como ya sabemos, el agua o H2O, tal o como se expone en la tabla periódica, se compone de 3 estados: sólido, líquido y gaseoso. El estado sólido podemos dibujarlo en forma de cubito de hielo. El estado líquido es el agua y el estado gaseoso es el estado que no se ve ni se toca, pero que se encuentra en todas partes y lo abarca todo.

Si lo llevamos a una terminología judeocristiana, estos tres estados serían los siguientes:

- Gaseoso: Dios Padre.
- Líquido: Espíritu Santo.
- Sólido: Dios Hijo

Es importante que comprendamos que los tres son lo mismo manifestándose en distintos estados, pero dependientes todos de sí mismos y compartiendo una misma identidad, H2O. Pues el agua, por muchos estados o formas aparentes que pueda llegar a adoptar, siempre será agua en su esencia original.

Dios es tu verdadero Ser, una consciencia e inteligencia que todo lo abarca de la que procedes y a la que perteneces. Dios es causa y tú eres efecto. Al ser causa, el efecto tiene que componerse como algo igual a las mismas características de la fuente de la que procede. Si Dios es la consciencia del amor y la perfección, tú no puedes ser miedo e imperfección. Si esta idea fuese real, o bien Dios habría cometido un error al crear algo imperfecto dentro de su perfección, lo que le convertiría en imperfecto, o realmente ha sido su voluntad crearte imperfecto y limitado, lo que le convertiría en algo no amoroso. La única opción que queda, es que seas tú el que estés equivocado con qué eres, y por ende, qué es Dios. ¿Tanto nos cuesta abrirnos a esta idea? Las dos primeras opciones apuntan a que construyas una imagen de ti basada en el victimismo. De hecho, estas creencias son la piedra angular de todos los miedos que contiene la mente, el conflicto con Dios. La otra opción apunta a aceptar que fuiste creado desde la más pura libertad, y por lo tanto estás en este mundo siendo el representante de tu propia libertad. Incluso si quieres disociarte de tu propio Ser y jugar a identificarte con algo que no eres, ni Dios puede interferir en esa decisión. Esta creencia te lleva a identificarse con una imagen responsable de sus decisiones y de su experiencia, y soltar, no solo el papel de víctima en el mundo, también tu conflicto con Dios, y por tanto, contigo mismo, pues no hay diferencia entre Él y Tú.

Cuando comprendí esto recuerdo que me dije a mí mismo, Jorge, o bien Dios está loco, o eres tú el que está loco. Personalmente, y durante muchos años, he tenido un conflicto con estas palabras o terminologías judeocristianas, hasta que me di cuenta que el conflicto que tenía no era con Dios o con el Espíritu santo, sino con la interpretación que tenía acerca de todo eso. En cuanto aprendí a ver estos símbolos de otra manera, automáticamente comencé a sentir paz. Esto me llevó a comprender que yo soy parte de ese Ser al que estaba juzgando, y que, vivir en conflicto con mi propio Ser solo me puede conducir a experimentar el sufrimiento. En la medida en que comencé a estar en armonía con esa palabra o ese concepto, que poco o ningún valor tienen en realidad más el que uno mismo le quiera dar, mi vida comenzó a ordenarse automáticamente en todas sus áreas. Pues en la misma medida que iba permitiendo que el Espíritu Santo tomase las riendas de mi vida, iba descubriendo que lo único que tenía que hacer era observar cómo la magia de los acontecimientos se daban sin esfuerzo. ¿Qué crees que podría suceder en tu vida si dejases que tu mente recta o cuerda sea la que sea, decida y actúe a través de ti?

El famoso Espíritu Santo no es un ser alado que se encuentra fuera de ti, y que te vigila y protege desde las alturas de los tejados. Es la parte de tu mente que está libre de conflicto y necesidad, que sigue recordando Quién Eres, es la idea de curación que existe en tu mente, el intermediario entre tus interpretaciones y el conocimiento de Dios. Para que lo podamos entender bien, es la parte de ti que sigue en su sano juicio, o que basa el juicio en la verdad. Por tanto es la parte de ti que está más cerca de un estado de consciencia puro. Esa parte de la mente es igual para todos, pues el amor no ve diferencias y vive en todos nosotros. Por tanto, cuando nos experimentamos desde ahí no existen diferencias entre unos y otros. Cuando estás inspirado puedes reconocer que estás en el espíritu. El Espíritu Santo es el traductor, el mensajero o el intermediario, que tiene a Dios como salvoconducto, para poder comunicarse con el hijo que se encuentra en un estado de letargo, dentro del mundo de los sueños y las ilusiones, soñando que es algo que no es.

Jamás podrá escapar del letargo desde un sueño de culpa, conflictos y pesadillas. Pues la culpa, los conflictos y las pesadillas son precisamente lo que reafirma en tu mente, que el mundo que ves es real. Por tanto, el Hijo de Dios solo se puede escapar de dicho letargo desde un sueño de felicidad, que le acerque lo más posible a su verdadero estado natural, pues desde ahí no le será difícil recordar su verdadera identidad. Por tanto, el ego es la última de las piezas en este rompecabezas. Y, de manera muy simbólica, es literalmente un rompecabezas. Pues el problema de todo lo que te sucede procede de ese loco concepto. El ego es la parte de tu mente que se identifica con algo separado del resto. Al identificarse con algo separado del resto, necesita ver diferencias para reafirmar su especialismo y, por tanto, hacer real en tu mente el concepto de sí mismo.

Operar desde la mente del ego requiere una continua defensa, pues todo lo que sea distinto a él tiene que ser su enemigo, y lo que es lo mismo también, ya que si hubieses algo exactamente igual, ya no sería especial y la verdad podría entrar en dos mentes que se reconocen como una. Por tanto, estar agotado es la consecuencia de operar desde una mente distorsionada, que no para de usar y manipular el exterior para dar sentido a lo que cree ser. El ego tiene aliados y enemigos, pero no tiene hermanos que están creados desde la misma imagen y semejanza que él. ¿Podrías atacar a lo que es lo mismo que tú, sabiendo que al hacerlo te atacarías a ti mismo?

Esta metáfora nos puede llevar a la comprensión de que estamos viviendo una experiencia de cubito de hielo (Estado actual del Hijo de Dios), que ha olvidado que él es $H2O$ (identidad real), que ha confundido su estado con su identidad (concepto del ego), en el que ve otros cubitos de hielo que son distintos a él (mundo de los cuerpos), sostenidos todos por el mismo agua (Espíritu Santo o mente recta). Pero lejos de la realidad, la esencia de $H2O$ es la misma en todos, la identidad inmutable que nunca cambia (Dios o Consciencia Universal). Por lo tanto es la verdad en ti.

Vivir una experiencia "cubito de hielo" no es malo ni bueno, es tan solo una experiencia. El problema nace en la mente cuando olvidamos que el cubito de hielo es un estado, y comenzamos a identificarnos con que somos cubito de hielo. Pensar que tú eres "cubito de hielo" habla de una confusión mental, que nace de un error de percepción frente a tu verdadero ser. Es una dicotomía mental que solo puede dar paso a un mundo enfermo. Ya que construir una experiencia desde una dicotomía mental sólo podrá reproducir una experiencia de conflicto por la base de la que procede.

Una mente no puede llegar a creerse que es cubito de hielo, sin negar previamente que es H2O. Tú no puedes dejar de ser lo que realmente eres, pues lo que Dios crea es infinito y eterno. Pero puedes negar que lo eres, creértelo, y vivir una experiencia basada en la ilusión de lo que no eres. De ahí nace el concepto del ego. La mente que niega que es H2O debe cubrir ese vacío con otro concepto. Para ello, la mente tiene que abandonar la verdad o el conocimiento de lo que realmente es, para poder vivir la idea de lo que no es. Del mismo modo, tú no puedes vivir la experiencia de creer que eres un cuerpo sin negar previamente tu verdadera identidad. Dicho de otro modo, no puedes vivir la experiencia de creer que eres un cuerpo sin negar que tú eres Dios. Pero podrías vivir en un cuerpo, recordando la verdad en ti.

Llegados a este punto, podemos llegar a comprender que nos encontramos en un estado de letargo, en un sueño profundo en el que pensamos que somos un ser limitado, víctima del mundo que nos rodea a causa de toda la carga de problemas que tenemos. El Hijo de Dios no tiene que ser curado, ni perfeccionado, ni sanado. ¡Tiene que ser despertado!

Un Curso de Milagros afirma que tú no tienes problemas, lo que pasa que crees que los tienes, por eso los experimentas. Y que el único problema que tienes, la base angular de todos tus miedos, es que crees que eres algo que no Eres. El único problema que tienes es que has olvidado que tú Eres Dios. Tu mente tiene dos partes. Una de ellas la gobierna el ego y se compone de ilusiones. La otra es la morada del espíritu, donde reside la verdad.

> *Solo puedes escoger entre estos dos guías, y los únicos resultados que pueden proceder de tu elección son el miedo que el ego siempre engendra o el amor que el Espíritu Santo siempre ofrece para reemplazarlo.*

UCDM L66_7:5

Por eso, en este mundo puedes elegir ante dos únicas opciones: **puedes elegir ser rehén del ego o anfitrión de Dios a través del espíritu.** Con tu elección prestarás tus oídos o bien a la locura o bien oirás la verdad. Y aquello que escuches, será aquello que enseñes. A un lado tienes el mundo de las ilusiones que habla de lo que no eres, al otro lado tienes la verdad, que habla de lo que realmente Eres. De tu elección depende ver un mundo u otro. Nadie puede hacer esa elección por ti más que tú. El primer paso es el más importante, el resto viene solo como consecuencia del primer paso. **Siempre has estado a una reinterpretación de ti mismo para ser feliz.**

4.6.- Todo lo que ves te pertenece

> *Nadie puede sufrir pérdida alguna a menos que esa haya sido su propia decisión. Nadie sufre dolor salvo cuando él mismo así lo decide. Nadie puede estar afligido, sentir temor o creer que está enfermo a menos que eso sea lo que desea. Y nadie muere sin su propio consentimiento.*

Jamás ocurre nada que no sea una representación de tus deseos, ni se te niega nada de lo que eliges. He aquí todo tu mundo, completo hasta el más ínfimo detalle. He aquí toda la realidad que tiene para ti Mas es sólo ahí donde se encuentra la salvación.

UCDM L152_1:1-7

Tal como explica *Un Curso de Milagros*, tal vez creas que esto es una postura demasiado extrema o demasiado abarcadora para ser verdadera. Pero la verdad no hace excepciones. O bien es cierto en todo, o bien no es cierto en nada.

En esto no hay términos medios.

No hemos venido a experimentar la vida a este mundo. Hemos venido a experimentar la creencia en la separación y en la muerte. Todos los cuerpos que nacen están "condenados" a deteriorarse y, por ende, a morir. Por mucho que intentemos hacer eterno lo perecedero o ganarle tiempo a lo inevitable.

Nada perecedero es real, ya que la vida no es perecedera. Por lo tanto, solo lo que no perece es real. El cuerpo es perecedero, pero la mente no. Por tanto debe ser el cuerpo el que nace de la mente, y no al revés. El cuerpo, por tanto, debe ser una proyección de la mente.

Como seres humanos siempre hemos separado a la mente del cuerpo. Como si funcionasen como entes separados e independientes. Y hemos dado mucha atención a lo que no tiene valor, desatendiendo casi por completo a lo que en verdad lo tiene.

Dicho de otro modo, basamos nuestra experiencia de cubito de hielo desde una conciencia limitada de cubito de hielo, en lugar de vivir una experiencia de cubito de hielo desde una conciencia de H2O.

No le damos la importancia que tiene a la mente. La hemos dejado sentada en el banquillo y queremos jugar este partido tan importante sin contar con ella. Si te fijas, podemos verlo hasta en nuestra educación. Todos pasamos por la asignatura obligatoria de anatomía humana para que conozcamos más nuestro cuerpo. Pero no nos enseñan nada acerca del estudio y comportamiento de la mente, como si no tuviese importancia. ¿Sabías que del año 2000 al 2016, se duplicaron las causas de muertes asociadas a la demencia en países desarrollados, posicionándose entre las 5 principales causas de muerte en el ser humano? ¿Sabías que el suicidio se ha disparado en los últimos años a cifras desorbitantes en todo el mundo? Solo en España, en el año 2020 se han registrado cifras de 10 casos de suicidio al día. Esto asciende a una cifra de más de 3.500 casos de suicidios al año.

No estamos educados para atravesar nuestras emociones, estamos educados para evitarlas y huir de ellas. ¿Qué es sino el suicidio sino una forma de huir o evadirnos de problemas que no hemos sabido comprender y sanar? Hemos creado los mejores tratamientos para curar al cuerpo, pero no sabemos tratar la mente. Si te rompes un hueso te escayolan, te recetan antiinflamatorios y te mandan reposo. Pero si entras en un estado depresivo, te dicen que te tomes unas pastillas para calmar los efectos del problema y que tengas paciencia. Pero no te dicen cómo afrontarlo, porque, en la gran mayoría de los casos, no saben cómo hacerlo.

Pensamos que el cuerpo enferma por sí solo, y que la mente nada tiene que ver con esa enfermedad. Cuando manifestamos una enfermedad en el cuerpo, solemos asociar la causa con algo externo a nosotros, o incluso con mala suerte o con un castigo divino. En lugar de comprender que el cuerpo no puede enfermar sin una mente, del mismo modo que tampoco puede vivir sin ella. La materia no puede manifestarse sin una consciencia, y solo se puede enfermar desde una consciencia de miedo, no de amor.

Pensamos que es el cerebro el que piensa, en lugar de comprender que es un emisor y receptor de información que procede de la mente, como si de una antena se tratase. El cerebro no tiene la capacidad de pensar, solo la mente tiene tal capacidad. Lo que sí hace el cerebro es reaccionar ante los pensamientos que entran en contacto con él, en forma de impulsos eléctricos. De hecho, ya se ha demostrado que no solo goza de inteligencia el cerebro, sino todo tu cuerpo en su totalidad. Dicho de otro modo, todo tu cuerpo está siendo pensado por la mente. La información no puede proceder de lo físico, sino de lo no físico.

Conozcamos un poco el mundo de la física cuántica. Como bien sabemos, el mundo de la materia se compone por átomos. No hay nada que exista en el mundo de la materia que no esté compuesto por átomos. El núcleo del átomo está compuesto a su vez por protones y neutrones, y en torno al núcleo giran los electrones, del mismo modo que la luna gira alrededor de la tierra. Ahora imagina que vamos a poner en el centro de un gran campo de fútbol dicho átomo. Y vamos a hacer el núcleo del átomo del tamaño de una pelota, pero no de una pelota de fútbol, sino de una más pequeña, por ejemplo, una de golf. Ya tenemos el átomo en realidad aumentada a escala de pelota de golf en medio de un inmenso campo de fútbol, pero en este caso no de los pequeños, sino de los grandes. ¿Puedes imaginarte a que distancia giraría el electrón a esa escala? A la altura de las últimas gradas, incluso llegaría a salir del campo en ciertas zonas. ¿Qué significa que haya tanto espacio entre las partículas del átomo? Significa que el átomo está compuesto en su totalidad en un 99,9% de espacio vacío. Dicho esto, podemos comprender que todo lo que ves en el mundo de lo sólido, está compuesto en un 99,9% en su totalidad por espacios vacíos. Raro, ¿verdad? Bueno, el universo en su composición está estructurado de la misma manera, y ya se está descubriendo que esos "espacios vacíos" no son tan vacíos.

Pero, ¿de qué está compuesto el núcleo del átomo? Siempre hemos pensado que el los protones y neutrones eran la manifestación más diminuta dentro del universo del micro. Pero lejos de ser así, se descubrió que el núcleo estaba formado a su vez por partículas más pequeñas, a las que se le llamó *Quarks*, también bautizada como la partícula de Dios.

Los *Quarks* no encajan en la física tradicional de partículas, sino que han abierto un nuevo modelo dentro del mundo de la física, el de las ondas. ¿Podría decirse entonces que todo el mundo de la materia que vemos y conocemos, no está creado por partículas físicas, sino por ondas? Definitivamente así lo ha demostrado la física en el pasado siglo XX. Estamos creados por ondas que vibran. Y tal como expuso Nikola Tesla, todo es vibración, hasta tú mismo.

Estas ondas se comportan de una forma muy sensible, ya que su comportamiento puede llegar a cambiar solo con que haya un observador, y con qué intención (o vibración), le observe el observador. El mundo de la materia está compuesto por todas estas ondas, que no dejan de ser información. Por lo que podemos llegar a comprender que cualquier cosa basada en la materia está compuesta por información manifestada en el mundo de la forma. Tu cuerpo por lo tanto es una proyección de información de la mente, que ha adquirido una forma específica para vivir una experiencia específica.

Lo que no se ve crea lo que se ve

Pero, ¿para qué querría la mente crear un cuerpo limitado y vulnerable, si está condenado a morir? En términos bíblicos nos han explicado que Adán tuvo algo que ver con todo esto, y mucho se ha malinterpretado. La Biblia está compuesta por metáforas, y como tal, está expuesta a malas interpretaciones, que conducen a su vez a aprendizajes basados en el error, que a su vez condicionan directamente nuestra experiencia. El famoso Jardín del Edén no es un sitio físico, sino un estado mental libre del símbolo de necesidad. Un estado mental libre de necesidad del que gozaba Adán, es decir, el Hijo de Dios. Al estar libre de necesidad no podía vivir en la experiencia de la necesidad. Por lo tanto, solo podía experimentarse en la plenitud y la totalidad desde ese estado. Pero si Dios es infinito y todo lo que comparte está creado a imagen y semejanza de Sí Mismo, ¿qué podría saber Dios de la necesidad? La necesidad debe ser algo ajeno a Él. Por lo tanto, no es real. Si no es real, la necesidad debe pertenecer al ámbito de lo irreal o de los sueños, que es donde se encuentra Adán o el Hijo de Dios, como prefieras llamarlo. Es decir, tú.

Lo que se ve en sueños parece ser muy real. Lo que es más, en la Biblia se menciona que sobre Adán se abatió un sueño profundo, mas no se hace referencia en ninguna parte de que haya despertado. El mundo no ha experimentado todavía ningún despertar o renacimiento completo. Un renacer así es imposible mientras sigas proyectando o creando falsamente.

UCDM T2 I_3:5-8

Como hemos aprendido, no existen pensamientos neutros. Para que una idea puedas compartirla primero tiene que pertenecerte. Y al compartirla, la refuerzas en tu mente. Del mismo modo, hemos aprendido que existen dos estados mentales. Uno procede del amor y está basado en el conocimiento, la armonía y la vida. El otro procede del miedo y, por el contrario, está basado en la ilusión, la desarmonía y la muerte.

Podemos aprender a identificar o a discernir los pensamientos que proceden de un estado mental basado en el amor y otro en el miedo, identificando si la interpretación que estamos haciendo es constructiva o destructiva. Comprendiendo estos sencillos principios, podemos revisar qué partes están interpretadas desde una percepción basada en el amor, y cuáles están basadas en una interpretación basada en el miedo, y por tanto, en lo falso.

La interpretación que se nos dio acerca de Adán, en la que fue expulsado del famoso Jardín del Edén por comer la manzana prohibida, obviamente hace referencia a una interpretación destructiva que está basada en la culpa y en el castigo, pues si alguien echó a este buen hombre, significa que tuvieron que juzgarlo por algo que hizo mal, ¿no?

¿Qué clase de padre tendría tanta mala leche para poner un fruto prohibido en el jardín donde su hijo juega, como cebo para que caiga en la trampa y así poder expulsarle de su propia casa? Este punto de vista lleva consigo inevitablemente la creencia en la culpa, y por ende, en el ataque y en el castigo. Como hemos visto antes, el ataque es una de las tres reacciones del miedo que nada tiene que ver con el amor.

> *Sólo el amor perfecto existe.*
> *Si hay miedo, éste produce un estado que no existe.*
> UCDM T1 VI_5:6

El amor perfecto es verdad. Por lo tanto, todo lo que no proceda del amor tiene que ser falso. Mientras tu mente siga creyendo en lo falso, no podrá experimentar una realidad distinta y seguirá teniendo la necesidad de liberarse del conflicto. Adán no tiene que ser perdonado, ni tampoco curado, tiene que ser despertado. Y solo se puede despertar desde un sueño de felicidad, no desde un sueño de conflicto.

> *Es esencial, no obstante, que te liberes a ti mismo del miedo cuanto antes, pues tienes que escapar del conflicto si es que has de llevar paz a otras mentes.*
>
> CUDM T2 VIll_2:8

Veamos cuál es la interpretación constructiva que comparte UCDM sobre esta creencia.

> *¿No es acaso extraño que consideres arrogante pensar que fuiste tú quien fabricó el mundo que ves? Dios no lo creó. De eso puedes estar seguro. ¿Qué puede saber Él de lo efímero, del pecado o de la culpabilidad? ¿Qué puede saber Él de los terremotos, de los que sufren y de los solitarios, o de la muerte que vive dentro de un cuerpo condenado a morir? Pensar que Él ha creado un mundo en el que tales cosas parecen ser reales es acusarlo de demente. Él no está loco. Sin embargo, solo la locura da lugar a semejante mundo.*
>
> UCDM L152_6:1-6

¿Cuántas veces hemos culpado a Dios por un desastre natural? Cuántas veces hemos culpado a Dios cuando nuestro cuerpo ha enfermado, pensando que es él el que nos ha mandado esa enfermedad, en lugar de pensar que esa enfermedad es la consecuencia de nuestro propio estado mental enfermizo? ¿Cuántas veces ha culpado el ser humano a Dios por las guerras que existen en el mundo, en lugar de hacernos responsables de nuestros actos? **¡El autor del miedo no es Dios, el autor del miedo eres tú!**

Pensar que Dios creó el caos, que contradice su propia
voluntad, que inventó opuestos a la verdad y que permite
a la muerte triunfar sobre la vida es arrogancia. La humil-
dad se daría cuenta de que estas cosas no proceden de Él.

UCDM L152_7:1-2

Si Adán cayó en la trampa de la tentación, Dios tendría
que haber creado a un hijo débil. Pero Dios no solo te creó
completo, sino que te creó perfecto. Con una libre voluntad de experimentarte a sí mismo sin límites ni prohibiciones, pues el amor no tiene condiciones. Has sido creado
desde un estado de plenitud, libertad, amor, perfección
y abundancia infinita. Eso quiere decir que estás hecho a
imagen y semejanza de la Fuente de la que procedes.

Un Curso de Milagros explica que El Hijo de Dios se
hizo una pregunta, ¿cómo sería vivir una experiencia fuera
de la totalidad? Tu Ser es curioso por naturaleza, y desde
su curiosidad inocente, nace un impulso incansable de querer conocerse y experimentarse en todas sus posibilidades.
¿Acaso tendría sentido que un ser ilimitado no tuviese la
capacidad de poder experimentarse en lo limitado? ¿Cómo
podría ver su especialísimo si todo lo que le rodea es igual
que él? ¿Qué mejor forma que experimentar lo que no es,
para poder reconocer lo que verdaderamente es? ¿Cómo
podría el sol conocer hasta dónde alcanzan la potencia de
sus rayos, si no se experimenta en la oscuridad? O, ¿cómo
podría conocer tu Ser sus verdaderas capacidades y su fortaleza, si no se experimenta primero en la debilidad, para
poder trascenderla por sí mismo? No puedes convertirte
en algo que no eres, pero sí puedes olvidar lo que eres para
vivir en el juego de lo que no eres. No puedes dejar de ser
H_2O, pero puedes convertirte en cubito de hielo y negar,
a través del olvido, que eres H_2O.

La separación, por tanto, es el término que usa *Un Curso de Milagros* para referirse a un tipo de disociación mental, o dicho de otro modo, al momento en el que El Hijo de Dios decidió negar el conocimiento de lo que en realidad Es. Negar el conocimiento no significa hacerlo real, pero sí tiene las consecuencias de experimentarlo como tal. De este modo fue como tuvo que sustituir la verdad por una idea falsa que habla de lo que no es. Antes de que esta idea alocada se adentrase en la mente del Hijo de Dios, el concepto de necesidad no tenía sentido. ¿Por qué no tenía sentido el concepto de necesidad? Dios crea a imagen y semejanza de sí mismo. Imagen significa una misma identidad, un mismo Ser. Semejanza es creado con las mismas características que Él. Como es de esperar, una mente que ha invertido su pensamiento original, invertirá también los conceptos, dando lugar a interpretaciones falsas. Por tanto, en lugar de comprender que esta afirmación habla que nosotros estamos creados con esas características, hemos proyectado sobre Dios la imagen que tenemos de nosotros mismos hacia Él. Un Dios en un cuerpo de hombre, con barba blanca, que cree en la culpa y en el castigo, y que vive fuera de nosotros.

Para el espíritu tener y Ser son lo mismo. Por tanto, un Ser que es creado en lo infinito y por lo infinito, no puede vivir en la carencia. Esto solo podría pasar si negase Quién es. Pero si lo que Dios ha creado es eterno, su Hijo no puede dejar de ser perfecto, pero sí puede soñar que ha dejado de serlo. Y para poder hacerlo, necesitaría construir un mundo para poder jugar a ser aquello que no es.

Las necesidades surgen debido únicamente a que tú te privas a ti mismo. Actúas de acuerdo con el orden particular de necesidades que tú mismo estableces. Esto, a su vez, depende de la percepción que tienes de lo que eres.

UCDM T1 VI_1:8-10

La única carencia que realmente necesitas corregir
es tu sensación de estar separado de Dios

UCDM T1 VI_2:1

Fue tu propio Ser el que decidió vivir una experiencia
que nació de la libre voluntad desde la que fue creado. Nadie
te impuso nada, nadie te expulsó de ningún sitio, ni nadie
te negó el conocimiento. Necesitabas negarlo en tu mente
para poder experimentarte en lo limitado. ¿Cómo si no una
mente ilimitada podría experimentar lo limitado si no olvida
temporalmente Quién Es? Y ¿cómo podría experimentarse
separada, si no es a través de un mundo de cuerpos?

El tiempo y el espacio son factores fundamentales para
poder vivir la experiencia del mundo dual. De los principios y los finales, de los contrastes, de lo que nace y lo que
muere. Creer en algo produce la aceptación de su existencia. Por eso, a veces crees en cosas que los demás no ven o
no creen. El ego es el falso concepto que nació en tu mente
como consecuencia de negar tu identidad, y por tanto, el
conocimiento y la paz. El Espíritu Santo, es esa parte de
tu mente que representanta tu verdadero Ser. Ambas identidades "conviven" en tu mente ahora mismo. Ambas te
hablan con tu misma voz, pero cada una te muestra un
mundo distinto, ya que cada una está sujeta a sistemas de
pensamiento radicalmente distintos.

Lo que quiero mostrarte a través de este libro, es que
no estás roto. No tienes que mejorarte en nada, porque
no hay nada que mejorar en ti. Ya eres perfecto. Lo que
pasa es que estás viviendo el efecto de pensarte mal. Para
que el Hijo de Dios pueda despertar del sueño y recordar
Quién Es, primero deberá usar el mundo como aprendizaje y aprender a discernir entre lo que es verdad y lo que
es falso. Dicho de otro modo, para que recuerdes lo que
Eres, primero debes conocer lo que no eres.

CAPÍTULO 5

LOS DOS MAESTROS

5.1.- Solo te enseñas a ti

Aprender significa cambiar. La absurda creencia que el ego quiere enseñarte es que tienes, no solo la capacidad, sino que es tu responsabilidad corregir los errores de los demás. El ego comparte fervientemente contigo la creencia de que el cambio debe llevarse a cabo siempre en todo lo que ves, siendo tú el que estás libre de necesidad de cambio. De este modo es como te demuestra que estás separado y desconectado de todo lo que ves y de todo lo que interactúa contigo, y mantiene así el error a salvo de poder ser corregido. Lo que no te enseña es que tu percepción errada es lo que da sentido a lo que ves. **Es desde tu interior desde donde otorgas sentido a lo que ves con tus ojos, oyes con tus oídos y tocas con tus manos.**

El ego se vale del cuerpo como herramienta para percibir el mundo que ves pero no para conocer la verdad. El cuerpo, por tanto, no tiene la capacidad de ver realmente, pues esa capacidad le corresponde al ámbito de la mente. El cuerpo solo tiene la capacidad de percibir aquello para lo que fue concebido. De este modo es como surge un sistema de pensamiento circular, dirigido por un maestro errado, que necesita que deposites toda tu fe y toda esperanza de salvación en el cuerpo, pues así te mantiene alejado de la verdad en ti. Y así es como los ojos del cuerpo serán testigos del mundo de conflicto y separación para el que fueron concebidos.

¿Qué objetivo tiene realmente el aprendizaje más que penetrar en un sistema de pensamiento que alza muros contra él? ¿Cómo crees que podría darse verdaderamente un aprendizaje en ti, si no es cambiando tu forma de pensar radicalmente[*3]? ¿Y qué lección más importante es la que debes aprender más que la de erradicar el conflicto de tu mente? ¿Cómo experimentarías el mundo desde una mente libre de conflictos?

El verdadero aprendizaje radica, por tanto, en desaprender toda idea de conflicto. En un deshacer los pasos andados para llegar al principio del camino donde se originó la idea del conflicto en tu mente, donde alfa y omega se juntan como principio y fin, siendo ambos lo mismo al no haber separación entre ellos. Ves el mundo de manera lineal, pero el verdadero recorrido que estás haciendo es cíclico o circular. La creencia mundana, de que el espacio y el tiempo son lineales, te lleva a pensar que tu comienzo parte de un estado tiempo y que terminará en otro lugar distinto. Y que todo el aprendizaje es parte de la evolución de tu Ser. No hay mayor error que éste, pues si esa creencia fuese real estarías afirmando que tu Ser es algo que necesita evolucionar, por tanto debe ser algo imperfecto o incompleto. De ser así, Dios no habría creado a su hijo a imagen y semejanza de sí mismo, sino que habría cometido un error a la hora de crear a su hijo incompleto o imperfecto.

Entender que tu experiencia aquí es cíclica te lleva a la comprensión de que tu punto de partida es el mismo punto al que has de retornar. Y en el ínterin, experimentarás la

---

[*3]   Radical. De la raíz o relacionado con ella. Que afecta a la parte fundamental de una cosa de una manera total o completa.

idea de algo que no eres. Esta es la percepción correcta de tu viaje aquí, pues apunta a que fuiste creado a imagen y semejanza de la perfección, y que de ser así, tú no tienes que evolucionar, sino despertar.

Pero, ¿quién podría despertar de un sueño sin primero hacerse consciente de estar soñando? Y al no hacerse consciente de estar soñando, ¿cómo podría pasar por alto el conflicto para desvanecerse definitivamente? Del mismo modo que cuando te despiertas de una pesadilla deja de preocuparte el contenido del sueño que has tenido, cuando te hagas consciente de que lo que vives es la consecuencia de una mente que se mantiene sumergida en un sueño profundo, comenzarás a quitar importancia a lo que sucede a tu alrededor, al reconocer que no es más que una ilusión de tu mente.

El curso subraya, por otra parte, el hecho de que enseñar es aprender, y de que, por consiguiente, no existe ninguna diferencia entre el maestro y el alumno. Subraya así mismo, que enseñar es un proceso continuo, que ocurre en todo momento del día y que continúa igualmente en los pensamientos que se tienen durante las horas de sueño.

Enseñar es demostrar. Existen solamente dos sistemas de pensamiento, y tú demuestras constantemente tu creencia de que uno u otro es cierto.

UCDM MM Introducción_1:5-6 y 2:1-2

De lo que enseñes o demuestres otros aprenderán ya que todo está interconectado entre sí. Es inevitable, por tanto, si vas a enseñar o no. Pero sí puedes adquirir el conocimiento y los recursos que te permitan elegir correctamente qué es lo que quieres enseñar, con el único propósito de elegir qué es lo que quieres aprender. Este marco de estudio te acerca a la comprensión que jamás puedes dar a nadie sin darte a ti mismo, del mismo modo que jamás puedes quitar nada a nadie sin quitártelo a ti primero. No experimentas la vida, estás experimentando tus pensamientos en todo momento a través de eso que llamas vida. Del mismo modo, jamás has enseñado a nadie, sino que te enseñas siempre a ti al reforzar tus ideas a través de lo que llamas "los demás". Por tanto, siempre eres maestro y alumno de ti mismo, y en todo momento. Y aquello que decidas perseguir será la lección que te enseñarás a ti mismo.

De este modo es como aprendí que siempre que doy un consejo a alguien era justo el consejo que necesitaba darme a mí mismo en ese momento, que la necesidad de corrección que veía en alguna persona reflejaba la necesidad de corrección que tenía que llevar a cabo yo mismo, y que lo que estaba enseñando a los demás como "maestro" era justo lo que tenía que aprender yo en ese momento como alumno. Por tanto, enseñar a los demás una lección es el recurso que tienes para poder demostrar cual es la lección que quieres aprender en ese momento. Cuando hayas compartido esa lección lo suficiente como para que la lección haya sido integrada y aprendida en tu mente, sólo entonces la lección dejará de tener sentido y dejarás de enseñarla definitivamente.

La verdadera maestría se alcanza al comprender que jamás has sido maestro de nadie excepto de ti mismo, y que pensarte como maestro impide que la lección pueda entrar en tu mente. Solo cuando te dispones a ser alumno el maestro puede llamar a tu puerta junto con la lección que necesitas aprender en ese momento. Este maestro puede manifestarse en forma de persona, en forma de película, en forma de libro o en cualquier otro medio. Nada de eso importa, lo que importa es el mensaje que trae con él, no el mensajero en sí. Y es justo la enseñanza que trae consigo, la que deberás posteriormente compartir con los demás para así poder reforzarlo en tu mente hasta que el aprendizaje haya sido concluido en ti.

5.2.- Un duelo a muerte

Un anciano estaba en el porche, mirando fijamente al monte que tenía delante de su casa. Llevaba sentado horas con la mirada fija. Su nieto, inquieto por la situación en la que veía a su abuelo, se acercó a él cuidadosamente y le preguntó:

—Abuelo, ¿te sucede algo?

—Estoy viendo como se está librando una vieja batalla a vida o muerte.

Su nieto gira rápidamente la vista hacia el monte sin poder ver nada ni a nadie batallando por allí, y le dice a su abuelo.

—Abuelo, yo no veo nada. ¿Podrías mostrarme dónde se está librando esa batalla?

—No puedes verla, hijo mío, porque se está librando en mi mente.

El nieto atónito ante las palabras del abuelo, y sin comprender mucho, le vuelve a preguntar:

—Y ¿quién se está peleando, abuelo?

—Dos lobos, hijo mío. Uno blanco y uno negro.

—Y ¿sabes cuál de los dos ganará?

En ese momento el abuelo esboza una sonrisa vacilante de medio lado, y contesta con seguridad a su nieto:

—Ahora lo tengo claro, hijo mío. ¡Ganará al que yo alimente!

5.3.- Las dos voces

Dios es tan incapaz de crear lo perecedero como el ego de fabricar lo eterno. Desde tu ego no puedes hacer nada para salvarte o salvar a otros, pero desde tu espíritu puedes hacer cualquier cosa para salvar a otros o para salvarte a ti mismo.

UCDM T4 I_11:7 y 12:1

O Dios está loco, o bien es el ego el que lo está. En la medida en que practiques la observación, irás teniendo cada vez más claridad en discernir las dos voces que esconde tu mente dividida. Tal como hemos mencionado anteriormente, cada parte te quiere mostrar una realidad, y no pueden tener razón ambas a la vez.

Lo habrás visto en muchas películas, cuando el protagonista tiene que tomar una decisión importante en su vida, y aparece sobre un hombro un ángel, y sobre el otro un demonio, y ambos dan mensajes diametralmente opuestos entre sí. Es en ese momento cuando aparece la bifurcación en el camino, y cuando hay que tomar una decisión y determinar qué camino tomar, sabiendo que cada decisión tendrá sus consecuencias, y tomar la decisión correcta es vital para él y para los que le rodean. Llegados a este punto, a todos nos gustaría tener claridad sobre cuál de las dos opciones es la correcta. La verdad es que no tienes miedo al acto de decidir en sí, pues estás tomando decisiones a cada instante. De hecho, es inevitable no decidir, eso no depende de ti. Lo que sí depende de ti es sobre cuál de estas dos opciones vas a decidir. De lo que realmente tienes miedo es a equivocarte, a soltar el control de las situaciones, y sobre todo, a pintar fuera del cuadro.

¿Sabías que el ser humano tiene más miedo a ser rechazado que a su propia muerte? ¿Crees que ese miedo no condiciona tus decisiones en absoluto? ¿Crees acaso que las creencias que has adquirido a través de tu cultura y tu educación no influyen directamente en tu experiencia? La educación está construida para programarte en piloto automático para que pienses dentro de una mentalidad de grupo. Pero cuando estás dentro de una mentalidad de grupo, el problema es que dejas de pensar por ti mismo. Y es irónico, como casi todo en esta vida, pero justamente debemos aprender a pensar por nosotros mismos, para que podamos aprender a pensar de corazón en los demás.

Las ovejas negras siempre han sido las raras y las repudiadas. De lo que no nos damos cuenta es de que, son justo estas de las que debemos aprender, y dejar de dilatar más en el tiempo nuestro aprendizaje. Pues, ¿no es acaso de los "raros" y de los que se atreven a pintar fuera de las líneas marcadas, de los que aprendemos finalmente lecciones magistrales? Ya sé, ya sé. Tu ego en este momento probablemente te esté diciendo que tú no eres capaz de hacer nada digno de tal magnitud. Pero, ¿no es acaso ya motivo para reconocer que justo esa voz es la que te tiene gobernado e incapacitado? ¿Y no es acaso previsible que el maestro de la debilidad y de la pequeñez te hable de lecciones de incapacidad, de falta de recursos y limitaciones? Si una voz te dice eso, ¿qué crees que te diría la otra si son totalmente opuestas entre sí? La voz de la fortaleza y de la grandeza te diría que decidas por una vez, aunque sea por un solo instante, dejar de ser rehén del ego para que él pueda mostrarte una lección magistral que habla en favor de Dios por ti.

Las lecciones de la confianza, el coraje, el perdón y la compasión no son lecciones del ego. Son lecciones elevadas, y como tal te conducirán a vivir experiencias que estén en la misma altura de la que se encuentran. Recuerda que en esta vida sólo puedes ser rehén del ego o anfitrión de Dios. No hay más opciones en esto. O bien cedes todo tu poder a un sistema de pensamiento o bien se lo concedes al otro. Cuando comprendí esto, comprendí que llevaba toda mi vida dejando las decisiones más importantes al guía equivocado. Por eso siempre estaba luchando por conseguir cosas a toda costa, donde el agotamiento y la desesperación eran consecuencias inevitables. Sin darme cuenta de que solo tenía que cambiar de guía y que dejar que se encargase de aquellas tareas que eran demasiado grandes para mí, sabiendo que Él se encargaría de todo sin tener que preocuparme yo de nada. Fue entonces cuando aprendí la lección magistral: allí donde mi mente racional y controladora me lleve, siempre hallaré desesperación y condena. Allí donde mi corazón me lleve, siempre hallaré mi tesoro.

La confusión de la existencia de estas dos voces es de tal magnitud en la gran mayoría de los casos, que pasa casi siempre desapercibida para tu mente consciente, sin darte cuenta que están operando dos fuerzas diametralmente opuestas en tu mente en este mismo momento dentro de ti. De ahí la sensación de conflicto que tienes en muchas ocasiones, consecuencia de la tensión que genera la distancia tan grande que existe entre ambos mundos. Lo que tu corazón desea hacer (hemisferio derecho creativo), y lo que tu cabeza te "obliga" a hacer (hemisferio izquierdo controlador). Esta es el origen de todas las batallas que crees haber librado durante toda tu vida, la confusión que tienes acerca de ti.

No hay que olvidar que el miedo es el estado mental que gana por excelencia en este mundo, y la gran mayoría de las decisiones que tomamos están basadas en la creencia en el conflicto y en la escasez. Y como todo el mundo lo hace así, tú has aprendido a hacerlo del mismo modo, asociando que es la manera correcta porque es lo común. Pero lo común no quiere decir que sea lo correcto, ya que, como bien sabes, el sentido común es el menos común de los sentidos entre nosotros.

Solo tienes que repasar un poco la historia de la humanidad. Recuerdas la frase; ¿el hombre es el único animal que tropieza dos veces sobre la misma piedra? Bueno, en realidad todos sabemos que son siete millones de veces aproximadamente, y que simplificamos a dos para no evidenciarnos a nosotros mismos. Siempre nos ha gustado quitarle peso a los problemas para no verlos, ¿no es así?

Solo te puedo asegurar una cosa, háblame de tu pasado y te garantizo que adivinaré tu futuro si no aprendes a discernir entre ambas voces y te declinas por la correcta definitivamente. Porque es justo así como podrás escapar del bucle en el que te encuentras. No existe nada ni nadie externo a ti que te vaya a solucionar tus problemas que existen dentro de ti.

Cuando lo vemos en las películas es muy sencillo reconocer al ángel o al demonio por las ropas que llevan, los cuernos de uno o las alas del otro. Pero en realidad sabes que no se manifiestan de este modo. Lo hacen mediante tus pensamientos, ya que todo lo que sucede en tu mundo sucede primero en tu mente. Y se nos hace muy complicado reconocer cuál es cuál.

Tanto el ángel como el demonio se representan con tu misma cara o identidad, lo que significa que ambos eres tú. A estas voces les llamaremos la «Voz del Maestro» de la grandeza y de la fortaleza, guiada por el Espíritu, o la voz del maestro de la pequeñez y de la debilidad, guiada por el ego. El objetivo de este capítulo es ir descubriendo aspectos de ambos maestros que se esconden en ti, con el fin de que puedas reconocerlas con más facilidad, para poder llevar a cabo una práctica eficiente en tu día a día, hasta que se lleve a cabo de manera automática en ti.

El problema de las dos voces que tienes dentro de ti es que te hablan simultáneamente, y escuchas a ambas con el mismo tono de voz.

¿Cómo podemos diferenciarlas entonces, para saber de dónde procede cada una, y a cuál debes hacer caso para evitar retrasar por más tiempo tu camino?

De una cosa puedes estar seguro, los problemas que se repiten en tu vida son lecciones que no se han aprendido correctamente. ¿Por qué crees que siguen apareciendo si no? Si un problema se resuelve en el nivel de las causas, ¿qué sentido tiene que vuelva a aparecer en el nivel de la experiencia? Si vuelve a aparecer significa que no fue resuelto correctamente. Por tanto el conflicto, al no haberse resuelto en el nivel de las causas, volverá a presentarse una y otra vez hasta que sea corregido definitivamente. Si los conflictos que vuelven a aparecer son lecciones no aprendidas, significa que nos hemos declinado a escuchar las lecciones que proceden del maestro equivocado. Seguir haciendo caso al maestro equivocado y mantener la esperanza en que el problema se resolverá algún día, es como salir a la calle sin paraguas cuando está diluviando y pensar que no te vas a mojar.

En este mundo, el mundo de la percepción, es imposible no juzgar lo que ves. Por lo tanto, ambos maestros emitirán un juicio de lo que tus ojos ven y tus oídos oyen, para dar un significado específico que esté en consonancia con las creencias de cada uno de ellos. La voz del Espíritu siempre hablará desde una interpretación constructiva, o percepción santa, donde te enseñará que de lo que has de liberar a tu mente es de la creencia en la culpa y en el pecado.

La voz del ego siempre hablará desde una interpretación destructiva basada en el miedo, y te dirá que todos, de un modo u otro, son pecadores, que el ataque está justificado, y que tienen que pagar por lo que han hecho. Por tanto, si los demás son pecadores, por consecuencia tú también lo tienes que ser. De este modo la pregunta no es si vas a recibir castigo, es más bien cuándo. ¿Qué mente podría expresarse eficazmente libre de tensión cuando opera desde una creencia que requiere una constante defensa? ¡Una vida entera defendiéndote! Solo de pensarlo agota. ¿Y cómo crees que puedes alcanzar la paz desde un sofisticado sistema de defensa? Cuando te defiendes no te das cuenta que estás declarando en tu mente que has sido atacado. Desde la creencia en el ataque, ¿tiene sentido que la paz aparezca? La paz no puede entrar en una mente que está en guerra.

Como hemos dicho, cada maestro te mostrará un mundo totalmente distinto entre sí, y la experiencia que vivas hablará de a cuál de los dos lobos decidiste alimentar en tu mente. Puedes comenzar a elegir correctamente y cambiar el rumbo de tus acontecimientos. Recuerda que no existen pensamientos neutros, por lo tanto, aquello que veas y experimentes será el resultado de la decisión que hayas tomado.

La voz del maestro de la debilidad (*Mente inferior*)

La voz del maestro de la debilidad o de la pequeñez que hay en ti, la voz del *ego*, es aquella voz que habla de lo falso y se sustenta sobre un estado mental basado en la fuerza más debilitante del universo, el miedo. Es la parte de tu mente que vive en conflicto y que necesita cumplir y controlar. No conoce nada, pero te hace creer que lo sabe todo. No sabe qué o quién eres, pero sí sabe que no quiere que tú lo averigües. Esta voz quiere llevar las riendas de tus relaciones y de toda tu experiencia para perpetuar el conflicto a toda costa, y así garantizar su existencia. Su único objetivo es tu muerte, pero te necesita. Es contradictoria en todos los aspectos de su naturaleza, y todas las lecciones serán contradictorias, pues está engendrada en la contradicción y en lo falso.

El ego basa sus enseñanzas en leyes caóticas y carentes de significado. Le gusta juzgar desde lo genérico, pues sabe que si se adentrase en lo específico correría el peligro de que la falsedad sobre la que descansas su juicio se descubriese.

Por ejemplo, ¿alguna vez has oído o has dicho cosas como: "todos los hombres son iguales", o "las mujeres solo te quieren por el dinero"? Estos son juicios basados en lo genérico. Si profundizásemos solamente un poco en las creencias de esa persona, llegaríamos a comprender que ese juicio lo está emitiendo desde un conflicto específico particular que aprendió en el pasado a través de una experiencia determinada, y que lo que dice habla más del sistema de pensamiento con el que ve el mundo, que de los hombres o las mujeres a los que se refiere.

El ego basa su experiencia creyendo que la verdad es diferente para cada uno de nosotros. Si cada persona es poseedora de su propia verdad, tú tienes que ser poseedora de la tuya propia. Por tanto, según el ego, no es necesario que pongas en tela de juicio tus creencias, ya que son verdad. Más bien tienes que protegerlas atacando la realidad de aquellos que amenacen tu verdad. De este modo, el ego protege su identidad en ti enseñándote que no hay nada en tu interior que haya que corregir, es el exterior el que tiene que hacerlo, y cuanto antes. Son los mecanismos de defensa de este sistema de pensamiento los que hacen que nos cueste tanto mirar adentro, manifestándose como incapacidad o dificultad de hallar respuestas, frustración, burla de los demás hacia otros o hacia ti cuando nos salimos de las conversaciones superficiales y profundizamos un poco más de la cuenta, falta de interés personal por querer descubrir lo que nuestro corazón contiene oculto, o incluso puede llegar a producir el mayor de los temores, no vaya a ser que te encuentres con algo que no quieres volver a ver. Pero, ¿qué sentido tiene buscar respuestas acerca de ti en el exterior, en lugar de en tu interior? ¿Qué sentido tiene esconder un problema debajo de la alfombra para no verlo, creyendo que de este modo ya está resuelto? ¿O qué sentido tiene preguntar al exterior cómo tienes que comportarte o qué tienes que hacer, cuando ni siquiera ellos mismos lo saben, en lugar de escuchar a tu corazón?

El sistema de pensamiento del ego se basa en que hay distintas realidades. Cuando dos personas discuten no se dan cuenta que están luchando por tener razón, y así, conseguir que su verdad sea la que prevalezca sobre la del otro. Dicho de otro modo: todos aquellos que piensen distinto a ti son una amenaza para tu *ego*, y por tanto, son su enemigo. De este modo es como no te das cuenta de que, cuando decides discutir con alguien, ambos estáis gobernados por la misma ilusión que impide que la verdad se descubra.

El *ego* es la parte de tu mente que necesita reafirmarse constantemente, precisamente porque no existe. El Espíritu no necesita reafirmar lo que ya es, por el mero hecho de vivir en la certeza que emana del Ser. El *ego*, por tanto, necesita perpetuar la ilusión en tu mente, haciendo que la verdad se mantenga alejada de ti. Pues sabe que en presencia de la verdad, este tendría que desaparecer. ¿Acaso podría la locura hacer acto de presencia ante la cordura? Cuando la cordura aparece, la locura se desvanece. Pero para que aquella aparezca, primero deberás ser consciente de tu locura para comprender que su sistema de pensamiento descansa sobre lo falso, y por tanto no es real. ¿Crees que si descubres que algo no es real, podrías seguir otorgándole valor? ¿Es necesario que te hable del ratoncito Pérez o del hombre del saco? La mente mantiene con "vida" aquello que valora, y te hace vivir la experiencia de aquello que estima, para bien o para mal. Por eso, deberás aprender de donde nacen y sobre qué base descansan las creencias en el conflicto, en la escasez, en la culpa y en la separación para poder abandonarlas y liberarte de ellas definitivamente.

El *ego* necesita enemigos, ya que sin ellos no podría establecer un mundo de realidades distintas. Un mundo de distintas realidades conlleva un mundo de creencias y personalidades distintas entre sí, y por ende, un mundo que se rige por la creencia en la separación. ¿Cómo podría tu *ego* reafirmar su especialismo, si no tiene a otros a los que pueda señalar y juzgar para poder reafirmar su propia identidad como algo real, y por tanto, reafirmar así su propia existencia? Dicho de otro modo, ¿cómo podría experimentarse una persona que se piensa como víctima si su mente no le mostrase verdugos? ¿O cómo podría experimentarse una persona como "buena" si no viese "malos" en el mundo? Tu *ego* siempre te mostrará aquello que necesita que veas, para que la idea que tienes acerca de ti cobre forma y pienses que es real. De este modo es como puede reafirmar el especialismo, y por tanto, la separación, la dualidad, lo opuesto y la división.

De lo que no nos damos cuenta aún, o mejor dicho, de lo que no queremos darnos cuenta aún, porque mira que es evidente, es que todos pensamos que los malos son los demás, y que solo nuestros actos de ataque están justificados por lo que nos han hecho. Mientras sigas creyendo en términos como buenos o malos, en lugar de pensar en seres iguales que se encuentran unos un poco más despiertos que otros, tu mente seguirá dormida ante la verdad. **En este mundo no hay buenas personas o malas personas, existen niveles de conciencia que vibran en el miedo o en el amor.** Nada más. ¿Acaso tiene sentido atacar a un ciego porque no pueda ver? Créeme, cuando te alteras cuando ves la necesidad de corrección en alguien, estás viendo a través de ese alguien justo la necesidad de corrección que necesitas hacer en ti mismo. Por eso te altera, porque ves en el otro el reflejo de la necesidad de cambio que tienes que hacer tú. Y eso no le gusta nada a tu *ego*. Por eso el *ego* basa su sistema de pensamiento en la creencia de que todos son, de algún modo u otro, pecadores. ¿Te suena la frase, que tire la primera piedra aquel que esté libre de pecado? Es justo la creencia en el pecado la que te hace creer que el ataque está justificado, y que, a través del castigo o del sacrificio es como se corrige. Son justo estas creencias las que te mantienen en el infierno. Pues para el espíritu el pecado es un error de percepción. Y el error no se corrige con castigo, sino con corrección. De este modo el *ego* piensa que el error es un pecado que debe ser castigado y el espíritu piensa que el pecado es un error que debe ser corregido.

Es a través de la creencia en la culpa como el *ego* quiere perpetuar el conflicto, en un vano intento de querer hacer eterna la ilusión, y por tanto lo imposible, pues solo lo que Dios crea es eterno, y si Dios es amor, el conflicto debe ser una percepción equivocada, pues es algo que no procede de Él. Por tanto, solo debe ser comprendida, para ser abandonada y permitir que un nuevo pensamiento libre de miedo ocupe el lugar que ocupaba el error en tu mente. Como dice *Un Curso de Milagros*, un alumno libre de culpa es un alumno que aprende rápido, pues sus pensamientos están libres de percepciones encadenadas a la ilusión y a la condena.

El sistema de pensamiento del *ego* está basado en una mentalidad opuesta a la verdad, y por ende, opuesta al espíritu. Si la verdad contiene los principios del amor y la abundancia, el *ego* basa sus creencias en principios del miedo y la escasez, dando paso a la creencia en la pérdida. De este modo dará valor a la creencia en las posesiones y en los apegos, creyendo que aquello que tienes es aquello que posees. Mi marido, mi mujer, mis hijos, mi perro, mi mejor amigo, mi dinero, mi, mi, mi... Nada de eso es tuyo, ni siquiera tus hijos, si es que los tienes. Tú no les has dado la vida, se la has transmitido. La vida nos la ha dado la propia vida, Dios, el Universo o como quieras llamarlo. Tienes una función que cumplir para con ellos hasta que cumplan una edad determinada, pero no tienes una posesión. Y es justo a través de esas "posesiones" como podrás enseñarte la verdad o la ilusión de lo que eres.

De acuerdo con el sistema de pensamiento del *ego*, para que tú ganes algo debe haber otro que lo pierda, y viceversa. Así es como te hace creer que cuando das algo lo pierdes. De este modo es como el *ego* oculta la verdad de un universo infinito y abundante, disfrazando la creencia de que jamás puedes quitar nada a nadie excepto a ti mismo.

El *ego* tiene miedo del poder que tienes por razón de lo que eres. Por eso necesita hacerte creer que no lo eres. Es consciente que del mismo modo que tú lo inventaste, eres tú el que lo puede abandonar en cualquier momento.

He oído muchas veces que hay que tener *ego*, o que existe el *ego* positivo. Efectivamente nos encontramos en el mundo del *ego* pero, si el *ego* es un falso concepto, significa que es irreal. Y si comprendemos que es irreal, ¿podría ser algo irreal positivo o negativo? No podría ser ni positivo ni negativo, porque lo que no es nada no tiene la capacidad de ser nada. Sencillamente no es. Por lo tanto, tenemos que comprender que todos tenemos un *ego*, y no es ni bueno ni malo, es simplemente una experiencia a la que tenemos que aprender a jugar. Y para ello, debemos comprender que **en este juego no se gana ni se pierde nada, solo se juega.** Algunas de las características del ego son las siguientes:

- El ego es la creencia de que tú eres un cubito de hielo, pero que nada tienes que ver con el H2O.
- Es la idea de la muerte, del tiempo y las diferencias.
- Es la parte de tu mente que pregunta, ¿qué soy?
- El ego vive confuso, no sabe nada, pero te hace creer que lo sabe todo.
- El ego siempre habla primero, porque vive en la necesidad de ser atendido, por lo tanto no ofrece comprensión, la exige.
- Es caprichoso, manipulador, planificador y controlador.
- El ego se alimenta del juicio y la culpa hacia los demás, porque necesita reafirmar que hay diferencias.
- El ego es el deseo de ser especial y único frente al resto del mundo.
- El ego cree que, para que él gane, alguien tiene que perder algo, y viceversa.
- El ego es competitivo y necesita ganar, porque está construido en un sistema de pensamiento basado en la escasez.
- El ego cree en aliados y enemigos.
- El ego se relaciona desde la carencia y la no completitud, por lo que las relaciones que tiene no son relaciones auténticas porque no están basadas en el amor, sino en el miedo.
- El ego envidia y critica a los demás.
- El ego cree que la solución siempre se encuentra fuera de tu alcance.

- Cree que para que tú estés en paz, algo fuera tiene que cambiar.
- El ego necesita ver un mundo de injusticia y desigualdad.
- Es victimista y no se hace responsable de lo que sucede dentro de ti. Lo que ocurre dentro de ti siempre está justificado por lo que sucede fuera de ti.
- El ego cree que hay que tener para poder ser. Es la creencia de que eres incompleto e imperfecto, y que se completará a medida que consigas cosas.
- El ego no quiere ser feliz, quiere tener razón.
- El ego es desconfiado. Está siempre alerta y cree que el ataque está justificado.
- El ego no escucha, es rígido y no le gusta el cambio.

En definitiva, el ego es un falso concepto que has inventado acerca de ti mismo.

La voz del maestro de la fortaleza *(Mente Superior)*

La Voz del Maestro de la grandeza o de la fortaleza que hay en ti, es la voz que habla por Dios a través de ti. Es el intermediario entre lo que verdaderamente Eres y el estado en el que te encuentras. Sus pilares descansan sobre un estado mental basado en la fuerza más poderosa que abarca todo el universo, el Amor. Es pura inspiración y creatividad. Es la parte de tu mente que sigue en su sano juicio, que goza de conocimiento, que es libre, que sabe Quién Eres y, por tanto, que sabe lo que te conviene. Esta voz usará todas tus relaciones y tus experiencias como recurso de aprendizaje para tu más alto bien, siempre y cuando tú se lo permitas, para conducirte a un estado lo suficientemente elevado como para que el recuerdo de tu verdadero Ser alboree en tu mente. Su voluntad es tu perfecta felicidad. Te ama y te reconoce como digno de todo lo que ves, pues tú eres parte de todo ello y todo ello es parte de ti. Es la manifestación de estar en armonía con todo lo que te acontece. Jamás se contradice, pues esta voz nace de la inmutable verdad y de la certeza de lo que todo es, fue y será.

Esta voz se suele comunicar contigo, no desde la mente racional, sino desde el instinto, ese extraño que has ido apagando a lo largo del tiempo. El instinto solo puedes hallarlo en el presente, no desde el pasado como hace la mente analítica. Ya que Dios te habla siempre desde el ahora. Él no ha dejado de hablarte ni tiene que esperar a mañana para entregarte el mensaje que necesitas oír. De este modo es como aprendes a escuchar cada día para llevar a cabo los planes que se te dan.

La mente que ha sanado no planifica. Simplemente lleva a cabo los planes que recibe al escuchar a una sabiduría que no es la suya. Espera hasta que se le indica lo que tiene que hacer y luego procede a hacerlo. No depende de sí misma para nada, aunque confía en su capacidad para llevar a cabo los planes que le asignan. Descansa serena en la certeza de que ningún obstáculo puede impedir su avance hacia el logro de cualquier objetivo que sirva al gran plan que se diseñó para el bien de todos. La mente que ha sanado se ha liberado de la creencia que tiene de planear, ya que no puede saber cuál sería el mejor desenlace, los medios por los que éste se puede alcanzar, ni cómo reconocer el problema que el plan tiene como propósito solucionar.

UCDM L135_11:1-5 y 12:1

El espíritu es el Maestro que te enseña con el objetivo de que llegues a alcanzar el mismo conocimiento del que él goza. Dios habla a todo el mundo y a todos por igual, la pregunta es, ¿quién escucha? Las enseñanzas que nacen de este estado mental son literalmente los principios opuestos a los que el ego dictamina. Es por eso por lo que la experiencia obtenida de cada maestro es diametralmente opuesta.

Los principios que el espíritu te enseña se basan en leyes fundamentales y universales iguales para todos sin hacer distinciones en nada ni en nadie, pues el amor no es selectivo, es equitativo. El sistema de pensamiento sobre el que descansa el espíritu está basado en la voluntad libre de cada uno en la aplicación de la ley fundamental de causa y efecto. Sabe que toda causa tiene consecuencias, que toda causa nace en el nivel de pensamiento o nivel mental, y que nada ni nadie, ni siquiera Dios, puede obligarte a que pienses de la manera en la que piensas, hasta que te canses. Es decir, si quieres pensarte como un cerdito que se retoza en una charca y creértelo, puedes hacerlo y vivir la experiencia de ser cerdito en todo su esplendor. Y cuando te canses, sales de la charca en la que te has metido, te das un baño y te miras al espejo para recordar quién eres en realidad.

El espíritu no te juzga, lo único que juzga es el estado mental en el que te encuentras, ofreciéndote la feliz respuesta que llevará a cabo la corrección necesaria para que tu mente sea sanada y tu despertar del sueño de pesadillas en el que te encontrabas. Para el espíritu todo lo que es perecedero no opera en el nivel de las causas, sino que es el resultado de un deseo que emana del nivel del pensamiento. El aprendizaje que emana de este estado mental te diría que si la causa es la mente, es ésta la que debe interpretarse como la vida, siendo el cuerpo la expresión de una mente que decide pensarse separada y experimentarse de ese modo específico. Por tanto, tu verdadera identidad no procede de tu cuerpo, sino de tu mente. El espíritu, no te identifica con el cuerpo pero tampoco lo niega, ya que acepta el estado en el que te encuentras. Negar tu estado mental significaría interferir en la ley de causa y efecto. Por otro lado, no contar con ello generaría un conflicto en el aprendizaje por la distancia que existiría entre la enseñanza y el punto en el que te encuentras. De este modo, se comprende que el lugar y el momento en el que te encuentras no es ni bueno ni malo, es perfecto para corregir el error que debe sanar.

Las relaciones que tienes, el trabajo, tu situación económica, etc. En definitiva, la situación en la que te hayas, contiene el escenario y los recursos perfectos para llevar a cabo su enseñanza en el momento en el que estés dispuesto a soltar las riendas y permitir que sea él el que dirija tu vida por ti. ¿Cómo si no a través de tu experiencia podría enseñarte aquello que necesitas aprender? Una cosa es conocer el camino, y otra muy distinta recorrerlo. He oído a muchas personas que llegan a decir, ¡me he dado cuenta ya de esto, y de lo otro! Y yo les pregunto, ¿y qué vas a hacer ahora con lo que te has dado cuenta? ¿Vas a seguir huyendo y evitando vivir la situación que tienes pendiente, o vas a usar la experiencia para que la verdad te haga libre?

La voz del maestro de la grandeza no conoce la necesidad, pues su estado mental vive en la totalidad. Por tanto, su mensaje solo te llega cuando tú estás dispuesto a aceptarlo. Él no tiene ni prisa ni necesidad en que lo aceptes, ya que sabe que es algo que sucederá inevitablemente. Mientras tanto él espera pacientemente a que tú te decidas por él. ¿Te suena la frase, "cuando el alumno está preparado aparece el maestro"? **La verdad está más allá de todas tus creencias.** Más allá de tus creencias se encuentran los verdaderos pensamientos que compartes con Dios. Una vez que decidas revisarlas una a una y liberar tu mente de ellas, la verdad aparecerá ante ti. El espíritu basa su experiencia haciéndote ver que tu verdad no es verdad, pues solo hay una verdad y es igual para todos. Es justo liberarte de tu verdad cuando puedes dar paso al conocimiento, del mismo modo que la idea de tierra redonda pudo dar paso cuando se abandonó la idea de tierra plana. Las enseñanzas sobre las que descansa el espíritu te llevarían a liberarte de la creencia en la culpa, el sacrificio y la escasez, ya que precisamente, es la creencia en estos símbolos los que te mantienen en un estado limitado, llevando tu mente a una confusión con respecto de quién eres.

La voz que habla por Dios te enseña que cuando das o quitas a los demás, es a ti mismo al que das o quitas. Pues en cada acto siempre reforzarás la idea de abundancia o escasez en tu mente, y tuya será la experiencia de la decisión que hayas tomado en esa transacción.

Para poder tener, da todo a todos.

UCDM T6 V_8:13

Es por eso por lo que tu ego quiere culpar a los demás, pues te hace creer que al darla es como la pierdes. Y es así justamente como reafirmas tu creencia en el símbolo de la culpa y la separación. Un sistema de pensamiento basado en la congruencia te diría que es justamente al compartir cuando tu caudal aumenta. Por tanto, si quieres tener paz deberás compartirla muchas veces para poder experimentarla, pues ¿tiene acaso sentido que compartiendo mucho conflicto llegues a experimentar la felicidad?

Para tener paz, enseña paz para así aprender lo que es.

UCDM T6 V_B

Elevar tu estado emocional pasa por renunciar a muchos de los aprendizajes que has aprendido en este mundo. No es cuestión de si puedes o no, es cuestión de si quieres o no. La pregunta que podrías hacerte para aclarar si estás dispuesto a dar este paso es: ¿mi estado mental actual me ha dado todo lo que me había prometido? ¿Deseo seguir viviendo las mismas cosas una y otra vez? ¿O quiero cambiar definitivamente y elevar mi vida al siguiente nivel, aunque eso suponga desapegarme de viejas creencias, costumbres e incluso personas? No puedes conocer al espíritu desde el ego, pues el ego es ignorante. Pero sí puedes conocer al ego desde el espíritu, ya que el espíritu goza de conocimiento y sabe discernir entre el error y la verdad.

> *El Espíritu Santo no es el que habla primero, pero siempre contesta. Todo el mundo en uno u otro momento ha acudido a Él para de una y otra forma obtener su ayuda, y Él ha contestado. Puesto que el Espíritu Santo responde de verdad, responde para siempre, lo cual quiere decir que todo el mundo dispone de la respuesta ahora mismo.*
>
> UCDM T6 IV_3:2-4

Solo te hace falta una única decisión en favor de la verdad para que el cambio se dé irremediablemente en ti, pues solo depende de ti decidir en última instancia cómo quieres pensar, y por tanto, cómo quieres vivir en esta vida. La solución siempre estuvo, está y estará al alcance de tus propias manos. Algunas de las características del espíritu son las siguientes:

- El espíritu es la idea en la vida, en lo eterno y en la unicidad[*4].

[*4]   Consciencia de unidad.

- El espíritu no es la pregunta, es la respuesta.
- No pregunta porque goza de conocimiento, y responde porque conoce. Éste se manifiesta en ti a través de la inspiración, la creatividad y la revelación.
- Estar inspirado es estar en el espíritu.
- El espíritu ofrece agua, no sed.
- El espíritu posee conocimiento pero no necesita demostrarlo, pues no conoce la necesidad.
- El espíritu da sin esperar nada a cambio, y da a todos por igual, pues el amor no contiene condiciones por su naturaleza incondicional y equitativa.
- No exige y no controla. No manipula ni se deja manipular.
- No juzga, observa. No culpa, comprende. No castiga, corrige.
- El espíritu cree en la unidad, no en la separación, pues sabe que todos procedemos de lo mismo y somos lo mismo.
- El espíritu sabe que cuando da, su caudal aumenta. Por tanto, sabe que la felicidad se experimenta cuando la comparte con los demás, y cuanto más la comparte, más la refuerza.
- Para el espíritu no existen términos como bien o mal, solo causas y consecuencias.
- El espíritu no ve problemas, vive experiencias.
- El espíritu vive en la abundancia, no en la escasez, pues sabe que ha sido creado por un universo abundante, ilimitado, eterno e infinito.
- El espíritu Es y deja Ser.
- El espíritu no cree en la muerte, pues sabe que Dios solo crea vida. Y lo que Dios crea es eterno e infinito.

- El espíritu sabe que la paz es la consecuencia de recordar Quién Es. Cuando escuchas y actúas desde el espíritu, puedes llegar a comprender que estás siendo Dios en acción. Es decir, que es tu propio Ser el que está operando a través del cuerpo y tomando las decisiones en tu vida, y no el personaje que crees ser el que lo hace. Paradójicamente es aquí donde radica el descanso.

El objetivo de esta lectura no es adquirir un comportamiento que lleve a imitar las características que hemos mencionado del segundo estado mental o mental elevado. Esto sería como poner un traje de luces encima del conflicto interior, negando de este modo el estado en el que tu mente se encuentra en este momento. Dicho de otro modo, sería como poner una alfombra en tu casa, bañada en todos dorados, encima de un montón de polvo para ocultar la basura. Justo esa es una de las trampas favoritas del ego espiritual para que no resuelvas el verdadero conflicto, desviando tu atención al nivel del comportamiento, adquiriendo nuevos hábitos, jergas y rituales "espirituales" en tu vida como recurso de distracción, dejando de este modo de mirar al único lugar donde tienes que prestar verdadera atención, al nivel de las causas. De este modo el ego convence a sus nuevos pupilos para comenzar a caminar todos por la calle con una sobreactuada sonrisa y una hiperamabilidad desmesurada; con disfraces de flores y cogidos de la mano mientras giran alrededor de un corazón de color rosa y nubes de algodón, diciendo te amo todo el rato y poniendo las palmas de las manos en posición de rezo al grito de gracias, gracias, gracias. Comienzan a dejar de tomar café para tomar té verde, como tránsito previo antes de hacerse veganos, ya que es más espiritual. Se ponen un punto en la frente, compran unas piedras mágicas que tienen el poder de sanar, se apuntan a grupos espirituales donde se reúnen con otras personas que piensan como ellos, y se creen los "elevados" del mundo y el despertar de la nueva era. Meditan en una alfombra del Tíbet y se apuntan a yoga a las 6 am porque la luz del sol es más pura. Y todo esto mientras se miran a los ojos con una mirada que irradia destellos de luz celestial y se intercambian mantras como si de una colección de cromos se tratase. Y una vez aprendida y dominada la jerga y el comportamiento del grupo, ya están sanados y tienen licencia para corregir a los demás. Con esto no estoy haciendo publicidad peyorativa de prácticas milenarias como es el Yoga, pues nadie duda de una disciplina que contiene gran sabiduría. Donde quiero incidir es en el "para qué" o "desde qué intención" lo usa un gran número de personas, sobre todo en occidente. Ni el yoga ni ningún hábito o práctica tiene la capacidad de hacerte feliz. De ser así, todo el mundo que lo practica ya lo sería, y no es así.

Este libro no trata el comportamiento, trata las causas. No digo que las experiencias de las que venimos hablando, sean malas y que no tenga beneficios practicar ciertas cosas o adquirir nuevos hábitos. Pero es importante ser consciente desde dónde lo estás haciendo y con qué intención. El ego lleva conviviendo contigo desde que viniste a este mundo, y si quieres entrar en el mundo de la espiritualidad o evolucionar interiormente, él no piensa perderse esta fiesta. Por eso, como te he dicho, en este libro no encontrarás herramientas de cómo debes actuar y qué tienes que decir, ni tampoco descubrirás la herramienta milagrosa que te salvará de todos tus problemas, porque sería mentira y arrogante por mi parte, y estaríamos incurriendo de esta forma a la sofisticación del personaje o del ego que hay en ti. Es más, puedes tener en cuenta que cuando alguien no para de aconsejarte o de decirte lo que tienes que hacer, probablemente sea justo aquello que él no está haciendo.

Como te he mencionado en los primeros capítulos, este libro trata de deshacer el personaje o el ego, ese aspecto falso que "existe" en tu mente. Ese es realmente el único objetivo sensato que debes llevar a cabo en esta vida. ¿Qué objetivo es más importante más que conocer plenamente quién o qué eres? ¿Y cómo podrías conocerte plenamente si mantienes a tu mente entretenida con lo que no eres? Para adquirir un sistema de pensamiento elevado y fortalecido, deberás ir al nivel del pensamiento para identificar las creencias limitantes o destructivas basadas en el miedo y en la debilidad, con las que mantienes a tu mente encadenada, y sustituirlas por creencias o pensamientos constructivos basadas en el amor y en la fortaleza. Esta lectura ha de llevarte a una toma de consciencia, a un autoconocimiento interior que te ayude a descubrir aquellos aspectos del ego que operan en ti para abandonarlo, y así, dejar el espacio suficiente para que el maestro correcto pueda ocupar el lugar donde le corresponde estar. Que sea este el que te diga cómo actuar en cada momento de manera auténtica y genuina. ¡Esa es la verdadera enseñanza! A medida que vayas abandonando un sistema de pensamiento, irás dando paso automáticamente al otro.

Una mente que da valor y cree en símbolos falsos, por consecuencia sólo podrá contemplar un mundo que hable de las creencias en las que ha decidido creer. Y las creencias en las que ha decidido creer siempre nacen de la creencia que tiene acerca de quién es. ¿Acaso un loco podría ver un mundo cuerdo, o pondría en tela de juicio el mundo que ve si no es consciente de su locura? **No podrás ser consciente de tu luz, sin hacerte primero consciente de tu oscuridad. Nunca podrás recordar Quién Eres si no despiertas ante lo que no eres.** Desde la ilusión no puedes reconocer la verdad, pues has olvidado qué es, dónde se encuentra y qué beneficios otorga. ¿Acaso tendría sentido que te pusieses a buscar algo que has olvidado y que no sabes qué es? Para buscar algo primero hay que tener claro qué es lo que se va a buscar y dónde buscarlo. Si no sabes qué quieres, tendrás que comenzar a despejar tu mente buscando primero lo que tienes claro que no quieres. No puedes saber qué es la verdad, pero sí puedes reconocer lo que no lo es, del mismo modo que tu mente no reconoce el camino a la paz, pero sí reconoce el camino a la guerra. ¿Y no tendría sentido que liberando tu mente del espacio que ocupa el conflicto, sea como se puede restituir dicho espacio por la paz?

Comprender los mecanismos del ego te ayudará a posicionarte en un nivel de consciencia más elevado inevitablemente, y te dará gran ventaja al ayudarte a comprender la parte de tu mente que está "gobernada" por él, en la medida que te vayas identificando con las historias y teorías de esta lectura. De este modo podrás discernir fácilmente cuál de los dos estados mentales está llevando las riendas de tu vida en cada momento. Si eres sincero contigo, te darás cuenta del gran espacio que le has cedido a la voz de la incertidumbre y del miedo. Llegado a este punto tan solo te quedará hacerte la última pregunta, ¿por cuál de los dos lobos que hay en tu mente te decidirás finalmente?

5.4.- Cómo decidirse por el maestro correcto

Eres maestro y alumno de ti mismo. Siempre que te relacionas con los demás, estás decidiendo qué lección quieres enseñarte a través de las ideas que compartes con ellos. Y, aquello que te enseñes, es aquello que aprenderás. Aquello que aprendas es aquello con lo que te identificarás, y por ende, aquello en lo que te convertirás. Siempre te enseñarás aquello que valoras. Por lo tanto, en lo que te has convertido hasta el día de hoy, es la suma de todo lo que te has enseñado a través de todas las decisiones que has tomado a lo largo de tu vida, ya sea consciente o inconscientemente. Del mismo modo que te enseñas una cosa, puedes dejar de enseñártelo para convertirte en algo distinto.

Por ejemplo, cuando reaccionas como si alguien te estuviera traicionando, te estás enseñando que eres algo a lo que se le puede hacer daño, y se le puede engañar. Si reaccionas como si te estuviesen atacando, estarás enseñándote lecciones que justifican que el símbolo del ataque es real, y por tanto, que eres vulnerable. Si reaccionas como si te quitasen las cosas, estarás enseñándote la lección que cree que la escasez en el universo es real. En cualquiera de estos casos, estarás decidiendo por tu debilidad, en lugar de por la fortaleza que se esconde en ti.

Todas esas ideas irán reafirmándose en tu mente poco a poco, como si de un riego diario a un campo de cultivo se tratarse, y ten por seguro que tarde o temprano acabarás por ver tu propia cosecha con tus propios ojos. Si crees en el engaño, tu mente recreará relaciones con otros para que puedas reafirmar que aquello en lo que crees existe y es real, y justificar de este modo tus emociones de impotencia generadas por dicho pensamiento.

Imagina por un momento que una persona te falta al respeto. Es inevitable que, ante una situación, tu mente no reaccione automáticamente, pues está percibiendo todo, y en todo momento. La primera reacción que solemos experimentar es de miedo, pues el ego siempre habla primero, manifestándose en el nivel del comportamiento en forma de las tres reacciones primarias que hemos mencionado anteriormente: ataque, huida y bloqueo.

Por ejemplo, es posible que te enseñes que no hay mejor defensa que un buen ataque, y reacciones contraatacando en forma de insultos a la otra persona. Es posible que tu mente recurra a técnicas de quedarse muy quieto o paralizarse, con la intención de hacerse invisible para que no le vean los depredadores. En este caso experimentarás una sensación de empequeñecerte para que te vean lo menos posible, y recurras así al bloqueo. O es posible que optes por la técnica de supervivencia de la huida y te alejes de esa situación. Si te das cuenta, la persona que te está atacando, está proyectando su miedo sobre ti. Es decir, él también está en una postura en la que el ego le tiene gobernado. En ese caso, podemos reconocer que se encuentra en postura de ataque. Y todo aquel que ataca, en realidad se encuentra en una petición de ayuda. Solo el ego es el que ataca, cree que necesita defensa porque tiene miedo. Esa persona está, por lo tanto, librando un conflicto en su mente. Es decir, está ciego y necesita liberarse del conflicto. ¿Juzgarías a un ciego porque no pueda ver? Por otro lado, no hay nadie en este mundo que haya nacido con la capacidad de poder ofenderte, a no ser que tú se lo permitas. Tú eres el único responsable de la interpretación y el valor que le das a las palabras que escuchas. En ese punto radica tu liberación y, por ende, tu verdadero poder. Si una persona se pone en medio de una plaza e insulta a mil personas, cada persona reaccionará de una forma distinta. Unos se ofenderán y participarán en el mismo juego que esa persona. Otros pasarán de largo y agacharán la cabeza, otros se reirán vacilantemente, y solo unos pocos, mirarán a esa persona con compasión, pues están comprendiendo que esa persona no está en su sano juicio, por lo tanto, está gobernado por un juicio enfermizo. El uso que le damos a los acontecimientos son incorrectos cuando hacemos de ellos una interpretación destructiva. Y siempre hacemos una interpretación destruc-

tiva en el momento en el que nos involucramos emocionalmente con la situación y nos lo llevamos a nuestro terreno
personal. El uso correcto de los acontecimientos, es verlos como un escenario de prácticas, donde poder aprender a desapegarte emocionalmente de los conflictos que tu
mente egóica te muestra. En la medida en la que aprendas
a no dejarte gobernar por las interpretaciones destructivas,
experimentarás un aumento progresivo de la sensación de
seguridad en ti mismo. Pues la mente, que aprende a liberarse del conflicto interior, no puede ser condicionada por
ninguna persona ni por ningún acontecimiento.

Recuerdo un verano cuando iba caminando con *Pica*,
una perra de raza *American Stanford*, que me ha acompañado desde que tiene tan solo 11 meses de vida. La bondad
de esa perra es infinita, y de carácter juguetón. Esta raza ha
sido juzgada por el mal uso que ha hecho el ser humano de
ella. Pero, lejos de lo que muchos pueden llegar a pensar, tienen un corazón gigante y mucho que enseñarnos a los seres
humanos. Pasamos por una zona donde estaba un grupo de
personas haciendo *Kitesurf*. A *Pica*, como a todos los perros,
le gusta mucho jugar con palos y morder cosas. Sobre todo
a esta raza, ya que tienen mucha energía y gran parte de ella
la liberan a través de la mandíbula. Cuando nos acercamos a
la zona de las tablas de surf, y por su forma, *Pica* las confun-
dió con algo con lo que podía jugar. En un microsegundo,
reaccionó y mordió una de las tablas que reposaban sobre la
arena, haciendo en la tabla una pequeña hendidura de uno
de sus dientes. No fue gran cosa, pero lo suficiente como
para enfurecer, y mucho, al dueño de la tabla.

En ese momento salió del agua un hombre de consti-
tución atlética y gran altura, gritándome embravecido a
medida que se acercaba cada vez más rápido a por mí. En
ese momento mi sistema de pensamiento se aceleró y entró
en modo supervivencia. Gracias a la práctica de ser cons-

ciente sobre mi mente, pude observar todos los mecanismos de defensa que la voz del ego me estaba presentando a tiempo real. Los beneficios de ser observador de esta voz, y aprender a no alimentarla, hace que cada vez vaya perdiendo más poder sobre ti. Este gesto te permite no ser reactivo, sino proactivo ante una situación. Puede parecer un pequeño gesto, pero en realidad es un gran paso para la humanidad. Pude ser consciente de cómo mi cuerpo se iba quedando paralizado a medida que miraba alrededor, y analizaba la situación. Pude observar como el bloqueo fue la primera reacción del miedo que se manifestó en ese momento en mi cuerpo. En esa zona de la playa, solo estábamos nosotros, acompañados de 15 amigos del surfista embravecido. Volví a mirar hacia el agua y ya tenía al surfista encima. Por un instante observé como la voz del ego me lanzó su primera enseñanza que decía más o menos así: "sal corriendo ahora que puedes". Automáticamente, ese pensamiento fue compensado por otro mensaje diametralmente opuesto, que me decía:

La huida procede del miedo, y tú estás capacitado para sostener esta situación. ¿Quieres acaso no hacerte responsable de esta experiencia y salir corriendo? ¿Eso es lo que quieres enseñarte? Si me lo permites, yo te enseñaré otra experiencia distinta.

En ese momento comprendí cuál de los dos maestros me estaba hablando. De repente surgió como una calma en mi corazón, a pesar del cabreo del surfista, que se iba intensificando a medida que yo me iba calmando. Pero seguí siendo consciente de lo que estaba pasando dentro de mí, casi más de lo que estaba ocurriendo fuera en ese momento. Es como si mi cuerpo estuviera en piloto automático interaccionando con el exterior y, mientras tanto, yo pudiese sumergirme en mi estado emocional, observar y comprenderlo a tiempo real, sintiendo cómo la situación estaba siendo dirigida y sostenida, y yo pudiese soltar los mandos de la nave y disfrutar del viaje. La cara enrojecida y la gama de insultos que comenzó a soltar sobre mí, hicieron que la voz del ego volviese a contraatacar, con más fuerza incluso que antes. La tercera y más esperada reacción apareció con más intensidad que las otras dos, bajo la firma de la rabia:

- ¡No hay mejor defensa que un buen ataque! Y a este tío alguien tendría que enseñarle modales.

Hubo un momento en el que creía que todo iba a acabar muy mal. Pero una vez más, volví a ser consciente de mi estado emocional, y me permití no solo experimentar esas emociones, sino aceptarlas sin juicio en mí, evitando así proyectarlas sobre el exterior. Lo que no nos gusta lo desechamos. Del mismo modo pasa con tus emociones. Mientras no te guste, siempre buscarás a alguien sobre el cual proyectar la culpa de lo que sientes. Después de escuchar con calma todo lo que tenía que soltar el surfista por su boca, en sus ojos podía percibir el deseo de que le respondiese de igual modo para poder justificar el ataque que quería proyectar sobre mí. Comencé a comprender que toda la rabia que yo estaba sintiendo, era la misma rabia que él estaba sintiendo, y al aceptarla en mí, automáticamente le acepté a él. Toda la impotencia que él sentía tras haber mellado su tabla nueva que traía desde Francia, yo la sentía también. Era como entender que estábamos compartiendo una misma experiencia. Como si su mente y la mía fueran la misma, pero en dos cuerpos distintos. ¡Entonces lo vi! Mi mente comprendió plenamente todo lo que estaba pasando dentro de él en ese momento. Es como si no hubiese separación entre él y yo. Mientras él seguía gritándome, una paz y una compasión se apoderaron de mí de repente, permitiéndome ver todo desde una confianza y una claridad como nunca antes había sentido. De repente vi como era capaz de abrazar toda la situación. Él seguía proyectando su rabia e impotencia sobre mí, sin que mi mente se involucrase emocionalmente con nada de lo que ocurría en mi exterior. Fue la mayor sensación de poder que jamás había experimentado. Nada de lo que estaba pasando en ese momento fuera, tenía la capacidad de robar mi paz interior. Estaba en paz en medio de la tormenta y eso me daba una ventaja increíble. Desde la paz, podía comprender todo con más claridad. Recordé entonces una frase de *Un Curso de Milagros*, que leí hace tiempo que decía; "Cuando un hermano proyecta un ataque, está pidiendo ayuda". En un instante, salió una respuesta que fue contundente para él y para las personas que estaban alrededor del bullicio.

—En ese momento pude observar como esa respuesta le generó un pequeño *shock*, ya que solemos estar acostumbrados a recibir una reacción totalmente distinta ante una situación así.

—Quiero ayudarte, y te aseguro que entre los dos vamos a encontrar una solución, pero desde ese estado emocional no puedo comunicarme contigo.

Me di cuenta en ese momento, que no era mi ego el que estaba hablando. Literalmente tenía ganas de ayudarle. Algo distinto estaba guiándome en una situación en la que, en otro momento, no se me habría pasado por la cabeza. Era como soltar en control y permitirme ser guiado. Mientras el surfista seguía chillando, con un ritmo más suave, comprendí que necesitaba desahogarse por completo. A lo que le dije.

—Tranquilo, sé que necesitas desahogarte. Tómate tu tiempo, no me pienso ir.

Enseguida le propuse abonar la reparación de la tabla y hacerme responsable al 100% de lo que había ocurrido. Saqué mi móvil para apuntar su número e intercambiarnos los datos, y vi como un amigo suyo se acercó rápidamente con una predisposición de querer ayudar. En ese momento vi cómo la rabia que sentía se iba calmando, transformándose en un estado de cierto nerviosismo. De un hombre embravecido pasó a ser un niño inquieto al que le costaba sostener la mirada.

Percibí inmediatamente cómo la vergüenza y la culpa se manifestaban en él. En ese momento, mi mano se posó sobre su hombro, y le dije:

—No tienes por qué sentirte mal. No te juzgo por nada de lo que me has dicho. Sé que tienes un gran corazón, y comprendo tu reacción.

El surfista terminó por emocionarse y disculparse ante lo que había sucedido. Mis ojos no daban crédito a lo que estaba pasando. La situación se dio la vuelta por completo. Terminamos riendo los tres y despidiéndonos con un abrazo sincero. Justo en el momento en el que me estaba yendo, él se giró y me dijo:

—Ha sido una gran lección. ¡Gracias!

La sensación de júbilo y de expansión que sentía por dentro no podía explicarla, sólo podía disfrutarla. La gratitud que sentía en mi corazón era inconmensurable. En ese momento, supe a ciencia cierta, que Dios se expresó a través de Él agradecido por permitirme elegir al maestro correcto. Fue entonces cuando aprendí, que en esta vida siempre elegimos entre dos opciones ante cualquier situación: podemos ser rehén del ego, o anfitrión de Dios. Recuerda que el ego siempre hará una interpretación destructiva de cualquier acontecimiento. Y el Espíritu hará una interpretación constructiva del mismo acontecimiento. En este caso, al que permitas que guíe tus pasos en cada situación te mostrará un camino distinto. El ego nunca te llevará a experimentar la felicidad, siempre te dará lecciones que hablan de injusticias, de victimismo, de limitación, de escasez, y de todo aquello que es totalmente opuesto a las características de lo que en verdad Eres.

La lucha que estamos librando constantemente es con nosotros mismos. El conflicto que tenemos está basado en la confusión de por cuál de las dos voces decidirnos. Decidirse por una sola voz no implica sacrificio. Lo que es agotador es mantener con vida ambos sistemas de pensamiento constantemente. El miedo se alimenta con miedo. Pensar que se pueden arreglar las cosas desde el ataque, la huida y el bloqueo es un síntoma de locura. La única respuesta posible para corregir el conflicto no puede proceder del conflicto. Por tanto, la única respuesta posible es el Amor.

Enseña más bien tu perfecta inmunidad, que es la verdad acerca de ti, y date cuenta que no puede ser atacada. No trates de protegerla, pues, de lo contrario, creerás que es susceptible de ser atacada.

UCDM T6 I_6:4

Enseña solamente amor, pues eso es lo que Eres.

En los siguientes capítulos descubriremos el nacimiento del ego en este mundo, y como fue cobrando fuerza a través de la experiencia. De este modo es como podremos viajar al pasado no para perpetuarlo más a través del presente, sino más bien para liberar al pasado que invade tu presente, dando paso así a un nuevo futuro. Ese es el mármol que debemos quitar para que podamos descubrir la escultura perfecta que se esconde tras el bloque gigante de piedra.

5.5.- Preguntas que te cambiarán la vida

Es a través de cambiar tus preguntas como pueden llegar respuestas distintas a las que recibes. Es la inercia de tu
diálogo interior la que debes cambiar cuanto antes si es que
quieres salir del bucle repetitivo en el que te encuentras. No
abrirte a nuevas preguntas es esclerotizarte a través de tus
pensamientos estancos. Siempre que te hagas una pregunta
hallarás respuesta, ya que ninguna idea abandona su fuente.
Pregunta y respuesta están unidas como causa y efecto.
Por tanto, la pregunta y la respuesta son las dos caras de la
misma moneda, siendo una en su totalidad. No son dos cosas
distintas sino una y la misma. Causa y efecto se dan siempre al mismo tiempo. Si decides emprender tu aprendizaje
haciendo preguntas que nacen del miedo o el victimismo,
estarás invocando al maestro de la pequeñez y traerá consigo
respuestas inmediatas de aquello que has pedido. Creerás en
las respuestas sin dudar, pues ese era tu objetivo y la mente
alcanzará todo aquello que te propongas sin fallarte jamás a
tu voluntad. Por ejemplo, pongamos que llevas tiempo sin
tener una relación de pareja y desearías compartir tu vida
con alguien que nunca llega a tu vida. De aquí pueden
nacer tan solo dos tipos de preguntas: las que nacen del
miedo y las que nacen del amor. Y, como ya sabes, cada una
te llevará a tener una perspectiva del mundo radicalmente
distinta. Si te haces preguntas del tipo: *¿algún día encon-
traré pareja?* o *¿Por qué los demás tienen pareja y yo no?*,
estarás proyectando una pregunta que lleva intrínseca la
semilla de **no mercer**, la creencia en que las cosas son difíciles de conseguir para ti, y de ser algo que está por debajo
del resto. Esta base nace de una idea victimizada acerca de
ti, y la respuesta que trae consigo esta pregunta se te dará

en forma de experiencia, satisfaciendo así la pregunta por la que te has declinado. Si por el contrario decides cambiar la naturaleza de la pregunta, la respuesta que recibirás será radicalmente distinta, y con ello, la experiencia que trae consigo. Por ejemplo, podrías preguntarte: ¿qué estoy evitando al no abrirme a una relación? ¿Qué beneficio he ocultado al decidir estar solo y no comprometerme con nadie? ¿Qué tendría que sacrificar si me abro a una relación que aún no estoy dispuesto a soltar? Si este es tu caso, tal vez tus deseos de relacionarte con una persona te engañen y te hagan creer que tú no estás evitando nada y que estás totalmente abierto a una relación, pero no debes olvidar que es imposible vivir una experiencia externa a tu mente y ajena a tu voluntad.

Si te fijas, la naturaleza de estas preguntas son radicalmente distintas entre sí. Las primeras preguntas conllevan intrínseca la idea del victimismo, reforzando de este modo en ti la idea de que eres impotente ante lo que sucede, que no eres suficiente y que nada tienes que ver tú en todo esto. La segunda tanda de preguntas conlleva intrínseca la idea de responsabilidad, llevando de este modo la comprensión a tu mente de que lo que sucede fuera es la consecuencia de lo que sucede dentro, y que está en tu mano poder cambiar las circunstancias. Recuerda que todo lo que pidas se te dará inevitablemente. Te invito a que traslades a un papel el listado de preguntas más recurrentes que te haces al día, y que llevas haciéndote durante meses, incluso años, y posteriormente que revises la naturaleza de la que proceden dichas preguntas. Si escudriñas bien tu mente y haces bien el ejercicio, te darás cuenta de la naturaleza pesimista y limitante de la que nacen dichas preguntas. Una vez trasladadas al papel, traza una línea divisoria y formula dichas preguntas de nuevo desde una visión de responsabilidad.

A continuación te voy a dejar una pequeña lista con algunos ejemplos de preguntas que nacen de una naturaleza victimista basada en el miedo para que te ayude a identificarlas con más claridad:

- ¿Por qué siempre me pasa esto a mí?
- ¿Por qué todo es tan difícil?
- ¿Por qué todo me resulta complicado?
- ¿Qué tengo que hacer para que esto deje de pasarme a mí?
- ¿Si me voy de aquí solucionaré mi conflicto?
- ¿Qué estarán diciendo de mí?
- ¿Por qué no me hace caso (nombre)?
- ¿Por qué siempre me tocan todos los malos a mí?
- ¿Será que esto es lo que me toca vivir a mí?
- ¿Qué culpa tengo yo de haber nacido así?
- ¿Por qué no puedo comprender nada de lo que me pasa?
- ¿Por qué a mí no me llegan las respuestas que estoy buscando?

Ahora te voy a dejar otra pequeña lista con algunos ejemplos de preguntas que nacen de la responsabilidad, y que te ayudarán a descubrir respuestas auténticas que tengan la capacidad de reconducirte hacia otra dirección. Estas preguntas te ayudarán al principio, pero contienen la intención de que seas tú el que aprenda a hacer la pregunta adecuada en el momento oportuno:

- ¿De qué estoy huyendo en esta situación?
- ¿Qué es aquello que no quiero ver de mí?
- ¿Qué aspectos son los que rechazo de mí?
- ¿Cuándo me siento atacado por los demás? ¿De qué me defiendo en realidad?

- ¿Qué me faltó para ser más respetuoso o para sentirme más respetado, por mi pareja o por los demás?
- ¿Cuál es el beneficio oculto que obtengo de satisfacer siempre a los demás?
- ¿Ya es momento de soltar qué en mi vida?
- ¿Ya es momento de comenzar qué en mi vida?
- ¿Qué es eso que tanto tiempo llevo postergando hacer? ¿Qué estoy evitando al no hacerlo?
- ¿Qué podría hacer por los demás que no estoy haciendo? ¿Qué me impide hacerlo?
- ¿Estoy copiando la vida de alguien de mi familia?
- ¿A quién me parezco en carácter y en personalidad? ¿Me molesta que me digan que me parezco a esa persona?
- Eso que no soporto de esta persona, ¿en qué aspecto de mi vida estoy siendo eso yo también?

Solo al abrirte a cambiar la naturaleza de las preguntas estarás cuestionando tu sistema de pensamiento en sí. Y al hacerlo te estarás dando permiso a recibir respuestas nuevas que den un golpe de aire fresco a tu vida. Cada pregunta que te haces te aleja más de ti o te acerca más a ti. Créeme, comenzar a relacionarte cada mañana, replanteando este nuevo listado de preguntas cada día mientras vas abandonando a su vez las anteriores, te garantizo que comenzarás a ver, más temprano que tarde, una transformación visceral y radical en tu enfoque. Elegir la pregunta correcta es invocar al maestro correcto. Y al invocar al maestro correcto estarás decidiendo abrirte a aprender aquello que necesitas en este momento.

Capítulo 6

El ego

Creo que a veces nos metemos tanto en el personaje que nos hemos creado acerca de nosotros mismos que realmente se nos hace muy difícil desprendernos de él, de cambiar el rumbo de una inercia que parece dirigirse inevitablemente a un abismo, como si de una fuerza sobrenatural se tratase, llegando a sentirnos víctimas de nosotros mismos. La realidad es que hay muchas personas que llegan hasta el final de este modo, dejando este mundo sin haber conseguido liberarse de esa falsa identidad que ha ido creciendo siempre a su lado a lo largo de los años, como si de su propia sombra se tratase. De algún modo, todos anhelamos nuestra propia liberación, nuestra propia ausencia. No una liberación de nada exterior, sino la liberación de nosotros mismos. Descansar de la idea absurda que hemos creado acerca de quiénes somos y que nos esforzamos a diario por mantener con "vida" cueste lo que cueste.

Jim Carrey
Fragmento del documental *Jim y Andy*

6.1.- Deshazte de aquello que te sobra

El ideal de belleza masculina está representado en la famosa escultura del *David* de **Michelangelo**. La perfección en forma de cuerpo esculpida en 5,17 m de altura sobre mármol blanco que realizó entre 1501 y 1504. El *David* es una de las obras maestras del Renacimiento según la mayoría de los historiadores, y una de las esculturas más famosas del mundo. *El David* nos dejó grandes enseñanzas. Nos enseñó que la perfección se pone de manifiesto cuando pones atención en el mundo de lo pequeño, o de lo desapercibido, o del mundo de lo que no se ve.

> *La perfección no es cosa pequeña,*
> *pero está hecha de pequeñas cosas.*
>
> Michelangelo Buonarroti.

Un día, le preguntaron cómo podía llegar a construir esa escultura tan perfecta, a lo que él contestó que esa perfección no la creó él, sino que ya se encontraba debajo de todo ese bloque de mármol. Él solo la descubrió. Lo único que hizo él fue quitar aquello que sobraba para que la perfección que se escondía dentro pudiese expresarse.

Del mismo modo pasa contigo. Tienes un Ser perfecto dentro de ti, que alcanza una gran magnitud, radiante y puro, que está esperando a ser descubierto y manifestarse en el mundo de lo visible, para que experimentes la vida a través de Él. Pero para ello, deberás despojarte de toda idea de pequeñez que tienes acerca de ti. Poner atención en los detalles, en el mundo de lo que no se ve, en tu universo mental y emocional, en el mundo de las creencias y pensamientos.

Deberás prestar atención a esas pequeñas cosas que suceden cada día en tu mente. Convertirte en observador de lo que sucede dentro de ti, y despojarte de todo aquello que habla de un sistema de pensamiento basado en limitaciones, injusticias y necesidades, para dar paso a un sistema de pensamiento basado en la grandeza, las posibilidades y la perfección. Solo entonces La Figura aparecerá ante ti y ante los ojos del mundo.

La Grandeza es algo que realmente existe en todos nosotros. No es algo alcanzable para unos e inalcanzable para otros. El coraje lo posee todo el mundo, pero solo lo experimentarán aquellos que se enfrenten a sus miedos.

6.2.- ¡Gruuu! Mi villano favorito

Un mundo de ilusiones es un mundo ilusorio. Vivir en ilusiones es vivir en un mundo de fantasías y esto siempre conlleva un estado de desilusión y frustración debido a que, tarde o temprano, terminas por darte cuenta de que aquello en lo que creías no era cierto, sino una expectativa particular que se derrumba con la misma facilidad que un castillo de naipes.

Toda expectativa es un sustituto de la verdad que te conducirá inmediatamente al mundo de las ilusiones y de la desesperación. Ilusión y desilusión son las dos caras de la misma moneda. Son la causa y el efecto del mismo error de percepción. Es el recurso que la mente necesita para negar la verdad y poder experimentarse en el mundo de lo que no es. Por lo tanto, **lo opuesto a las ilusiones no es la desilusión, sino la verdad.** Esto significa que no conoces lo que ves, sino que lo juzgas creando dibujos e imágenes en tu mente para dar un significado muy particular a lo que te rodea, a todo lo que ves e incluso a todo lo que sientes, basándote en tu pasado para dar significado a lo que ves en el presente. De este modo niegas el presente y extiendes el pasado, haciendo que el futuro se repita una y otra vez. ¿De dónde si no tu mente iba a sacar la referencia de lo que ve, si no es del pasado? **La necesidad de recrear estas imágenes en la mente, es un deseo inconsciente de querer que el pasado se siga extendiendo en el presente.**

Cada uno tenemos nuestro propio punto de vista particular de las cosas, pero todos experimentamos el mismo error de base. Todo gira en torno a una idea raíz. Imagina que pones en un proyector de cine una película de acción. Todo lo que vas a ver proyectado en la pantalla girará en torno a ese tema en concreto. Lucha, conflictos, traiciones, muerte, ganadores, vencidos, derrotas victorias, momentos de calma antes de volver a nuevos momentos de lucha, etc. Ahora imagina que la identidad que has fabricado acerca de ti mismo es la cinta de video, el proyector de cine es un mecanismo de tu mente que proyecta todos los pensamientos que tienes acerca de ti en la gran pantalla de cine. ¡Tu vida!

Para dar significado a lo que ves debes basarte en una idea que has fabricado primero. La idea de lo que crees que eres. Esa idea fue concebida en el pasado. Por tanto, todo lo que ves, aunque creas que es real, ya ha pasado. Todo lo que ves no es tal como lo ves. Podríamos decir que, todo lo que ves es lo que quieres ver. Tu mente confusa está usando el exterior no para comprenderlo y descubrirlo, sino que lo usa para reafirmar la idea limitada que tienes acerca de ti mismo. ¿No te das cuenta que estás proliferando a gritos que la vida tiene que ser según tu limitado punto de vista dictamina que tiene que ser?

¿No es acaso esto la mayor de las arrogancias que jamás hayamos llegado a conocer como seres humanos? Hasta los que dicen que son personas humildes están confundidos con lo que realmente son, y con el verdadero significado de humildad. Y no se dan cuenta de su arrogancia al decir que son muy buenos a pesar de lo mal que les trata la vida. No se han dado cuenta que han confundido la verdadera humildad con la autodegradación. Esas personas no son humildes, están siendo arrogantes al pensarse como seres limitados y no merecedores de lo que les pertenece por lo que verdaderamente son. ¿Puedes imaginarte a un águila dando pequeños saltos por los bancos de los parques, persiguiendo cada día migas de pan que tiramos al suelo para llevarse algo a la boca? Un perro que pasea por allí, se acercaría a ella y le preguntaría:

- Perdona, ¿qué estás haciendo?
- ¡Gruuuu!, estoy comiendo.
- ¿Cómo que estás comiendo? ¡Pero si tú eres un águila! ¿Se puede saber por qué haces comiendo migajas del suelo?
- ¡Gruuuu! ¡Qué va hombre! No digas eso, por favor. ¡Gruuuu! No merezco tal honor. Yo soy una paloma, como todas las demás. ¡Gruuuu! Soy humilde y buena.
- Tú estás es como una cabra y lo que tienes es un problema. ¿Acaso no has visto tus alas, tus garras y tu largo pico? Amiga, tú has nacido para volar alto y reinar en los cielos, que es el verdadero lugar donde tc corresponde estar.

Esta idea limitada que tienes acerca de ti mismo, resultado de una mente que vive la confusión acerca de sí misma, es el verdadero villano con el que tendrás que lidiar tu gran batalla por la libertar y por la justicia de lo que te has hecho a ti mismo.

Toda persona que se identifica consciente o inconscientemente, con alguien torpe, incapaz, escaso, insuficiente o víctima, todo lo que verá a través de sus gafas de ver el mundo, hablará de las dificultades de la vida, la mala suerte y la desigualdad, de la incapacidad, de la frustración y del odio hacia sí mismo. De este modo, la mente seguirá creando acontecimientos y buscando símbolos que den pleno significado a la idea existencial de "quién soy", para poder seguir reafirmándose en todo momento. Pues, de lo contrario, la idea que has fabricado acerca de quién eres no podría ser experimentada y, por lo tanto, sería abandonada.

Por ejemplo, si tu padre te dijo en algún momento, o de manera repetida; "¡qué torpe eres hijo!", tu mente inocente, al no comprender qué significa "ser torpe", recreará acontecimientos para experimentarse como torpe y descubrir así el significado de "ser torpe", a través de la experiencia. De este modo empiezas a experimentar cómo se te caen las cosas a menudo, cómo te cuesta resolver cosas más que a los demás, y verás a otros niños superhabilidosos que usarás para poder reafirmar que "eres torpe". El problema emerge cuando acabamos añadiendo la experiencia de "ser torpe" como parte de nuestra identidad real. Acabamos apegándonos a esa idea y nos cuesta soltarla, ya que llevamos tanto tiempo con ese disfraz que la mente ha terminado por asociar que tú eres el disfraz. Por lo tanto, quitártelo significaría la muerte.

Del mismo modo que el gusano de seda tiene que pasar por una muerte simbólica, dejar atrás su viejo personaje que iba arrastrándose por el suelo, para transformarse en un ser con alas, el ser humano también tendrá que terminar por abandonar la identidad de gusano que cree ser, vivir su aislamiento en el capullo de seda y, tras pasar un tiempo consigo mismo, romper con sus nuevas alas la crisálida y experimentar su metamorfosis, y comprender su vida desde las alturas.

El problema que tienen muchas personas, es que se sienten muy cómodas arrastrándose por la vida para despertar compasión, y así recibir la atención que buscan. Y otros, deciden dar el paso, se pasan a la fase de capullos, y se quedan siendo capullos toda la vida. Los segundos se pensarán más avezados que los primeros, de lo que no se dan cuenta es que, tal como hacen los primeros, ellos también se sienten cómodos en un estado que no es su estado natural. Por lo tanto, están cometiendo el mismo error de confusión que los primeros.

Pocos son los que deciden aceptar su destino y vivir su transformación hasta el final. No es malo vivir la experiencia de gusano de seda, ni de capullo. Lo que es una dicotomía es asociar tu identidad con una parte de tu viaje por este mundo, apegarte a esa idea y quedarte estancado ahí toda una vida, defendiendo con uñas y dientes todo aquello que te empuje a salir de ese estado. Mantener esta idea que tienes acerca de quién eres, conlleva que inviertas una grandísima cantidad de esfuerzo y energía en todo momento aunque de manera imperceptible, ya que requiere que estés en una postura de defensa en todo momento. Pues querer que las cosas se den de la manera que tú quieres, contiene intrínseco el precio del desgaste tanto a nivel mental, emocional y físico.

Tu mente está absorbida con pensamientos del pasado. Esta idea es, obviamente, la razón de que veas únicamente el pasado. En realidad nadie ve nada. Lo único que ve son sus propios pensamientos proyectados afuera. El hecho de que la mente esté absorbida con el pasado es la causa del concepto erróneo acerca del tiempo de que adolece tu visión. Tu mente no puede captar el presente, que es el único tiempo que hay. Por consiguiente, no puede entender el tiempo, y, de hecho, no puede entender nada.

UCDM. L8_1:16

Solo al comprender que lo que estás viendo en el presente es la proyección de una absurda idea construida en el pasado, con la que llevas tanto tiempo relacionándote con ella, y con la que has llegado a forjar una falsa identidad acerca de ti mismo, te ahorrará mucho tiempo, esfuerzo y sufrimiento, a la par que te catapultará hacia un estado de conciencia más elevado inevitablemente.

6.3.- El ego

El concepto que tienes acerca de ti mismo es tuyo. Esto quiere decir que nada ni nadie puede pensarte por ti. Es decir, el propio punto que tienes acerca de quién eres lo eliges tú y sólo a ti te corresponde cambiarlo. Nadie puede obligarte ni liberarte de la imagen que has forjado acerca de ti mismo. Tal vez te preguntarás ¿por qué debería cambiar el punto de vista que tengo acerca de mí? ¿Por qué no puedo tener lo que quiero sin cambiar lo que creo que soy? Sencillamente, porque no puedes tener aquello que no eres. Para el ego, tener y ser son dos cosas distintas, pero para el espíritu, tener y ser van de la mano. ¿Acaso tendría sentido que una persona que cree que es víctima del mundo, tenga paz y relaciones basadas en la armonía?

No puedes percibir nada de lo que ves sin que lleve intrínseca en todo momento la pregunta "¿quién soy?".

Desde que has nacido, siempre te has estado relacionando con esta pregunta. Y de tu respuesta ha nacido todo un mundo ante ti, para que esa idea que has construido acerca de quién eres pueda ser expresada y puedas verla con tus propios ojos ante ti. ¿De qué manera sino ibas a poder reafirmar la idea que has construido acerca de ti?

Tal como un hombre piensa, así será su vida. Cada cosa te afectará de una determinada manera, y nunca te afectará exactamente de la misma manera que al resto. Puede que sea parecida, pero no exactamente igual. Ni tan siquiera te afectará exactamente igual en días distintos. ¿Cuál es entonces ese punto de referencia interior, al que tanta credibilidad otorgas, cuando ayer te dijo una cosa, hoy te dice otra y mañana te dirá otra? ¿Y sobre qué basa su interpretación cambiante acerca de lo que ves? Obviamente, solo la parte de tu mente que duda acerca de quién eres cambia constantemente de opinión ante los acontecimientos. Y es justo a esa parte a la que le preguntas en todo momento buscando una respuesta que satisfaga tus necesidades. ¿Y quién sino el ego es el que tiene dudas acerca de quién eres? El espíritu tiene certeza de tu identidad, por eso no duda de ti, ni de tus capacidades. Siempre que dudas ante una situación, ten por seguro que has preguntado al maestro incorrecto.

Comencemos por abrirnos a este sencillo concepto. **Lo que piensas que eres, y lo que sientes cuando piensas en lo que eres, sea lo que sea que signifique eso para ti, no guarda relación alguna con lo que realmente Eres.** Por decirlo de otro modo, todo lo que has aprendido en el pasado acerca de lo que eres, cualquier idea que tengas acerca de ti, cualquier percepción que hayas hecho y sigas haciendo en torno a tu identidad, no es cierto, no lo ha sido y jamás lo será.

No hay conflicto que no entrañe la simple pregunta: "¿Qué soy?" Mas ¿quién podría hacer esta pregunta sino alguien que se ha negado a reconocerse a sí mismo? Solo esta negativa a aceptarte a ti mismo es lo que hace que la pregunta parezca sincera. Lo único que cualquier cosa viviente puede saber con certeza es lo que ella es. Desde esta perspectiva de certeza, contempla otras cosas que tienen tanta certeza como ella misma.

UCDM L139_1:6 y 2:1-4

El ego es la creencia de ser algo que no eres. También hemos hecho mención anteriormente a que no existen pensamientos neutros, sino que pueden proceder o bien de un sistema de pensamiento libre de conflicto, o bien todo lo contrario. Al operar en el nivel de la mente, todo pensamiento es causa, y toda causa siempre tiene efectos. Esto quiere decir que todo pensamiento tiene que cobrar forma en algún nivel. ¡En esto no hay más opciones!

Es bueno recordar que no depende de ti si tus pensamientos van a tener consecuencias, pero sí depende de ti poder decidir con qué calidad de pensamientos deseas alimentar tu mente a partir de este mismo momento. Si el concepto del ego está basado en la idea de que tú eres un ser separado de Dios y del resto del universo, ese pensamiento te llevará a vivir una singular experiencia basada en el conflicto y la separación. ¿Qué mente no tendría miedo si se pensase como algo distinto a todo lo que ve?

Cuando llegaste a este mundo, viniste con los recursos necesarios para vivir esta experiencia humana. Y para poder vivir una experiencia de cubito de hielo, tu mente necesitaba llevar los pensamientos a un nivel de densidad de tal extremo que esa idea pudiese cobrar "vida" en el mundo de las formas. ¿Recuerdas que toda la materia está formada por quarks, y estos están compuestos de información? Tu cuerpo es, por tanto, un pensamiento denso y compacto. Jamás nos han enseñado a ver al cuerpo desde este punto de vista, pero lo cierto es que si pudieras observar tu cuerpo desde un gran microscopio de muchísima capacidad, verías que tu cuerpo es un campo de energía, por el que millones de partículas diminutas que tus ojos no perciben, lo atraviesan cada día.

De este modo es cómo tu mente puede experimentarse como algo diferente del resto y "vivir" la idea de algo que no es. Pero para ello no sólo bastaba con un cuerpo con el que poder diferenciarte de otros cuerpos, sino también necesitaba creer en la idea de ser alguien único y diferente del resto, y para ello, solo podía conseguirse si tu mente se olvidase completamente de tu verdadera identidad. Al negar tu verdadera identidad tu mente se vio obligada a "desconectarse" de su fuente, y abandonar su sólido sistema de creencias donde reina la certeza y el conocimiento, y donde no hay separación ni diferencia alguna entre tú y tus hermanos. Al negar dicho sistema de pensamiento, tu mente tuvo que dar paso forzosamente a un nuevo sistema de creencias basado en la incertidumbre, que le permitiese ver un mundo donde poder reafirmar que la idea de ser algo separado, y por tanto diferente del resto, fuese "real".

Tener incertidumbre con respecto a lo que indudablemente eres es una forma de autoengaño tan monumental, que es difícil concebir su magnitud. Estar vivo y no conocerte a ti mismo es creer que en realidad estás muerto. Pues, ¿qué es la vida sino ser lo que eres? Y ¿qué otra cosa sino tú podría estar viva en tu lugar? ¿Quién es el que duda? ¿De qué es de lo que duda? ¿A quién le pregunta? ¿Quién le puede responder?

UCDM L139_3:1-7

¿De qué modo podrías mantener "viva" en tu mente la idea limitada de tu caprichoso deseo de ser único y especial frente al resto de tus hermanos, sino a través de olvidar quién eres, de pensarte como un cuerpo para poder experimentarte como algo separado del resto, y del escenario del mundo de los cuerpos para poder reafirmar las creencias basadas en la separación y las diferencias? ¿Y de qué modo podría tu mente negar el mundo real, si no es sumergiéndose en un sueño y creyendo que la ilusión es la verdad y la verdad la ilusión?

La nada y el todo no pueden coexistir al mismo tiempo debido a su naturaleza contradictoria. O bien crees en uno o bien lo haces en el otro. Y aquello por lo que te decantas será la respuesta que verás con tus propios ojos. Es importante conocer cómo operan los principios de disociación para comprender la naturaleza y el funcionamiento de esa maquinaria formidable a la que llamas mente, y que tiene la capacidad de mostrarte todo aquello en lo que decidas depositar tu fe. **Cuanto más te identificas con una cosa, más distancia adquieres con la parte contraria.** Por ejemplo, cuanto más afín eres con un partido político, menos aceptas las ideas del partido político contrario y menos te identificarás con eso. O cuanto más te identifiques con una religión específica, más te cerrarás en conocer la base de las demás religiones. Aunque las ideas que escuches te beneficien directamente, digan lo que digan, sea cierto o no, las rechazarás sin miramientos y sin dudarlo por un segundo. De este modo es como creas una identidad y un sentido de pertenencia, a costa de crear una brecha entre eso a lo que llamas *"tú"*, y lo que llamas *"los demás"*. Y así es como la idea de la separación y de las diferencias entre unos y otros cobra forma, dando paso así al mundo del ego y de lo dual.

Del mismo modo ocurre con tu identidad. Conforme más vas tomando conciencia en este mundo dual, más te vas identificando con un cuerpo individual y más te vas separando o disociando de la totalidad y, por consiguiente, más te alejas de tu estado original o *Self*. Ese *Self*, se encuentra en ti, pero no lo recuerdas. Lo anhelas inconscientemente y en todo momento porque una parte muy profunda de ti mismo recuerda el verdadero significado del Amor, y el estado de paz y armonía del que procede.

Todo acto que llevas a cabo lleva intrínseca la búsqueda de la felicidad. ¿Cómo puede ser posible que estés buscando algo que no sabes lo que es, ni has visto jamás? ¿Será que hay una parte de tu mente que recuerda muy vagamente eso que buscas? Si lo recuerda, ¿será que lo conoce de alguna manera? De ser así, ¿quién es el *"tú"* que reconoce eso que buscas? Una vez llegas aquí, pasarás la vida entera, de manera instintiva e inconsciente, buscando el estado original del que procede. En esta primera fase irás conformando tu propia identidad de manera inconsciente construyendo el *"tú"* que crees ser ahora. Al no tener filtros, comenzarás a interpretar cualquier acontecimiento sin ningún tipo de referencia con la única finalidad de construir una identidad en base a como interactúa el exterior contigo. Mientras, a su vez, lidias con dos objetivos que proceden de tu instinto de supervivencia más primario: la necesidad de sobrevivir y la de ser aceptado por los demás.

Desde el momento en el que naces, comienzas a experimentarte en un cuerpo que interactúa con otros cuerpos. Cuanto más tiempo pasa, más vas siendo consciente de tu cuerpo y más vas desarrollando una personalidad. Tu mente se irá familiarizando cada vez más con ese vehículo, y todo tu mundo girará en torno a esa idea.

Por ejemplo, imagina un niño que le llamaremos Daniel. Éste se encuentra desayunando con su familia un día entre semana, y el niño mientras juega inocentemente termina por tirar el vaso de leche del desayuno sobre la mesa. Éste se le acaba derramando al padre en los pantalones del traje, haciendo que se tenga que cambiar y que llegue tarde a su trabajo. El padre, proyectando su impotencia sobre su hijo, en un acto inconsciente reactivo le grita: "¡Hijo, eres un desastre! Me has puesto perdido ¡¡Mira que torpe eres!! ¡A ver si aprendes de tu hermano que nunca hace nada! En un solo acontecimiento, Daniel tiene que afrontar varias premisas en esta situación:

- **La primera** es que está asociando una experiencia con su propia identidad, "cómo se me ha caído un vaso sobre mi papá, demuestro que soy torpe".
- **La segunda** es la comparación que hacen entre él y su hermano, lo cual genera más separación en la mente del niño ya que hace que se convierta en algo especial al resto, y por consiguiente, una competitividad inconsciente con su propio hermano y con otras personas.
- **La tercera**, aprenderá que cometer un error es defraudar a papá o a los demás.
- **La cuarta**, es comenzar a incorporar la culpa y la vergüenza a su vida. De este modo el niño comienza a vivir experiencias en las que verá a otros "niños desastre" como él, situaciones en las que se le caigan las cosas repetidamente, y también se encontrará a su polaridad, otros niños altamente eficaces y super-habilidosos a los que, o bien generará cierta admiración hacia ellos o bien terminará por odiar.

Y así comenzará a vivir una serie de sucesos hasta el punto en el que diga, ves, tenía razón. "Soy un desastre". Entonces es cuando en una edad más adulta salen las frases del tipo "¡qué le voy a hacer si yo he nacido así!".

Los niños gozan de un estado más inocente, prácticamente libre de conflictos, ya que se encuentran muy cerca del estado de origen. Será este mundo el que se asegure de enseñarles todo el sistema de pensamiento basado en los principios del caos, la escasez, el conflicto y la separación, e irá integrando dichos aprendizajes en su mente en mayor o menor medida, según el grado de compromiso y fe que deposite sobre dicho sistema de pensamiento. ¿Te imaginas a dos niños de tres años, uno blanco y otro negro, siendo racistas el uno del otro en lugar de jugar entre ellos? Su naturaleza es amorosa, pero ya se encargarán sus padres de enseñarles a quién tienen que odiar para protegerse y estar seguros, del mismo modo que ellos lo aprendieron de sus padres, confundiendo así el odio con protección y el amor con conflicto. Esta es la característica de nuestra mente invertida en este mundo.

Cuando más te adentras en el mundo dual y vas haciéndote adolescente, más te separas de la totalidad. No es ninguna casualidad, como nada de lo que sucede en el universo, que tus hormonas se disparen y comience a nacer en ti el deseo sexual justo en ese momento. Es decir, cuanto más vas siendo consciente del cuerpo, del género que eres, hombre / mujer, tus gustos se irán acentuando. Cuanto más vas polarizando tu alma, más te vas identificando con la parte contraria de ese algo, la cara opuesta de una misma moneda, mientras te has desidentificado absolutamente de la parte contraria. Justo aquí es cuando las hormonas generan un estallido que implosionan en el cuerpo. Esto sucede como respuesta automática para impulsarnos a la polaridad contraria con la que nos identificamos. Generando así una fuerte atracción que nos dé la oportunidad de conectarnos esa parte que hemos negado de nosotros a través del "otro", y de este modo mantener "cierto equilibrio" en nuestra mente dual o dividida.

Por ejemplo, si una mujer se identifica con lo femenino, con lo sensual, con la delicadeza, lo que va dejando en la sombra es toda la energía masculina. Entonces, a medida que dicha mujer se va conformando y cada vez va teniendo más identidad como mujer, lo que necesita para equilibrarse su polaridad, es un hombre con características fuertes, seguro, explorador, aventurero, etc. Es decir, todo lo que ha ido dejando de lado en el fondo de su sombra, para que recuerde siempre que ella también es lo otro.

Es una forma de vivir la unidad o la compleción dentro de la dualidad. Es la forma en la que buscas inconscientemente volver a sentir la totalidad de la que tu mente procede. De no ser así, experimentarías la experiencia de la dualidad desde un desequilibrio total, por tanto sería una experiencia insostenible, al ser insostenible dejarías de darle valor y al dejar de valorarla desaparecería completamente. Es por eso por lo que a mayor separación, cuando más te polarizas en cualquier extremo, mayor atracción genera irse hacia el lado contrario. Esta es la manera que la vida, en este mundo dual, nos da la oportunidad de que aprendamos a aceptar nuestra totalidad a través del otro. Es, de este modo, como puedes comprender que siempre que te relacionas con el otro, en realidad te estás relacionando con una parte inconsciente de ti que se manifiesta en forma de "otro". Pero, tal y como afirma UCDM, ¡el otro no existe! Es todo una proyección de tu mente.

Por eso, en nuestras relaciones se esconde nuestro mayor aprendizaje, pues tras "el otro" es como puedes encontrarte a ti mismo y recordar la totalidad que Eres y la Verdad de la que procedes. Este tema de polaridades lo abordaremos más en profundidad en los siguientes capítulos, y cómo afectan a los mecanismos de elección inconsciente de nuestras relaciones, así como lo que tenemos que aprender a través de todo ello. Tampoco es casual que a medida que van adentrándose en una edad adulta, tanto los hombres como las mujeres experimentan un cambio hormonal muy significativo. Las mujeres comienzan a experimentar una energía más masculina con la edad, y los hombres comienzan a experimentar una energía más femenina. Por eso vemos como muchas mujeres se vuelven más determinantes en cierto modo, y a los hombres se les ablanda el carácter.

El conflicto que puede aparecer en esta etapa, cuando nos resistimos a eso por nuestra estructura mental. Por ejemplo, a esa edad, este proceso corta el ciclo en la mujer para poder concebir hijos, función natural que lleva intrínseca en ella. Si la mujer asocia, por su estructura mental, educación y cultura, que al no poder tener hijos deja de ser útil en la vida, en la mente se manifestará un conflicto, que dará paso a su vez a experimentarse en el cuerpo la menopausia con connotaciones negativas. Si por el contrario, se vive con aceptación y una actitud positiva esta nueva fase, la menopausia puede convertirse en un signo de sabiduría, y el cuerpo no puede experimentar un conflicto si no ha sido primeramente experimentado a nivel mental. En este caso, dicha mujer debería abrirse plenamente a aceptar su segunda etapa en la vida, aceptar la energía masculina en ella y liberarse de las estructuras socioculturales que ha aprendido por el camino. Esa mujer podrá comprender que su valor no depende de una función biológica, sino que su valor va intrínseco en su Ser. Al entrar de nuevo en armonía con ella misma, los mecanismos funcionales de su aparato reproductor dejarán de mostrar irregularidades producidas por una desestabilización psíquico-emocional. De este modo, la vida nos da la oportunidad de vivir una experiencia desde el otro lado para poder comprendernos entre nosotros.

Y finalmente, entraríamos en la etapa de la vejez. Cuando más vas acercándote a una edad longeva, comienzas a asumir cada vez más que tu cuerpo tiene poco recorrido que hacer, por tanto el valor que le das merma poco a poco. Y a medida que esto sucede, vuelves a conectar más con lo espiritual, por la proximidad en la que te encuentras de tu *Self*. Esas mismas hormonas que se dispararon en la adolescencia se van apagando poco a poco y vuelvas a adquirir la mentalidad inocente de un niño, dejando de dar tanto valor al cuerpo y a los regalos que el mundo exterior te ofrece, y poniendo cada vez más atención al espíritu y a la certeza que tu mundo interior te da. Cuando decimos que los mayores se ablandan, sencillamente están permitiéndose abrirse al proceso inevitable de liberación, soltando de este modo todas las creencias de conflicto que habían abrigado en este mundo, junto con su orgullo y arrogancia de creer saberlo todo, dando paso a valores emocionales más elevados como son la bondad, la humildad, la contemplación, del ser y del estar presentes, en lugar de seguir obsesionados con el futuro y el pasado poca utilidad tiene ya para ellos, liberándose así de los verdaderos ladrones del aquí y el ahora que les hacían vivir en un mundo de ilusiones.

Uno de los conceptos más importantes que deberás aceptar tarde o temprano, es que el *tú* con el que llevas conviviendo y hablando toda tu vida, y con el que tanto te identificas, no es el verdadero Tú que realmente "Eres". No eres aquello que piensas, y Eres muchas más cosas de las que te han dicho, y al mismo tiempo no eres de nada de eso en absoluto. **La verdad de lo que Eres, trasciende todas las creencias que has aprendido acerca de lo que crees que eres.**

Tal como dijo Alejandro Jodorowsky, *"si quieres saber quién eres, deberás negar hasta tu nombre y apellidos"*.

6.4.- La gestación del ego

Como hemos dicho anteriormente, para poder experimentarte como cubito de hielo, necesitas dotarte de un vehículo, de una personalidad única y especial que irás adquiriendo con el paso del tiempo, y lo más importante, negar todo conocimiento y recuerdos de tu mente para no recordar quién eres realmente.

> *Las enseñanzas del mundo se basan en un concepto del yo que se ajusta a la realidad mundana. Y como tal, se adapta muy bien a ella. Pues es una imagen que encaja perfectamente en un mundo de sombras e ilusiones. En él se encuentra como en su propia casa, y todo lo que ve es uno con ella. El propósito de las enseñanzas del mundo es que cada individuo forje un concepto de sí mismo. Éste es su propósito: que vengas sin un yo y que fabriques uno a medida que creces. Y cuando hayas alcanzado la "madurez", lo habrás perfeccionado, para así poderte enfrentar al mundo en igualdad de condiciones y perfectamente adaptado a sus exigencias. Tú forjas un concepto de ti mismo, el cual no guarda semejanza alguna contigo. Es un ídolo, concebido con el propósito de que ocupe el lugar de tu realidad como Hijo de Dios.*

UCDM T31 V_1:1-7 y 2:1-2

Tus padres son la única puerta de entrada que tienes para llegar a este mundo. La formación del ego físico comienza por tanto desde el mismo instante en que comienza la gestación. Aunque se le suele dar cierta importancia a esta etapa, aún no se ha alcanzado a comprender ampliamente cómo puede llegar a condicionar esta fase en todas las experiencias futuras de un bebé. Cuando estás en el vientre de tu madre, aún no eres consciente de tu propio cuerpo, y es pronto para poder experimentar aún la separación, ya que al encontrarte dentro de ella, tu mente aún no puede distinguir todavía entre el *otro* y tú. Es en el embarazo donde adquirirás las bases de tus programas mentales con el que saldrás al mundo exterior, y que condicionarán tu modelo de pensamiento, gustos, relaciones, economía, salud, etc.

Cuando estás en el vientre de tu madre experimentarás por primera vez el mundo de las emociones físicas. Y serán justamente las emociones más recurrentes que sienta tu madre durante la gestación las más familiares para ti. Al asociar el vientre materno con el lugar en el que te encontrabas seguro y protegido, inconscientemente tenderás a recrear situaciones que puedan aportar esa dosis emocional que recibías en el vientre de tu madre, como si de un adicto en busca de su droga se tratase. Lo creas o no, somos más adictos a las emociones conflictivas de lo que podemos llegar a imaginar.

Debido al estado invertido y de la confusión de la mente, es fácil confundir la solución con el problema y el problema con la solución. Todo el mundo busca la felicidad, pero tenemos muchas dificultades al diferenciar entre lo que nos conviene o lo que nos hace daño. ¿Por qué si no una persona decidiría aguantar la experiencia de malos tratos durante largos años, por ejemplo? ¿Qué le lleva a pensar a esa persona que la decisión más correcta es quedarse agudizando el conflicto en lugar de irse? Si en última instancia nadie puede decidir por esa persona, la pregunta correcta que debería hacerse sería, ¿para qué quiero maltratarme durante tanto tiempo a través del *otro*? Del mismo modo, ¿cuántas veces has tomado una decisión que pensabas que era la más beneficiosa para ti, y se convirtió en la peor decisión que pudiste tomar? O, por el contrario, ¿cuántas veces te ha tocado vivir inevitablemente una situación que evitabas a toda costa, que te daba mucho miedo afrontar, y una vez experimentado sentiste una liberación increíble? Para conocer las bases del programa emocional que gobierna en tu vida, es importante no pasar por alto lo que sintió tu madre, que suponía tu llegada, y qué situaciones vivió durante tu embarazo.

Por ejemplo, generalmente las madres aceptan a sus hijos, pero no todos los hijos son buscados, muchos son una sorpresa. Por tanto, lo primero que experimentará ese niño es una emoción de rechazo. Si una madre siente rechazo ante el niño, ansiedades, miedos, expectativas de si será niño o niña, o cualquier otra cosa parecida, afectará directamente a la experiencia del bebé. Y, al ser emociones familiares para ese bebé, su mente inconsciente recreará situaciones a lo largo de su vida donde podrá volver a sentirse como en el vientre materno, ya que, como hemos dicho, el único recuerdo que tiene la mente de unidad y compleción es la etapa del vientre materno.

O por ejemplo, si en la época de embarazo, el papá y la mamá del niño tuvieron conflictos sexuales entre ellos, probablemente ese niño o niña reproducirá los conflictos que vivió durante su gestación en su vida adulta, para dar forma a ese conflicto no resuelto que llevará a su experiencia personal. Y de ese modo, ese niño irá creando una idea acerca de sí mismo basada en el conflicto, asociando de este modo el conflicto con la salvación. De este modo es como una mente invertida busca erráticamente el estado que anhela.

Con esto no se pretende que las madres se sientan culpables por lo que sintieron, o que los hijos culpen a sus madres por lo que experimentaron durante el embarazo. El objetivo es aportar luz y comprensión al para qué vives lo que vives, y que te des cuenta de que, de manera consciente o inconsciente, eres tú el que estás recreando situaciones en busca de algo que anhelas y no sabes cómo encontrar. Solo desde ese darte cuenta podrás recuperar la de redirigir tu vida por el camino acertado, cortando el cordón umbilical al que solo tú has decidido encadenarte, y liberarte de este modo del bucle de experiencia-emocional en el que te encuentras.

6.5.- La sustituta

Una asistente, a la que llamaremos Sara, apareció en uno de los cursos intensivos presenciales que estábamos celebrando en Madrid, llamado "Recuerda Quién Eres". Durante más de un día entero logró pasar totalmente desapercibida. Era literalmente como una sombra entre el resto de los asistentes, inclusive para sus compañeros a los que, cuando les pregunté si se habían dado cuenta de que Sara estaba en el curso, y muy pocos levantaron la mano. Cuando fui consciente de su presencia, esa intuición que nunca falla me hizo dirigirme hacia ella, diciéndome suave pero decididamente; *"ve, y descubre qué sucede en ella"*. Lo que sucedería a continuación fue algo que cambiaría su vida para siempre al darse cuenta de lo que estaba a punto de suceder.

Sara tenía una cara que mezclaba la expresión de ¡que alguien me salve! y ¡aléjate de mí! al mismo tiempo. Cuando me acerqué y tomé contacto visual con ella, pude ver el temblor de sus ojos, y antes de que pudiese mencionar palabra ya estaba llorando. Cuando le pregunté qué era lo que le sucedía, pocas palabras me hicieron falta para comprender los intentos de suicidio que llevaba en la espalda, los intentos frustrados de encontrar una solución, y la pérdida de esperanza que expresaba a gritos sus agotada mirada. Algo se pasó por mí que me llevó a preguntarle:

   Yo: ¿Cuántos hermanos tienes?

    S: Somos tres hermanos, dos mayores y yo soy la tercera.

   Yo: ¿Tu mamá tuvo algún aborto o perdió algún hijo?

    S: Sí, perdió un bebé de siete meses.

   Yo: Y ese bebé de siete meses que perdió, ¿lo perdió antes o después de tenerte a ti?

    S: Justo antes de tenerme a mí. Pero, ¿qué tiene que ver todo eso conmigo?

   Yo: El bebé que perdió tu mamá, ¿era niño o era niña?

    S: Era niña.

   Yo: ¿Y habían decidido tus papás cómo llamar a esa niña ya?

    S: Se iban a llamar Sara. Pero al final ese nombre me lo pusieron a mí.

Lo primero de lo que Sara se dio cuenta es de un detalle que llevaba pasando por alto toda su vida, y es que ella no era la tercera de los hermanos, sino la cuarta. Aunque su hermana vino a experimentar poco tiempo en este mundo y en esa familia, estaba compuesta por dos hermanos y dos hermanas, una de las cuales había fallecido a los 7 meses de gestación, pero era una vida que se había expresado en ese núcleo familiar. Y, la última, no solo estaba ocupando el tercer puesto que le correspondía a su hermana mayor, sino que además llevaba su nombre.

   Yo: ¿Cómo llevas sintiéndote durante toda tu vida?

    S: Como si no encajase en este mundo. De hecho nunca he sabido qué hago aquí, me siento como un bicho raro que nada tiene que ver con los demás decía Sara entre un mar de lágrimas, sin darse cuenta que el coraje estaba gobernando sus actos por primera vez al confesar sus miedos delante de cientos de personas desconocidas.

Yo: Qué tal han sido tus relaciones de pareja, si es que has llegado a tener?

S: Jamás he tenido una relación de pareja ni he pensado en esas tonterías. Siempre he tenido que hacer cosas más importantes, como ocuparme de mis padres y no he tenido tiempo para nada más.

Yo: ¿Alguna vez has pedido ayuda?

S: No, es la primera vez que lo hago. De hecho ni siquiera quería participar, pero te acercaste y…

Yo: ¿Nadie sabe de tu problema? ¿Ni siquiera tus padres?

S: ¡Mis padres! Quita, quita. Bastante tienen ya con lo suyo como para que yo sea otro problema más para ellos.

Yo: Ok, Sara. Voy a hacerte una pregunta directa. ¿Cuántas veces has pensado o intentado quitarte la vida? De repente se creó un silencio en la sala, mientras Sara cogía fuerzas para soltar una palabra antes de derrumbarse completamente.

S: Muchas, lo pienso cada día pero no tengo fuerzas para hacerlo. Pienso en lo que sufrirían mis padres si pierden de nuevo a otra hija.

En este caso, es de vital importancia comprender la intención desde el punto en el que Sara fue concebida. Pues, a nivel de intención oculta, no es una hija amada. No quiere decir que sus padres no la quieran, ni sientan amor hacia ella. Significa que, cuando fueron a buscar a Sara, literalmente estaban queriendo traer de nuevo a Sara. Ella, por tanto, es el recurso de sustitución que usaron sus padres para cubrir el vacío que dejó un conflicto que no supieron gestionar correctamente.

Por tanto, ella todavía no ha sido la cuarta hija, sino la sustituta. Y está representado literalmente la vida de su hermana fallecida. De ahí que no sepa dónde encajar, ya que, en su mente inconsciente, no sabe si ella es su hermana o puede ser ella misma. Ella sabía que sus padres, sobre todo su madre, sufrieron muchísimo con la pérdida de su primera hija y que, de algún modo, aún no lo habían superado. Ese tema seguía siendo tabú en su casa. Por lo tanto, no se podía permitir ser ella misma, ya que de hacerlo, incumpliría la función que se le había encomendado, y al dejar de representar a su hermana, por ende, sus padres volverían a sufrir. De ahí la culpa. Tampoco podía buscar pareja, ya que de hacerlo, abandonaría el nido y volverían a experimentar ese vacío que sigue pendiente de ser sanado por parte de sus padres. De ahí la negación.

Toda esa situación era como un callejón sin salida para ella en la que no se podía permitir la opción de pedir ayuda, ya que, para su mente eso significaba encontrar la solución. Y encontrar la solución era liberarse de ser lo que no era, por ende, de llevar el sufrimiento a su casa de nuevo. De este modo, Sara tenía un programa que le llevaba gobernando toda su vida que reza así: *"Si soy yo misma mis padres se mueren de dolor". "Tengo que negar lo que soy para que los demás no sufran"*. Al estar ocupando un lugar que no es el suyo, su mente está viviendo una confusión de identidad y de territorio, que se manifestará a nivel físico. Nunca encontraba un trabajo estable, ya que decía que no encajaba. Nunca tenía su grupo de amigos, ya que sentía que no era parte de ellos. E incluso nunca tuvo una relación más íntima con sus hermanos, que sí cordial, ya que sentía que era la oveja negra de la familia.

Un hijo está programado para despedir a sus padres cuando son adultos. Pero los padres no están programados ni preparados para despedir a un hijo, y menos de manera repentina. Esto llevó a los padres de Sara a apegarse al pasado, intentando reconstruirlo para cubrir el vacío que se había creado en sus mentes y en su corazón. Es un gesto de no aceptación que nace del miedo. Estos casos son más comunes de los que nos llegamos a pensar, pues abortos hay millones en todo el mundo al día. Y rara vez se le hace un duelo al niño que trae consigo esa madre, cuando nuestra mente está programada para despedir al ser querido que nos deja. Es una situación que llegamos a normalizar, pero el conflicto sigue existiendo en esa familia en forma de silencio, escondido en la sombra inconsciente familiar, y que condicionará su vida hasta que no sea resuelto.

En ese momento Sara comprendió muchas cosas. Tiempo después recibí un email con unas fotos en las que se encontraba Sara junto a sus padres y sus hermanos, en un espacio natural muy bonito donde habían ido con una carta de despedida a su hermana yacente. Sara tuvo el coraje de hablar con sus padres y explicar cómo se llevaba sintiendo durante toda su vida, lo que hizo que los padres tomasen conciencia de que su dolor se lo habían extendido como herencia a su hija pequeña. Una vez allí, leyeron todos la carta, expresando que siempre tendrá su hueco en la familia, y que su hermana pequeña ya no la representará por más tiempo, pues jamás habrá nadie que pueda sustituir a una o a la otra.

Después de eso, quemaron la carta y echaron al mar las cenizas, imitando un ritual que nuestra mente reconoce fácilmente. No hizo falta nada más. Poco tiempo después hablé personalmente con ella y no paraba de sonreír. Tenía un trabajo nuevo, sus padres comenzaron a hablar del tema con naturalidad, y había cambiado la relación que tenían entre todos. Además de todo eso, Sara me comentó que estaba conociendo a alguien por primera vez, y que, aunque fuesen muy lentamente, estaba sintiéndose como una quinceañera que comienza a descubrir el mundo.

Sara, por fin, comenzó a ocupar conscientemente el lugar que le correspondía en su familia, y a recuperar así todas las experiencias que su propia vida le había dejado pendiente por vivir hasta que ella decidiese dar el paso y aceptarse tal y como es.

Una vez más, "la oveja negra" de la familia terminó siendo el talismán que los salvó a todos.

6.6.- Creencias aprendidas

A medida que vas creciendo vas dando forma a la idea: ¿qué o quién soy? Y en base a ello, la mente irá recreando acontecimientos a través de los cuales poder reafirmar y alimentar la idea en la que tanto tiempo llevas invirtiendo.

Es importante abrirse a comprender que es imposible vivir una experiencia externa a tu mente, que nunca te relacionas con los demás, y que lo único que experimentas en esta vida es a ti mismo. Y no hay nada que no estés viviendo que no haya sido consecuencia de tu propia voluntad. Tu mente está creada para beneficiarte en todo momento. Si tu voluntad es vivir una experiencia conflictiva, consecuencia de depositar tu fe en un sistema de pensamientos basado en el miedo, siempre te conducirá hacia la mejor solución dentro de todas las posibles experiencias que nacen de la creencia en el conflicto, pero siempre que se decide por el conflicto el resultado será siempre el mismo.

Hay que entender que la solución de cualquier conflicto que estés decidiendo vivir, nunca se podrá alcanzar mientras sigas eligiendo entre los distintos niveles de irrealidad que el ego te ofrece, donde el conflicto siempre está garantizado. No te dejes engañar por la ilusión de que elegir entre el menor de los problemas es la solución a tus problemas, pues ¿qué mente que siga invirtiendo su fe en los símbolos de la injusticia podría experimentarse como completa? Es en la liberación del conflicto, en el nivel de la mente y no de la experiencia, donde realmente se puede resolver el problema definitivamente.

El mundo no ofrece ninguna seguridad. Está arraigado en el ataque. Y todos los "regalos" que aparentemente ofrecen seguridad no son más que engaños. El mundo no hace sino atacar una y otra vez. Es imposible gozar de paz mental allí donde el peligro acecha de ese modo.

UCDM L153_1:2-5

El problema como tal no existe, pero al creer en él inevitablemente habrás de invocar a los testigos que confirmen que aquello en lo que has decidido creer es cierto. En realidad, eso a lo que llamas "los problemas de tu vida", es la solución que tu mente da como respuesta a creencias conflictivas que sigues alimentando día tras día a través de tu experiencia. De este modo, tu mente estará obligada a hacer "ajustes" en tu sistema de pensamiento inconsciente, a través de lo que llamaremos "asociaciones mentales".

Este mecanismo opera en la mente inconsciente pero se configura desde la mente consciente. Es decir, al presentarse una situación en el pasado que juzgaste voluntariamente como conflictiva, tomaste una decisión consciente que requería defensa. Pero lo hiciste tan rápido que pronto olvidaste que fuiste tú quien tomó esa decisión, volviéndote ciego de ti mismo, y escondiendo así el conflicto de tu vista para poder experimentarte como víctima de las circunstancias en lugar de verte como el artífice de tus propios problemas.

Este es el juego de las escondidas que el ego tiene guardado para ti, donde un día decides esconder un tesoro en un lugar de tu propia casa, decides olvidar dónde lo has escondido y al tiempo, tras no recordar, comienzas a escuchar una voz dentro de ti que te habla de que algún culpable de ahí afuera ha tenido que ser el que te haya robado el tesoro. Pasas toda tu vida mirando por la ventana con ojos de sospecha ante cualquier persona que merodea cerca de ti, sin perder la esperanza de encontrar algún día al ladrón para que pague por lo que ha hecho, pasando así desapercibido el tesoro que jamás salió de tu propia casa pero que no encontraste por buscarlo donde jamás se encontraba. Este mecanismo es el responsable de confeccionar tu experiencia y mantenerte anclado en un bucle repetitivo en el que te encuentras, día tras día, mes tras mes y año tras año, hasta que la ilusión sea llevada ante la verdad para liberarte así de ella definitivamente.

Recuerda que sólo liberándote del conflicto en el nivel de la mente, es donde realmente podrás liberarte del conflicto definitivamente. ¿Y dónde si no podrías realmente aprender que eres libre, sino a través de un conflicto en el que te sientes condenado? Si no experimentases eso a lo que llamas "conflictos", significaría que la lección ya habría sido aprendida y tu mente habría sido liberada. Mientras sigas experimentando conflicto en tu corazón, por muy leve que sea, siempre quedará algo que corregir en tu mente, pues si Dios no creó el conflicto, este deberá ser corregido totalmente hasta que no quede testigo de aquello que no existe, existió, ni existirá jamás.

6.7.- El dinero me quema en las manos

Veamos un caso real para comprender cómo funciona este mecanismo dentro de tu mente inconsciente, cómo gobierna tus decisiones volviéndote un ser dormido de ti mismo, y cómo ponerlo a trabajar a tu favor y no en tu contra.

Seguro que alguna vez te has esforzado mucho por conseguir algo y, por mucho empeño que le pongas, nunca lo consigues. Y si lo consigues, parece que ese algo desaparece rápidamente de tu vida.

Como hemos dicho, existe en ti un sistema encargado de tomar todas las decisiones por nosotros sin que nos demos cuenta. **El S.A.R.A. o Sistema de Activación Reticular Ascendente / Descendente,** situado en el tronco del encéfalo, y que abarca los dos hemisferios hasta conectar con distintas zonas del cerebro con funciones determinadas para cada zona. Por ejemplo, una de las funciones de este sistema es mandar la orden a la corteza cerebral de que es hora de despertar o de dormir.

Pero, para comprender por qué vivimos determinados acontecimientos en nuestra vida, nos interesa mucho saber cuál es la función que tiene cuando conecta con el tálamo. Este tiene como función dirigir toda tu atención (*focus*), en aquello que interpreta como amenaza, para evitar a toda costa que entres en contacto con esa realidad. De este modo, por mucho que desees algo conscientemente en tu vida, si tu sistema S.A.R.A. lo interpreta como algo peligroso, lo alejará de ti sin dudar en absoluto. Y es más, cuanto más lo desees, más se activará dicho sistema de defensa, haciendo que sea más y más eficaz en su objetivo. Este podría ser un modo de explicar cómo en la no necesidad de las cosas es el modo en que se te da. Intentar librar una batalla contra tu basta mente inconsciente es como querer nadar contra corriente en un océano embravecido y pretender salir victorioso. Es solo accediendo al corazón de dicho sistema a través del cual podrás volver a hacer un reajuste en el que tu mente comprenda que el conflicto ha sido resuelto y, por tanto, que la experiencia puede darse finalmente.

En el año 2018, durante la celebración de un curso que estaba impartiendo, me topé con un caso en el que un asistente, al que llamaremos Óscar, de unos 40 años de edad aproximadamente, me decía que cómo podía ser posible que por mucho que se esforzase, llegaba siempre con lo justo a final de mes y jamás conseguía ahorrar dinero. La frase que repitió en más de una ocasión fue *el dinero me quema en las manos, al igual que entra sale de mi vida*. Al comenzar el acompañamiento con él, conectó con un momento y un lugar de su vida. A los 8 años de edad a su padre le habían ofrecido un trabajo donde se le ofrecía más dinero del que percibía por entonces. A raíz de este cambio comenzaron a pasar una serie de sucesos que quedarían grabados en la mente de ese niño, y que sus efectos seguirían reproduciéndose en su vida adulta.

- **El primer conflicto que registra su sistema de supervivencia** es un cambio de ciudad repentino que percibió de manera traumática en lugar de abrirse a la experiencia, del que le costó mucho superar en ese momento por todo lo que tenía que dejar atrás, como familia y amigos.
- **El segundo conflicto que registra su sistema de supervivencia** es la ausencia de un padre que tiene que pasar más tiempo en el trabajo para justificar el aumento de sueldo.

- Debido al aumento de horas y al no encontrarse los padres en casa, ese niño se ve obligado a tener que merendar fuera de casa y llevar dinero encima cada día. En seguida, se acordó de varios acontecimientos que experimentó en esa época cuando los niños de su colegio, al darse cuenta que siempre llevaba dinero encima, comenzaron a robarle y a abusar de él.
- Esto da paso al **tercer conflicto que registra su sistema de supervivencia,** debido a los acontecimientos que se repitieron sucesivamente de agresión y robo de otros niños hacia él que se daba siempre que él tenía dinero.

¿Qué interpreta su Sistema S.A.R.A. entonces?

1. Por culpa del dinero me alejan de mis seres queridos.
2. Por culpa del dinero no tengo la atención de papá (ausencia de padre).
3. Si tengo dinero encima corro peligro.

Sin darse cuenta, Oscar comenzó a dar vida a un conflicto en su mente, y creó una asociación directa, en este caso, con el dinero. Una vez hecha esta asociación, su mente tendrá que hacer reajustes en su experiencia que le permitan vivir la mejor de las realidades que generan el menor de los conflictos, reprogramándose de este modo más o menos. "Hay que tener el dinero justo para sobrevivir y cuando aparezca dinero en mi vida, recrearé situaciones que hagan que el dinero desaparezca inmediatamente para que no me hagan daño". Todo esto es a un nivel inconsciente, por supuesto. Pero no debemos olvidar que esa asociación se estableció desde un estado consciente, escondiendo posteriormente el conflicto a un estado inconsciente, relegando así el problema en un área ciega de su mente. Del mismo modo, no debemos olvidar que no existen pensamientos neutros, ya que todos ellos al operar en el nivel de las causas, serán siempre el testigo de sus efectos. Lo único que puede alejarte de aquello que amas es el miedo.

De este modo, Óscar pudo tomar conciencia de cuáles eran los pensamientos semilla que le llevaban a boicotearse una y otra vez. Literalmente, Óscar estaba reviviendo un problema que sucedió en el pasado, es decir, estaba viviendo algo que no existe en el presente. Por tanto, estaba experimentando literalmente una experiencia basada en una ilusión. Solo volviendo a llevar a la mente consciente el conflicto, es como Óscar puede volver a cuestionarse las creencias conflictivas que se mantenían ocultas para él. Del mismo modo, tú puedes buscar dentro de tu mente aquellos muros que has interpuesto entre lo que deseas y tú, buscando cuál es el beneficio oculto de no vivir en armonía con eso que tanto deseas y mereces por razón de lo que verdaderamente Eres.

6.8.- Cuál es tu verdadera herencia

Cuando llegas a este mundo no lo haces a través de un canal inmaculado ni limpio de todo conflicto. Lo haces a través de tus padres que arrastran sus propios compromisos y problemas, que a su vez llegaron a través de sus padres que arrastraban los suyos, y todos ellos, serán la base del molde que le dará forma al mundo tal como lo conoces.

Desde los cero hasta los siete años de vida, experimentamos una etapa en la que carecemos de filtros mentales. Es decir, no tenemos desarrollada la capacidad de juzgar bajo un prisma correcto, si lo que nos dicen es cierto o no, ya que no disponemos de un punto de referencia sobre el que basar nuestro juicio, absorbiendo todo lo que nos dicen. Si nos cuentan que el monstruo de las galletas existe, ¡nos lo creemos! Si nos cuentan que los Reyes Magos existen, ¡también nos lo creemos! Del mismo modo, si nos dicen cosas como: de bueno eres tonto, piensa mal y acertarás, el dinero no crece de los árboles, si te portas mal vas al infierno o nunca te fíes de los demás, ¡nos lo creemos!

El tema del monstruo de las galletas o de los Reyes Magos termina por desmitificarse en nuestra mente pero, la gran mayoría de creencias conflictivas termina por quedarse en el cajón de sastre de nuestra mente inconsciente. Y mientras el monstruo de las galletas siga vivo en tu mente, jamás descansarás en paz.

El punto de referencia sobre el que basas tus juicios, lo has ido desarrollando en base a tu experiencia vivida, siendo siempre el pasado el maestro al que tu mente se dirigirá para que juzgue lo que estás haciendo. Pero si tu pasado es conflictivo, ¿cómo podrías hallar una solución eficiente de un suceso que se presenta en el ahora, si recurres a un punto de referencia conflictivo para que te dé una respuesta satisfactoria? ¿Crees que tus creencias no influyen y determinan tu experiencia de vida?

Imagina a dos niños, uno nace en una familia rica y el otro en una familia pobre. ¿Crees que en la mesa, en la que comen con sus familias, recibirán la misma educación? ¿Crees que ambos tendrán el mismo punto de vista acerca del dinero? Y en definitiva, ¿crees que vivirán una experiencia similar o radicalmente distinta, en base a las creencias que tiene cada uno de ellos? Incluso siendo adultos, si al niño pobre le das mucho dinero, en más de un 90% de probabilidades volverá a ser pobre, y si al niño rico se lo quitas, volverá a ser rico.

A través de los años se ha observado este mismo ejemplo en personas que les ha tocado cientos de miles de euros, o incluso millones, en la lotería. Cuando le tocaba a personas con un perfil socio-económico bajo, en menos de cinco años volvían a estar en la misma situación o incluso peor que antes de que les tocase la lotería. Por el contrario, personas que habían crecido en una familia de perfil económico-social medio o alto, si perdían todo en un momento de su vida, en un periodo de cinco años o menos, volvían a estar en el mismo nivel económico del que se encontraban antes de la quiebra, o incluso mucho más elevado.

Las creencias determinan tu realidad, y tu mente siempre tenderá a elegir por ti aquellos aspectos que menos daño te hagan según su configuración del mundo en base a las ideas a las que das valor. De este modo, el niño que se cría en una familia pobre o de pocos recursos económicos, verá que el grupo al que pertenece es pobre y terminará desarrollando una personalidad con la que se identificará con el símbolo de la escasez. ¿Con qué clase de cosas crees que crecerá este niño, qué verá y qué escuchará? Y lo más importante, ¿por qué hasta que no se libere de su pasado, será muy improbable que salga de ese estado y viva una experiencia de abundancia?

En primer lugar, ese niño habrá visto a sus padres sufrir por el dinero. Habrá aprendido mucho acerca de la palabra "sacrificio". Sus padres, de lo poco que tenían, seguro que se tuvieron que quitar cosas para dárselo a sus hijos. Y, en ocasiones, el niño habrá tenido que escuchar frases que le generará un sentido de deuda con sus padres, del tipo; *"llevamos años sin tener vacaciones para poder pagar tus estudios"*. Los padres probablemente lo digan con otra intención, pero la mente del niño asociará creencias como: "por mi culpa mis padres no pueden tener cosas buenas". El niño se irá relacionando con este concepto, que le hará preguntarse *"¿Si no fuese por mí, mis padres sufrirían menos y podrían vivir mejor? ¿Qué tengo que ser para que mis padres sufran por mí? ¡Culpable!"* Esto le generará una

217

característica en su personalidad basada en la culpa, en el no merecimiento y en la deuda. Posiblemente, por causa de esta creencia, de mayor le cueste pedir ayuda a los demás, e incluso le molestará ver a personas que no paran de pedir cosas, ya que le recordará inconscientemente a un conflicto consigo mismo que le recuerda que él no es merecedor de recibir nada. Y, ¿cómo alguien que se identifica con la deuda podría llegar a vivir en la abundancia? Si forjas una identidad basada en la deuda, tu mente deberá enseñarte una experiencia en la que esa idea tenga sentido para ti. De aquí la famosa frase: ¡Pide y se te dará! El problema es que no nos damos cuenta de lo que estamos pidiendo.

Continuemos con el desarrollo del niño. Seguro que habrá pasado momentos en la comida viendo las noticias junto a sus padres, donde escucharía cosas como; *"Todos estos ricos viven a costa de nuestro sacrificio. Mientras ellos disfrutan de sus vacaciones en sus barcos nosotros tenemos que partirnos el lomo a trabajar para sacar a nuestra familia adelante"*. A medida que el niño se vaya relacionando con este tipo de frases, irá moldeando su mente inocente y creerá que hay dos grupos, ricos y pobres. Y él tendrá que decantarse por uno de los dos, dividiendo así su mente en estos dos conceptos. ¿Cómo iba a decidir un niño por el grupo de los malos si por culpa de ellos, sus padres, con los que él ya se encuentra en una deuda moral, no han podido disfrutar de unas tristes vacaciones mientras los ricos se la pasan bronceándose en sus lujosos barcos? ¿No sería injusto? Su deseo de salir de la pobreza irá creciendo cada vez más junto con su conflicto interior. Soñará con una vida de ensueño mientras su mente buscará culpables fuera de él que justifiquen rabia y la impotencia que está experimentando en su universo interior.

De lo que no quiere darse cuenta es que él mismo se ha puesto las cadenas y que él mismo tiene las llaves para liberarse de ellas. Al no hacerse responsable de su decisión, se hará creer a sí mismo que alguien tiene que serlo. Buscará a los culpables de lo que le pasa, del mismo modo que sus padres así lo hicieron, reforzando más la idea de pobreza y victimismo en su mente, y por tanto agravando más el conflicto. De no haber culpables en el exterior, se daría cuenta que es él mismo el que no se permite abrirse a una mentalidad abundante, ya que si lo hiciese, tendría que enfrentarse al símbolo de la culpabilidad, porque estaría traicionando a los suyos al pasarse al bando aquellos que tanto daño han hecho a su familia.

Es justo en la primera etapa de tu vida donde se establecerán las bases y los moldes de tu ego. Son los aspectos conflictivos de esa identidad la que condicionarán y limitarán toda tu vida, a no ser que estés dispuesto a liberarte de lo que te sobra, del mismo modo que **Michelangelo** lo hizo con el mármol de *El David* para que la perfección pudiese ser expresada a través de él. A nivel mental, ¿cómo crees que podría expresarse tu mente con toda su perfección, su esplendor y cumplir su verdadera función creadora, si no es liberándola del conflicto y a las creencias destructivas a las que la tienes sometida?

6.9.- Los ciclos repetitivos de tu vida

Aquel que no conoce su historia está condenado a repetirla.

Anónimo

La famosa frase popular, "el pueblo que no conoce su historia está condenado a repetirla" es una sentencia que contiene mucha verdad. Son tantos los que han usado esta frase, que es difícil reconocer quién es el autor de la misma. Pero a estas alturas ya tenemos que saber que el mensajero no es lo importante, ya que esto opera en el ámbito del ego. Es el mensaje al que realmente hay que darle la importancia que tiene, pues todo mensaje que se basa en la verdad no procede del personaje, sino de la fuente. Pero, ¿qué significa exactamente esto? ¿Por qué los seres humanos parecemos condenados a repetir una y otra vez los mismos errores sin ser capaces de salir del bucle en el que parecemos estar metidos?

> *Dicen que la historia se repite, lo cierto es que sus lecciones no se aprovechan.*
>
> Camille Sée

Tal como hemos mencionado anteriormente, el tiempo no es lineal pero nuestra educación se ha encargado de entrenar a nuestra mente durante miles de años para percibirlo de una manera incorrecta. El tiempo en sí es una ilusión en donde percibimos un principio y un final como dos cosas distintas. El *alpha* y el *omega*, el principio y el fin, en realidad son una y la misma cosa. Aunque el tiempo es una ilusión, necesitamos adquirir una nueva perspectiva para comprender el juego que se esconde dentro de dicha ilusión, con el fin de poder escapar de ella.

El tiempo no es lineal, es cíclico. Al ver el tiempo como un círculo en lugar de verlo como una línea recta, la idea de que los sucesos se repiten comienza a cobrar sentido, y la idea de momentos exclusivos comienza a desvanecerse. No existen elementos aislados que suceden al azar o por casualidad en tu vida. Las cosas que te suceden, llevan sucediéndose desde antes de que tú llegases a este mundo, y lo hacen una y otra vez sin avanzar a ningún lado, como si tu fueses el hámster encarcelado que no para de correr en una rueda sin llegar a ningún sitio. Por tanto, se puede comprender que **las cosas no te suceden a ti, sino que suceden a través de ti.**

La historia se repite desde siglos atrás hasta el día de hoy. Solo debes estudiar el pasado de la historia de la humanidad para darte cuenta de que los acontecimientos siempre se dan cronológicamente con una exactitud que a veces pone los pelos de punta. **Cuanto más estudies el pasado, más capacidad tendrás de adivinar el futuro.** En la vida hay patrones identificables que suceden en el tiempo constantemente a lo largo de la historia. Es como si existiese un baile intencionado y milimétricamente planificado en un mundo aparentemente caótico.

Por ejemplo, si estudias la historia de la humanidad, podrás observar que en el año 1920 las personas que vivieron en este planeta estaban atravesando una pandemia por el virus de una gripe, el ciertas partes del mundo se estaba librando un conflicto bélico, había mucha tensión y revueltas en muchos países que condujeron a una gran revolución mundial. Cien años después, en 2020, volvemos a vivir una pandemia mundial producida por el virus de una gripe, hay conflictos bélicos en gran parte del mundo, en muchos países hay grandes revueltas y cambios estructurales importantes que nos empujan de nuevo a experimentar un cambio radical en nuestro modo de vida. Distintas personas viviendo exactamente los mismos acontecimientos. Del mismo modo, si vas a un nivel más familiar podrás descubrir que en tu familia sucede lo mismo. Los mismos conflictos que vivieron tus bisabuelos, abuelos y padres, vuelven a sucederse a través de ti para garantizar su continuidad. Hay patrones que contienen una alta energía que exhiben un factor dominante que afecta factores más débiles o con menor energía. Pero estos campos de alta energía no condicionan decisivamente a la liberación de los factores que contienen menos energía.

Por ejemplo, tu familia está compuesta por la suma total de las mentes individuales que la componen. Tú posees una mente individual, que pertenece a su vez a una mente colectiva familiar, que pertenece a su vez a una mente colectiva comunitaria, que pertenece a su vez a una mente colectiva cultural, que pertenece a su vez a una mente colectiva como especie humana, que pertenece a su vez a una mente universal. En el nivel de la mente no hay separación, con lo que la mente colectiva afectará directamente a tu mente individual, del mismo modo que tu mente individual afecta directamente a toda la mente colectiva.

Es solo el conflicto el que mantiene a la mente encadenada en un bucle temporal o ciclo repetitivo por factores dominantes. Es solo haciéndote parte del conflicto cuando puedes decidir salir de la inercia en la que te mantienen dichos factores dominantes. Lo más importante que hay que comprender aquí es que, al no existir separación entre las mentes, con cada conflicto que estés dispuesto a liberar de tu mente, liberarás automáticamente a gran parte de la mente colectiva de dichos conflictos. **La salvación del mundo no se lleva a cabo desde fuera, sino desde dentro.**

La verdadera herencia que recibes en vida, por tanto, no la recibes cuando se mueren tus padres, la recibes en tus primeros siete años de vida. Es, sobre todo en esa etapa, donde recogerás el legado familiar que marcará fuertemente la experiencia que vivirás en este mundo. Cada familia contiene programas que están compuestos por creencias conflictivas que se manifiestan en la experiencia de cada individuo, basados en un sistema de pensamiento que nace del miedo. Y es justamente éste el verdadero objetivo a alcanzar y que tendría que importarte, ya que, por mucho que te esfuerces en cambiar el exterior, si no eres consciente de dichos programas, estarás condenado a repetir la historia una y otra vez, hasta que alguien coja el testigo por ti.

Por ejemplo, imagina que en una familia de repente se sucede un vacío repentino del padre, dejando viuda a una madre y huérfanos a dos niños adolescentes. Es posible que algún hijo adquiera el rol de padre en ese momento y que el otro pueda salir alcohólico con el fin de intentar cubrir un vacío existencial. En ese caso, es muy probable que ese suceso se siga repitiendo en miembros específicos de la familia, y que siga afectando a otros miembros específicos de la misma. Algunos de los siguientes varones adquirirán el rol inconsciente de ser el padre de sus hermanos, perfeccionistas y con una carga excesiva de responsabilidad, y otros se convertirán en rebeldes alcohólicos, desmadrados, y desapegados de toda responsabilidad. Ambos hijos están viviendo un mismo conflicto pero desde polos opuestos.

Si, por ejemplo, en una familia hubo una mujer que sufrió malos tratos por parte de su marido, es muy probable que las mujeres que nazcan en las siguientes generaciones vivan experiencias de malos tratos a nivel verbal o físico, debido a los programas de infravaloración que han adquirido, o por el contrario, les cueste enormemente experimentar una relación equilibrada durante toda su vida con el sexo opuesto.

Otro ejemplo es, si en una familia hubo muertes repentinas de hijos por una guerra, por poner un ejemplo, es posible que las siguientes generaciones de mujeres de esa familia tengan dificultades para tener hijos por mucho que lo intenten. Es importante comprender que el mayor y más eficiente método anticonceptivo de todo el mundo es la propia mente.

O si en una familia hubo un asesinato entre hermanos por un conflicto con una herencia económica, el símbolo del dinero pasará a ser un tabú en dicha familia, y esto afectará directamente a la experiencia económica de las siguientes generaciones futuras.

Existen muchos tipos de programas familiares como por ejemplo, carentes económicamente, conflictivos sentimentales, enfermedades específicas, violencia, traiciones, asesinato por herencias, muertes repentinas, violaciones, incesto, vejaciones, secuestros, etc. De este modo es cuando se puede comprender que las cosas por las que estás pasando, **los conflictos que se presentan en tu vida una y otra vez, no proceden de ti, sino que suceden a través de ti.** Pero que proceda de otro no hace culpable al otro ni te libera de la responsabilidad de salir de la inercia en la que te encuentras.

Recuerda que no existen errores en el universo, por tanto, tu familia es la familia perfecta para ti. Tan solo debes comprender cuál es el papel que te corresponde cumplir a ti en todo este juego. Para ello te dejaré algunos datos a tener en cuenta:

- Si vives un conflicto a una edad, debes preguntar ¿quién de mi familia pudo vivir un conflicto igual o similar con la misma edad? Esto te ayudará a identificar la procedencia del "drama" con la intención de tomar consciencia de lo que sucede a través de ti.
- Tal vez pueda ayudarte a investigar si llevas nombres de algún familiar, si tienes los mismos rasgos de carácter, rasgos físicos, enfermedades, bloqueos económicos, bloqueos en el nivel de relaciones, etc.
- Heredamos emociones enquistadas intensas, como la tristeza, la frustración, la rabia, la pena, entre tantas, que no han sido liberadas y transformadas por emociones que contienen una energía más elevada.

- Repetimos experiencias que "no tienen que ver con nosotros" pero que suceden a través de nosotros con la intención de ser corregidas en algún momento.
- Las experiencias podemos experimentarlas del mismo modo o en la polaridad opuesta.
- Revivimos "dramas" que no han sido sanados. Una vez que liberas a tu mente del conflicto, estás a su vez liberando a la mente colectiva de tu familia de dicho conflicto, tanto a las generaciones pasadas como las generaciones que están por venir *(propósito espiritual)*.

De las familias se hereda tanto lo "bueno" como lo "malo". Lo bueno de las herencias es que puedes aceptarlas o rechazarlas, según si te benefician o te perjudican. El desafío que tienes en esta vida es justo liberarte de esa tendencia "impuesta", para poder experimentar lo que verdaderamente te dicta tu corazón. Cuando digo impuesta, hay que comprender que me refiero a que, como niño no tenías capacidad de elegir tu educación. Esta primera fase de nuestra vida es a la que Carl Gustav Jung bautizó como la **Etapa de Individuación Inconsciente.** Como bien indica el nombre, en esta fase no tenemos la capacidad de filtrar conscientemente la información que se nos da cuando nuestro círculo relacional se dirige a nosotros. Literalmente, cuando estás en la etapa de niño eres una esponja que lo absorbe todo sin juzgar si es bueno para ti o no.

Es en la edad adulta cuando, una vez alcanzada cierta madurez, es cuando podemos entrar en la segunda fase de nuestra vida que nos conduce a experimentar una liberación. A esta fase es a la que Carl Gustav Jung bautizó como **Etapa de Individuación Consciente,** la cual veremos más adelante. Esta segunda etapa es la que te permite discernir entre aprendizajes o creencias que has heredado basadas en el miedo o en el amor, para así volver a decidir conscientemente qué creencias estás decidido a abandonar definitivamente.

Revisar todo tu sistema de creencias posiblemente te lleve tiempo, tal vez toda una vida y pensar eso puede llegar a abrumar, incluso en ocasiones puede generar un desaliento y no intentarlo por la meta tan excesiva que parece que hay que alcanzar. Este punto de vista es muy común, pero recuerda que si estás experimentando una sensación así, es porque estás siendo presa de una creencia de incapacidad basada en el miedo. Es imposible decidirse por el amor y sentir conflicto, pues solo el amor libera tal estado en ti.

Mirémoslo desde este punto de vista. Imagina que un día tienes que hacer un viaje a un destino en concreto. Sin darte cuenta, en algún momento del camino coges una dirección equivocada y recorres una larga distancia cuando comienzas a percibir que **algo no va bien en tu viaje.** Una vez te das cuenta de hacia dónde te estás dirigiendo **tomas plena consciencia** que la dirección que llevas te aleja cada vez más del destino que tienes que alcanzar. ¿Tendría sentido para ti, una vez te has dado cuenta, seguir en esa dirección? **La vida no trata de aferrarse a la inercia inconsciente que has copiado de otros, sino de tener la capacidad y la voluntad de despertar ante el error y decidir emprender el camino correcto por el que decidiste venir aquí.** Es entonces cuando tu viaje cobra verdadero sentido.

6.10.- Soltando lastre

María, es una mujer soltera de 48 años, con dos hijos adolescentes, la mayor es mujer de 23 años y el pequeño es hombre de 19 años. Ella es muy independiente, segura de sí misma y capaz de hacer cualquier cosa y soportar lo que se le ponga por delante. Cuando acudió a mí, ella estaba cansada de luchas y de sacar siempre sola a su familia adelante. Estaba deseando tener una relación de pareja estable y formal. Ella me dijo;

M: Jorge, ¿cómo puede ser posible que no tenga pareja desde hace mucho tiempo, si es lo que más deseo?

Yo: Porque no eres consciente de que en realidad no lo deseas. Es imposible que tu mente quiera tener algo y que no lo experimentes. Es más, es imposible ser algo y no tenerlo. Por lo que, si no lo tienes es porque crees que no eres aquello que esté en armonía con lo que quieres tener.

M: ¿Pero cómo puede ser posible eso, sí yo siento que deseo enormemente tener pareja?

Yo: Porque una cosa es el deseo consciente y otra muy distinta la voluntad inconsciente. Esta última es la que determina y crea las experiencias que estás viviendo. Y no debemos olvidar que esa mente inconsciente es parte de ti, ya que sigue siendo tu propia mente. Por lo que, es también tu propia voluntad.

En esta situación lo que solemos hacer es entrar en conflicto con nosotros mismos, ya que parece que hay una parte de mí que quiere una cosa, y otra parte que quiere otra. Como si de dos voluntades se tratase. De hecho, ese es el principal y único problema que tenemos. El conflicto que tenemos con nosotros mismos es el conflicto que proyectamos fuera y lo vivimos a través de los demás, pero no nos damos cuenta de que es con nosotros mismos contra los que estamos lidiando en todo momento. A lo que llamamos "los demás" tan solo representan un personaje perfecto para que la imagen que tenemos acerca de nosotros mismos pueda tener sentido en este mundo.

M: Vale, dice María. Entonces, ¿qué tengo que hacer?

Yo: Tendrás que darte cuenta del para qué estás evitando tener una relación de pareja. O dicho de otro modo, tendrás que darte cuenta cuál es la amenaza que supone para ti relacionarte con el hombre.

M: ¿Cómo que una amenaza? ¡Pero si a mí los hombres no me han hecho nada!

Yo: Entonces tendremos que ver dónde y de quién has aprendido esa idea acerca de los hombres, ya que la experiencia, el efecto o el resultado está hablando de una carencia que se manifiesta en conflicto. "El hombre no está en mi vida" o "el hombre está ausente". Con lo que, visto el manifiesto, tan solo tenemos que conocer la causa.

Una vez comenzamos la consulta, comenzamos a profundizar en la línea de mujeres que hay en su familia, qué imagen tienen de sí mismas como mujeres y, por consecuencia, qué imagen tienen de los hombres. María tiene una alta energía masculina, y una baja energía femenina.

Lo que me llevó a pensar que, para que ella tuviese está descompensada energía, alguien tuvo que estar ausente en su vida para que ella tuviera que asumir ese papel. Con lo que le pregunté:

Yo: Háblame de tu madre, ¿cómo es?

M: Uy, mi madre es muy cabezota. Tiene un carácter muy duro y...

Yo: No me digas más, ¿como tú?

M: Pues ahora que lo dices, nos parecemos bastante en eso.

Yo: Por eso chocáis tanto. ¿Qué tal las relaciones de tu madre con los hombres?

M: Un desastre. Mi padre nos abandonó y siempre hemos tenido que sacarnos las castañas nosotras mismas.

Yo: ¿Tienes hermanos?

M: Si, un hermano mayor.

Yo: ¿Tienes que hacer de madre con él en muchas ocasiones?

M: ¿Cómo lo sabes?

En este punto ya sabemos que hay un programa de *hombre ausente* en la familia que se manifiesta en dos generaciones, en la madre y en ella. El hermano, al ser varón, debe estar en armonía con ese mandato familiar, por lo tanto o bien es un hombre anulado dentro de la familia o bien se ha desplazado al otro extremo. Las mujeres han ocupado el lugar de los hombres y de las mujeres en esa familia, es decir, hacen de Madres y Padres al mismo tiempo. El porqué lo descubriremos más adelante.

Una vez entendido esto, podemos comprender que los hombres de la familia, al no tener un lugar que ocupar es muy probable que sean personas con muy baja autoestima, baja o inestable energía masculina, sumisos y dependientes de las mujeres, o en su defecto todo lo contrario, rebeldes, solteros y propensos a las drogas en un alto porcentaje de probabilidades. En cualquiera de los dos casos estas personalidades están en sintonía con el mandato familiar que comparten entre ellos; "el hombre está ausente", "tenemos que sobrevivir solas".

Tenemos que matizar aquí que cuando hablamos de ausencia no hablamos del cuerpo, sino de falta de presencia y de personalidad.

Yo: Ok. Háblame de tu abuela materna.

M: Jorge, ¿qué tiene que ver mi abuela materna con si tengo o no relaciones en mi vida?

Yo: Más de lo que podemos llegar a imaginarnos.

M: Mi abuela es una mujer muy fuerte. Es el pilar de toda mi familia. Se casó muy joven y, justo antes de nacer mi madre, que era su segundo hijo, su marido se fue a la guerra y nunca volvió. Tuvo que ocuparse ella de todos nosotros.

Mientras ella estaba contando esta historia comenzaba su mente a atar cabos y a ver la asociación tan directa que había en el pasado y el presente. Si nos ponemos en la cabeza de esa abuela, cuando tenía tan solo 27 años, con dos hijos, huérfanos, y en una época de guerra, no tuvo que ser nada fácil de experimentar. Alguien tenía que ocupar el lugar del hombre que faltaba en esa familia. Con lo que la abuela se puso al cargo de ocupar ese lugar con ayuda de su hija. Esa niña fue aprendiendo del carácter de su madre, a mantener una actitud muy determinante, y a llevar las riendas entre ellas, que a su vez le transmitiría también a su hija, tal como lo hizo su madre con ella. Sin darse cuenta, en la mente de las mujeres de la familia se iba creando un cuerpo calloso dentro de su sistema de pensamiento basado en una ausencia repentina, que la mente interpretó como un conflicto muy doloroso que no ha sido solucionado aún. Esto significa que la abuela tuvo que llevar su penitencia por dentro ella sola, y al no poder expresar su dolor por la entereza que tenía que tener por sus hijos, tuvo que tragarse el conflicto en lugar de sacarlo fuera de sí para ser sanado. Al no estar el conflicto resuelto (causa), el dolor es inevitable (efecto). De este modo la mente realiza un gesto de supervivencia para mitigar el dolor y hacer soportable la experiencia. Llevará el conflicto a la mente inconsciente (olvido), donde no pueda verse con facilidad. Y lo tapará con un mandato en forma de creencia que rezará así: *"Tengo que ocupar el lugar del hombre para que mi familia sobreviva"*. *"Si no me ocupo de todo, los demás corren peligro y no sobrevivirán"*. La abuela fue poco a poco introduciendo creencias en la mente de su hija, del mismo modo que haría igual con la siguiente generación. Creencias como, "la familia es lo más importante", "debemos estar siempre juntas", "tienes que ser independiente"... Y tantas más.

El conflicto no se ha terminado de resolver y este se ha extendido de generación en generación hasta llegar a las manos de María. Todos estos programas o creencias son la herencia de un conflicto que no ha sido enfrentado y sanado, que se originó en el pasado y que no terminó de resolverse. Mientras para María hay un deseo ferviente por tener pareja, para su mente inconsciente hay un programa de "Tengo que ocupar el lugar del hombre para que mi familia sobreviva". "Si no me ocupo de todo, los demás corren peligro y no sobrevivirán". Bajo estas creencias, ¿cómo iba a ser posible que encontrase un hombre con el que poder relacionarse en paz? De hacerlo, estaría activando un sistema de defensa de la mente inconsciente. Para vivir con un hombre en armonía, ella tendría que dejar ese espacio simbólico libre para que el hombre pueda entrar en su vida. Pero, de hacerlo, tendría que dejar de ocuparse de todo, y esto le llevaría a un estado de culpabilidad, ya que pensaría que los demás están en peligro. En ese caso, tiene dos opciones, o bien se relaciona con un hombre ausente, como los hombres de su familia, o bien se queda soltera. De este modo todas las relaciones que tenga serán infructuosas y frustrantes ya que, o bien tendrá un niño al que educar o bien un hombre que esté en rebeldía con las mujeres, agresivo e incluso maltratador.

Este tipo de personas, sienten que no son merecedores de ser ayudados por los demás, dicen "sí" cuando quieren decir "no", y suelen cargar con la vida de todos, olvidándose en la gran mayoría de los casos de su propia vida, desplazándose a un segundo plano. Además del peligro, María tendrá que lidiar con otro conflicto en su mente. La traición a las mujeres de su familia. Ahora María, con todo lo que han hecho las mujeres de su familia por ella, con lo que han sufrido por sacarla adelante, y con la deuda emocional que eso genera, ¿cómo iba a traicionarles llevándoles la contraria? La mente inconsciente funciona evitando problemas. No estamos educados para enfrentar conflictos, sino para evitarlos a toda costa. Al comprender su historia, María pudo ver que tras la capa de mujer dura y dominante que manifestaba su abuela, se escondía una mujer que mantenía un secreto muy doloroso y que, su intención siempre fue protegerlas del dolor y sacarlas adelante. Y fue la manera en la que mejor pudo y supo hacerlo. Esta es la verdadera herencia que María había recibido por parte de las mujeres de su familia, y que, de no darse cuenta, habría extendido ella a sus hijas del mismo modo. De este modo, María ya estaba preparada para elegir de nuevo, soltar el conflicto y abrirse al amor. Puede seguir extendiendo en el presente todo lo que aprendió del pasado a través de las mujeres de su familia, y seguir condenando a los hombres por su ausencia y a ella misma por el juicio que se estaba infligiendo, o puede elegir liberar de la condena a su abuela, a su abuelo, a su madre y a los hombres con los que se ha relacionado, para de este modo liberar a su mente del conflicto, y así, liberarse a ella misma.

María se ha decantado por el perdón y no el odio. Ahora ya está preparada para comenzar a vivir su propia vida y no continuar extendiendo el conflicto de un pasado que ya no existe.

6.11.- La tercera opción

Como hemos dicho, tu mente contiene ambos sistemas de pensamiento. Por tanto, una vez reconoces la fuente de la que proceden las creencias con las que te relacionas en tu vida, podrás desarrollar cada vez más la habilidad de discernir entre lo que tu corazón desea descubrir y experimentar, o entre lo que tu pasado te dice que debes hacer porque aprendió que es lo correcto a través de tu mente lógica. De tu familia no solo se heredan propiedades, algún nombre de antepasados, o con suerte algún título nobiliario, como hemos dicho. La verdadera herencia se representa en rasgos físicos, rasgos de carácter, creencias, enfermedades, bloqueos a nivel económico, bloqueos a nivel de relaciones de pareja, problemas a la hora de concebir hijos, pensamientos suicidas o dificultades a la hora de relacionarnos con el exterior, entre tantas cosas. Si tienes muchos conflictos con las relaciones de pareja, deberías alzar la vista y revisar cómo se han relacionado las mujeres de tu familia con los hombres en caso de que seas mujer, o los hombres de la familia con las mujeres en caso de que seas hombre.

¿Cómo se comportaron tus padres entre ellos o con sus parejas? ¿Eran sumisos, eran controladores, eran víctimas, eran ausentes o eran manipuladores? ¿Y los padres de tus padres? Si alcanzas, puedes observar también tu tercera línea ascendente, algo habrás escuchado de tus bisabuelos, aunque sea por encima. Todo esto te acercará a encontrar respuestas acerca de la idea que tienes de ti misma como mujer o como hombre, y por tanto, te dará información acerca del porqué y del papel que estás desempeñando tú a través de dichas relaciones. Puedes hacerte estas preguntas (si eres hombre cambia el género en las preguntas):

¿Cómo se relacionaba tu madre o tu abuela con los hombres?

¿Se parecen entre ellas o tu madre se ha convertido en el polo opuesto a su madre?

¿Y tú?

¿De quién tienes más rasgos de carácter, de tu padre o de tu madre?

¿Cuando te dicen que te pareces a uno de ellos, te molesta? *(De ser así, créeme, te pareces más de lo que piensas y estás viviendo su misma vida. Y las cosas que no toleras de él o ella son las cosas que no toleras de ti).*

Si tu conflicto tiene que ver con el ámbito económico, echa la vista atrás y revisa todas las creencias o historias que has escuchado acerca del dinero en tu casa. Secretos que tal vez estén enterrados y que sean un tabú, etc. Recuerda que tener y ser van de la mano. Por tanto, inevitablemente siempre atraerás a tu vida aquello que hable de lo que crees ser. Una mujer que lleva el programa de victimismo y sumisión, tenderá a relacionarse con hombres de carácter agresivo-controlador. Inexplicablemente para ella, los hombres con una baja energía masculina, a los que denominará como hombres buenos, jamás le atraerán por mucho que lo intente, y probablemente lo intentará. Y un hombre que esté en equilibrio consigo mismo, pasará desapercibido para ella, pues los hombres son o buenos (sumisos) o malos, pero no equilibrados. Por comportamiento o imitación, habrá aprendido la creencia de que las mujeres de la familia tienen poco derecho o nulo derecho a opinar y a ser libres. Pensará que su valor está por debajo que el de los hombres. Este comportamiento no lo ha aprendido por sí sola. Como ya sabemos, el lugar donde nació tuvo mucho que ver con la idea particular que tiene de sí misma, y por ende, de los hombres. En el momento en que esta mujer tenga una hija, será ella a su vez la que se encargará de pasar el testigo de la imagen conflictiva que han creado las mujeres de la familia, acerca de ellas mismas. ¿Cómo se hace esta transacción? La niña aprenderá por observación, como se comporta su papá con su mamá, y cómo reaccionará su mamá ante lo que le dice su papá.

Si por ejemplo, ve que su madre siempre está quejándose, o gritando por lo víctima que es, la niña comenzará a hacerse una idea de que los hombres son malos, y por tanto ella, al ser mujer también, está en peligro al igual que mamá. Aprenderá a través de lo que su papá le dijo de pequeña, o incluso de lo que jamás le dijo. En la ausencia de padre o madre la mente también hace juicios de identidad. ¿Quién tengo que ser para que mi padre no esté a mi lado? También aprenderá a través del comportamiento de su mamá ante los hombres, de lo que escuche en las conversaciones que tengan entre ambos y de los roles que adopten entre ellos, siendo este ejemplo el más cercano para ella de lo que significa "Amor". Es entonces cuando la madre se encarga directamente de pasar el testigo a su hija, con una intención de protegerla, pero sin darse cuenta que lo único que está haciendo es perpetuar el conflicto en ella, con **frases directas** como; jamás te fíes de los hombres, son todos iguales. La madre, al igual que ella, lo aprendió de su madre, que a su vez, aprendió de la suya, y así sucesivamente, del mismo modo que hemos recibido la herencia del Rey Guarro de que comer con las manos es de guarros. ¿Significa que comer con cubiertos es malo? ¡Para nada! El conflicto procede de no hacerlo. Es ahí donde generamos una dependencia o una muleta exterior para no convertirnos en aquello que repudiamos de nosotros mismos. La madre le enseñó desde su mejor intención a su hija. Probablemente lo haría pensando en protegerla y prepararla para que evitase vivir lo mismo que ella. De lo que no era consciente la madre es que, de ese modo, estaba inundando la mente de su hija con creencias que le conducirán a vivir lo mismo o la polaridad contraria. Es decir, en este caso la hija tiene dos opciones:

La primera opción es seguir los pasos de la madre, inconscientemente se relacionará con dichas creencias y vivirá una experiencia de mujer sometida y desvalorizada, y encontrará a un hombre que sea el testigo de que esas creencias son ciertas.

La segunda opción es revelarse contra su madre. En este caso esa niña comprende que la madre no le vale como ejemplo de supervivencia y adquiere la energía del padre. En este caso la hija se convertirá en su padre y será ella la que busque a hombres con una energía sumisa, convirtiéndose ella en la que somete y el hombre, el sometido. De este modo, vivirá en el mundo de los polos opuestos, experimentándose siempre desde los polos opuestos, pero jamás alcanzará de este modo una experiencia de vida elevada basada en el amor y en la felicidad.

Pero siempre queda una **tercera opción**, la menos popular, pero la única que tiene la capacidad de liberar por completo del conflicto a dicha mente. Si quiere liberarse del conflicto deberá perdonar todo símbolo de injusticia en su mente. Al perdonar todo símbolo de injusticia la mente se libera de la idea de victimismo con la que estaba flirteando constantemente. Y al hacer esto, se da cuenta que la primera y la segunda opción eran las dos caras de una misma moneda, en la en apariencia eran distintas, pero comparten la misma causa de conflicto. De este modo es como podrá restablecer la paz interior. Pues sólo perdonando el pasado es como puede liberar al presente definitivamente. Mientras tanto, el presente seguirá proyectando su herido amor propio que aprendió tiempo atrás.

El perdón, tema que trataremos más adelante, es el representante del cielo aquí en la tierra, la herramienta más poderosa a la que podemos optar. Pero mucho se ha malinterpretado de él.

Capítulo 7

Relaciones especiales

Todo lo que te molesta de otros seres, es solo una proyección de lo que no has resuelto de ti mismo.

Buda

7.1.- El camino medio

Tras entregarse a un proceso de ascetismo extremo, Buda llevó su cuerpo y su experiencia al borde de la muerte cuando, queriendo darse un baño en un lago tras muchos días de ayuno, casi muere ahogado por la pérdida de potencia muscular producida por el proceso al que se había sometido. Cuando tomó consciencia de esto, decidió abandonar la práctica que estaba llevando a cabo y retornó a casa. Por el camino, Buda se encontró con un hombre mayor que estaba enseñando a tocar la guitarra a su joven alumno. El joven se esforzaba mucho en conseguir crear una melodía con su instrumento, pero lo único que conseguía hacer sonar era un ruido desafinado y desordenado. Algo en la conversación hizo que Buda prestase atención a lo que el maestro le estaba diciendo a su alumno:

Alumno: Maestro, ¿por qué no suena bien la guitarra? ¡Por mucho que me esfuerzo no consigo hacer que suene bien! Decía el alumno cada vez más frustrado.

Maestro: Debes entrar en contacto con la guitarra y conocer cuál es su punto de equilibrio. Una vez conectes su punto de equilibrio, conectarás con su naturaleza y podrás oír con tus propios oídos la mejor de las melodías que esta te regalará.

A: Pero, ¿cómo hago que entre en equilibrio una guitarra?

M: Todo en esta vida tiene un equilibrio. En la guitarra lo podrás encontrar a través de sus cuerdas. Deberás aprender a encontrar el punto óptimo de tensión de cada cuerda.

A: ¿Y cómo se hace eso, Maestro?

M: Deberás poner todos tus sentidos en esta tarea y encontrar el punto de tensión equilibrado que necesita cada cuerda para que estas puedan cumplir su función correctamente. Si tensas mucho la cuerda sonará demasiado agudo, y si la destensas mucho sonará demasiado grave. Para encontrar la melodía perfecta deberás encontrar el equilibrio perfecto entre estos dos extremos. Recuerda que para encontrar el equilibrio deberás encontrar el camino medio.

Este ejemplo le hizo comprender a Buda que no se puede alcanzar la paz desde un extremo, sea cual sea, ya que en los extremos solo se puede encontrar la idea del sacrificio o el desenfreno, de la prohibición o del abuso, siendo éstas las dos caras de la misma moneda, ya que ambas nacen de la idea de conflicto. ¿Conoces a personas que siempre dicen a todo que sí, tienen un carácter muy dócil y de repente un día explotan y se vuelven locos? ¿Cuánta gente hay a tu alrededor que come desmesuradamente y de repente pasan a las más estrictas dietas, para después volver a comer como animales? ¿Conoces a alguien que ha pasado de estar en una relación donde estaba sometido o sometida, y de repente cambia de relación y termina estando con una persona totalmente sumisa? No es poco conocido cómo algunos curas que se han entregado a un voto de castidad terminan por abusar de niños sexualmente. La idea de pensar que el sexo es un acto ilícito en lugar de vivirlo de manera natural y espiritual, les lleva a experimentar una vida basada en el sacrificio, y por tanto, en el conflicto. Al reprimirse ante su propia naturaleza, terminan por ser gobernados por su instinto trastornado, llegando a perder finalmente el control de sus emociones y de sus actos, y a manifestar su problema a través, incluso, del símbolo de la inocencia, los niños, cuando es la propia idea del sacrificio la que les mantiene condenados en el mundo de las sombras.

Encontramos otros ejemplos comunes en el día a día. No es difícil confundir el amor con la autodegradación. Hay personas que no paran de hacer cosas por los demás, pero son incapaces de pensar en ellos mismos por un momento. Dicen a todo lo que les piden que sí, cuando desearían decir no, y cargan con los problemas de todos, olvidándose atender así sus propios problemas. Y no se dan cuenta que lo que hacen no es por amor, sino por miedo, ya que de este modo evitan a toda costa enfrentarse a la culpa que sentirían de no hacer algo por los demás, de no cumplir las expectativas o de defraudar a sus seres queridos, sin darse cuenta que a los únicos que fallan es a ellos mismos, y al hacerlo, inevitablemente entran en desarmonía. ¿Acaso tiene sentido estar en desarmonía y poder ayudar a otros desde ese estado? ¿No tendría más sentido que primero aprendamos a entrar en armonía con nosotros mismos para poder aportar algo útil a los demás?

A lo largo del tiempo, la resignación silenciosa que conlleva este conflicto, terminará por manifestarse en algún momento y en algún nivel. Puede que sea por medio de una enfermedad de espalda, por sostener demasiado peso que no le corresponde por ejemplo. O por medio de una enfermedad pulmonar, por el sentido de ahogo al que se ve sometida ante una situación que es demasiado asfixiante para dicha persona. O puede darse a nivel emocional, en forma de depresión repentina, o por el contrario, y en el mejor de los casos explotará y transformará toda esa sumisión en rabia. Dentro de todas estas posibilidades, esta última sería la mejor de las salidas, ya que posicionarse en la rabia le colocaría en una vibración más elevada que la emoción de la culpa tal como aparece en el cuadro del capítulo 3 del libro. Del mismo modo que la culpa te mantiene en la idea de no merecimiento, la rabia, de algún modo, contiene implícito un pequeño destello de amor propio, ya que está expresando el querer luchar por lo que es justo para uno mismo. En cualquiera de los casos, ninguna de estas opciones es una opción equilibrada. Por mucho que la persona lo haya normalizado, sigue siendo claramente, la consecuencia de un estado mental que no cesa de vivir una experiencia basada en extremos. Es por eso por lo que es un error muy común ver cómo hay personas que dan consejos universales a otras personas sin conocer el estado en el que éstas se encuentran. Cada persona es un mundo y cada individuo debe encontrar su propio equilibrio interior. El Amor es un estado igual para todos, pero el camino hasta él será totalmente único para cada uno de nosotros.

Por ejemplo, una persona que lleva años en un estado de sumisión, no debería hacer más cosas por los demás. Le convendría usar las relaciones que tiene más bien para enseñarse más respeto a sí mismo/a. Aunque pueda sonar contradictorio, esta persona deberá aprender a ser más "egoísta", deberá aprender a decir más veces NO, y comenzar a experimentar el respeto por sí mismo. Se dice que el amor es lo más egoísta que existe porque tiene que empezar por uno mismo. ¿Cómo vas a dar amor a los demás, si ni siquiera has aprendido a dártelo a ti mismo? ¿Cómo vas a recibir el respeto de los demás si tú no eres capaz de ofrecértelo? ¿O cómo pretendes que los demás te escuchen y te comprendan si no estás dispuesto a escucharte y a comprenderte primero? Del mismo modo, una persona que le cuesta hacer cosas por los demás, que solo piensa en su trabajo, en sus logros, en sus cosas y en su vida, debería aprender más a dar a los demás, a escuchar a los demás y a pensar en los demás dejando el "yo" de lado.

Piensa cuántas veces te mueves en polaridades extremas en tu vida. Haz una lista si así lo deseas para dar más claridad a tu patrón inconsciente y cuestiónate desde donde estás actuando, desde la armonía (amor), o desde la desarmonía o extremo (miedo). De estar en una desarmonía, una buena práctica es comenzar a usar la experiencia para permitirte experimentar la parte contraria para encontrar el camino medio , antes de que ésta termine por gobernarte completamente. Te dejo algunos ejemplos a continuación:

- Si no eres social, ¿qué evitas al exponerte?
- Si eres muy social, ¿cuál es tu miedo al compromiso con lo íntimo?
- Si eres muy responsable, ¿qué conflicto tienes con cometer errores?
- Si eres un vive la vida y un rebelde sin causa, ¿qué frustración infantil no has sanado?

- Si comes compulsivamente, ¿qué vacío emocional intentas cubrir con la comida?

- Si eres una persona que solo vive en el mundo supersaludable y juzga a los que no lo son, ¿qué trastorno alimenticio tienes?

- Si siempre estás ocupado con tareas, ¿qué miedo tienes a detenerte y a estar en calma contigo mismo?

- Si llevas muchos años sin pareja porque piensas que hay que estar bien con uno mismo primero y ya tienes más de 3 gatos en casa ¿qué herida no has sanado aún?

Puedes mantenerte en un extremo durante mucho tiempo, pero finalmente terminará por agudizarse el conflicto. Recuerda que tu cuerpo algún día morirá, pero el conflicto, de no ser sanado, seguirá perpetuándose siendo otro el que tenga que heredarlo y hacerse cargo de él hasta que sea solucionado definitivamente. Siempre vivimos en extremos, pensando que cuando estamos en una parte, la solución es pasar a la parte contraria. En efecto es un modo en que la vida intenta corregir un desequilibrio pero, lejos de alcanzar un equilibrio, hay que comprender que la verdadera armonía se alcanza desde un punto de tensión equilibrado, encontrando así el camino del medio.

7.2.- Necesidad de conflicto

Cuando sufres o revives un conflicto, la mente está poniendo énfasis en todos los aspectos que el mundo ha hecho para hacerte daño, con el objetivo de poder reafirmar una imagen pobre, limitada y victimizada que tienes acerca de ti. Al valorar ese falso yo, estás creando un ídolo. Ese ídolo es el pensamiento que has sustituido por tu mente recta. Tu mente proyectará esa idea fuera de ti, buscando el significado que testifique que la idea que has construido es real. Tu cuerpo lo sentirá, tus ojos lo verán, tus oídos lo escucharán y así, experimentarás tus pensamientos en todo su esplendor. Al experimentarlo creerás que es verdad, y al creer que es verdad volverás a reforzar aún más la idea que tienes acerca de ese falso yo. Y creerás que lo que ves es cierto.

> *En realidad nadie ve nada. Lo único que ve son sus propios pensamientos proyectados afuera. El hecho de que la mente esté absorbida con el pasado es la causa del concepto erróneo acerca del tiempo de que adolece tu visión. Tu mente no puede captar el presente, que es el único tiempo que hay. Por consiguiente, no puede entender el tiempo, y , de hecho, no puede entender nada.*

> UCDM L8_1:2-6

¡¡Estás librando una lucha desde hace años contra un concepto insignificante, falso y débil de ti mismo!! Tú eres la fortaleza en esta situación, ¿y cómo podría la debilidad ser un problema para la fortaleza? Este es el mecanismo

circular en el que descansa el ego para poder reafirmarse a
sí mismo a través de ti, y poder extender su falsa identidad
en el tiempo. Si tú Eres un Ser Ilimitado, la imagen del ego
tiene que ser siempre lo contrario a la verdad de lo que
eres. Por lo tanto, construirá un falso yo limitado, escaso,
enfermo y vulnerable. Y para ello, necesita que creas en el
conflicto. ¿Cómo entonces iba a poder convencerte de que
eres todos esos conceptos limitados si no tuvieses problemas? Esta idea, al principio la podemos llegar a ver arrogante. Por eso la desechamos y la negamos. De este modo
no te das cuenta que la experiencia que estás viviendo está
girando en torno a un falso yo. Por tanto, nada de lo que
ve aquello que es falso puede ser verdad. Se podría decir
que, del mismo modo que tus sueños son fantasías que
proyecta tu mente, tu "realidad" es una fantasía que también pertenece al mundo de los sueños.

> *Él es la víctima de ese "algo", una cosa externa a él,
> por la que no tiene por qué sentirse responsable el abso-
> luto. Él debe ser inocente porque no sabe lo que hace,
> sino lo que le hacen a él. Su ataque contra sí mismo,
> no obstante, aún es evidente, pues es él quien sufre. Y
> no puede escapar porque ve la causa de su sufrimiento
> fuera de sí mismo.*
>
> UCDM T27 VII_1:4

En esta parte, UCDM hace énfasis en el concepto de victimismo que el ego usa como recurso para negar tu poder
y proyectarlo así fuera de ti. Haciéndote creer que eres
impotente ante lo que se te hace, y tu seguridad depende
del exterior. Es así cómo te hace creer que eres un ser limitado y vulnerable, y que jamás vas a poder escapar de las
garras del mundo, por lo que el ataque siempre estará justi-

ficado. A través de esta lectura se te mostrará que sí puedes escapar y cómo hacerlo. Debemos recordar por lo tanto un principio fundamental en este punto:

- Todo aspecto que la mente no valora es abandonado por ella.

- Todo aspecto que la mente desea, es manifestado y representado en algún nivel.

Dicho de otro modo **¡Pide y se te dará!**. Esto significa que si estás viviendo un conflicto, de algún modo estás dando valor al ataque en lugar de a la paz. Por lo tanto, tendrá que ser representado y manifestado ese pensamiento en algún nivel de tu experiencia. Solo dejando de darle valor al ataque es cuando el pensamiento de tierra plana (idea limitada) puede ser abandonado para darle valor a la paz, pensamiento de tierra redonda (idea ilimitada). El ataque tiene como objetivo, debilitar y matar. Es un gesto de defensa que nace del miedo. Por lo tanto, aquellos que valoran el ataque son aquellos que necesitan debilitar al mundo exterior para garantizar y proteger la integridad de su falso *yo*, ya que han olvidado que la seguridad procede del interior, por lo tanto, tienen que buscarla en forma de recurso exterior. La demente creencia que piensa "no hay mejor defensa que un buen ataque" es la creencia que te mantiene en el infierno.

¿Sabías que cuando entras en conflicto, tu cuerpo libera unas sustancias, entre ellas la adrenalina, que proporcionan un chute de energía y de euforia en el momento? ¿Y sabías que somos adictos a estas sustancias? Muchas veces creemos que estamos enfadados por razones obvias. Y no nos damos cuenta que estamos buscando inyectarnos el chute de droga que encontramos a través del conflicto. Pero como toda droga, los efectos secundarios son siempre destructivos. Por tanto, debemos comprender que, en cierto modo, somos adictos al conflicto. Y como toda adicción, hay que tratarla como lo que es. Todos debemos pasar tarde o temprano por una desintoxicación y abandonar el conflicto para siempre, del mismo modo que dejas de fumar, sabiendo que de no hacerlo, tarde o temprano la enfermedad llamará a tu puerta. Cuando Jesús dijo: *"Deponed las armas"* se refería justo a eso. Es un gesto honesto y elevado que contiene la capacidad de reprogramar tu mente en un instante al liberarla de los símbolos que la mantienen esclerotizada. Hasta que no depongas las armas, estarás manteniendo una postura de defensa, y por tanto, de tensión y ataque. Y esto no hace más que conducir a tu mente a una confusión más profunda con respecto a quién eres.

¿Con quién te tienes que identificar si necesitas defenderte? Recuerda que el mundo que ves es la consecuencia de los pensamientos que tienes acerca de ti. No es que necesitamos defendernos porque el mundo es así. Más bien el mundo es así porque necesitamos defendernos. **Si piensas que el problema está ahí fuera, esa forma de pensar es el problema.** Del mismo modo que todo conflicto nace en la mente, todo conflicto se corrige dentro de ella, no fuera. Solo así comprenderemos que la solución al conflicto jamás podrá encontrarse en el lugar donde no está. Cada vez que te irritas por el comportamiento de alguien, y proyectas tu impotencia o tu enfado sobre esa persona, estás diciéndole a tu mente que el ataque está justificado, que el exterior tiene que ser corregido y que, cuando se corrija lo exterior tú encontrarás la paz.

Déjame hacerte una pregunta, ¿ya has encontrado esa paz que tu mente te había prometido haciéndolo así? Esa es la máxima del ego, *busca pero no halles*. Él quiere hacerte creer que estás buscando bien, que el exterior tiene que ser corregido y que tú no tienes necesidad de cambiar, sino que es el mundo el que debe hacerlo. Quiere mantenerte entretenido en todo momento. Si invirtieras sólo la décima parte del esfuerzo que pones en intentar corregir el exterior, en mirar hacia adentro y corregir el interior, encontrarías las respuestas y la solución que has estado buscando durante tanto tiempo. Por eso el ego necesita que sientas que eres víctima del mundo que ves, pues necesita tu frustración y tu impotencia como alimento para sobrevivir. Su supervivencia depende de que tú sigas dormido, ya que solo algo ilusorio puede sobrevivir en el mundo de lo falso. Ante la verdad, la idea de tu falso yo se desvanecería en un instante.

La paz es el mayor enemigo del ego porque, de acuerdo con su interpretación de la realidad, la guerra es la garantía de su propia supervivencia. El ego se hace más fuerte en la lucha. Si crees que hay lucha, reaccionarás con saña porque la idea de peligro se habrá adentrado en tu mente. Dicha idea es un llamamiento al ego.

UCDM T5 III_8:7-10.

El conflicto es una respuesta que nace de un estado mental basado en el miedo. Y para resolver el conflicto, la respuesta no puede proceder desde el miedo. Solo se puede contrarrestar desde el Amor, si es que se quiere solucionar el conflicto realmente. El milagro es la corrección a nivel mental que el Espíritu ofrece para corregir el conflicto en el nivel de las causas. Cuando esté queda resuelto, se corrige en el nivel de los efectos. El mundo que ves es la consecuencia de tu falso yo. Él ve a través de tus ojos, emite un juicio y te dice cómo actuar a través de un estado emocional. A través de la culpa, el resentimiento y el ataque, garantiza que las ilusiones se extiendan en tu mente y así, con cada batalla que libras, tú pierdes y el gana. Toda referencia de la que el ego se vale, no puede proceder del presente. El ego quiere perpetuar el pasado, ya que tiene que recurrir a él para que recuerdes el daño que te hicieron para justificar tu ataque en el presente.

> El "ahora" no significa nada para el ego. El presente tan solo le recuerda viejas heridas, y reacciona ante él como si fuera el pasado. El ego no puede tolerar que te liberes del pasado, y aunque el pasado ya pasó, el ego trata de proteger su propia imagen reaccionando como si el pasado todavía estuviese aquí.

> UCDM T13 IV_5

Del mismo modo que el ego usa el pasado como recurso de condena, el espíritu lo usa como recurso de liberación. Ya que sabe que, solo cuando te liberas de tu pasado, automáticamente liberas al presente, dando paso así, a un futuro lleno de posibilidades.

7.3.- Desde donde elegimos nuestras relaciones

¿Alguna vez te has enamorado de una persona por cómo es, y cuando has comenzado con ella has querido cambiarla a tu imagen y semejanza? Que se comporte como a ti te gustaría, que hable más, que hable menos, que se comporte de una manera determinada, que sea más romántico/a, que sea más cariñoso/a, que sea menos empalagoso/a. A eso le llamamos amor. Del mismo modo que necesitas un espejo o un reflejo en esta vida para poder verte y conocer cómo eres por fuera, también necesitas otro espejo o reflejo para poder verte y conocer cómo eres por dentro. Es justo a través de los otros, sobre todo en tus relaciones íntimas, donde más se acentúan todos los conflictos que aprendiste en el pasado.

Muchas veces pensamos que elegimos nuestras relaciones desde el amor, desde una intención plena de compartir y convivir en perfecta paz con los demás. Pero, en la gran mayoría de los casos, esa intención dista mucho de la realidad. Cada relación especial que entablas en tu vida se lleva a cabo desde una sensación interna de necesidad, tan sutil, que es difícil ser consciente de la motivación que se mueve dentro de ti. Y es justo desde donde nace la intención de querer cubrir un vacío interior a través del otro.

Toda relación especial es un intento de revivir el pasado y alterarlo. Todo conflicto vivido, toda imaginada ofensa que se te propició, cualquier dolor que fue experimentado, así como cualquier desilusión, injusticia o privación que se percibió en el pasado, forman parte de las relaciones que has entablado antaño y que mantienes del mismo modo en el presente. De este modo, las relaciones se convierten en el medio a través del cual intentas cambiar tu pasado, con la intención de obtener una respuesta mejor a la insatisfacción que viviste en ese momento. Proyectando de este modo sobre el otro la necesidad de que se comporte de la manera que deseas, y que se convierta en la imagen ideal que tienes en la mente, para así alcanzar tu felicidad a través de tu compañero/a de viaje.

¿De qué base podría servirse tu mente si no fuese por el pasado para elegir las relaciones que mantiene en el presente? El mecanismo selectivo en el ámbito relacional que usa la mente subconsciente, no solo a nivel íntimo, también a nivel social a la hora de elegir a nuestras amistades, se mantiene oculto de la mente consciente, siendo la mente inconsciente la encargada de elegir a la persona o personas que te acompañarán en tu camino mientras tú achacas esa elección a un cosquilleo en el estómago. Desde esta situación hay que comprender que el ego hace uso de las relaciones para restituir tu vacío existencial a través del exterior, en este caso, de esa persona tan especial, ese vacío existencial que giran en torno a la idea que has construido acerca de ti mismo. En este caso, hay que prestar atención ya que es a través de las relaciones donde nace la gran oportunidad de liberarte del pasado, dejando de cometer los mismos errores en el presente, y así, poder experimentar en un nuevo futuro por descubrir libre de todo símbolo pasado.

El amor no tiene opuestos ni pide nada a cambio a la hora de dar. No se puede Amar a alguien y posteriormente odiarlo. En ese caso estamos confundiendo el Amor con el apego y el sentido de pertenencia que emana del ego.

Es importante comprender, si es que existe el deseo de trascender el conflicto realmente, que las relaciones no se nos han dado para que se esfuercen en hacernos feliz, se nos han dado para aprender. Tu felicidad depende de ti y de nadie más que de ti. Pensar lo contrario es jugar al juego del autoengaño. ¿Alguna vez te ha venido la extraña sensación de estar repitiendo las mismas cosas una y otra vez en tus relaciones? En muchos casos las personas con las que entablamos una relación son aparentemente diferentes, pero si observamos un poco, en las relaciones suele haber un patrón de comportamiento.

¿Suelen darse los mismos problemas en tus relaciones? ¿Sueles reaccionar de la misma manera ante los mismos problemas? ¿Se suelen repetir en tu vida acontecimientos parecidos una y otra vez? En este caso, deberemos prestar atención ya que tenemos ante nosotros una gran oportunidad de liberarnos del pasado y así poder desbloquear el presente para vivir un nuevo futuro.

Las relaciones que entabla tu mente inconsciente, por consiguiente, son el vehículo a través del cual puedes seguir enseñándote lo mismo una y otra vez y, por ende, seguir anclado al pasado o bien, verlas como la oportunidad que tienes para poder enseñarte algo nuevo a través del otro y reconducir tu vida a un nivel más elevado de consciencia ya que, sin el otro, ¿cómo podrías enseñarte aquello que necesitas aprender en este momento?

Viendo la situación desde este punto de vista podría conducirte a aprender, o mejor dicho, a recordar amar al "otro", agradeciéndole el papel perfecto que está desempeñando para que puedas enseñarte aquello que necesitas aprender. O bien, puedes seguir usando esa relación como recurso propio para intentar cubrir tus necesidades y caprichos emocionales, enseñándote de este modo aquello que compartes a través del otro, manteniéndote así en la misma casilla del tablero de juego durante el resto de tu vida.

7.4.- Los polos opuestos se atraen

Los mecanismos de selección que usa tu mente, operan en un nivel inconsciente. Tu mente siempre va a tender a buscar aquello que cree que no tiene o que le falta. Cuando niegas un aspecto de ti, inevitablemente te experimentas como incompleto y, por ende, más te separas de la totalidad. La mente ahora debe cumplir la función de traer a tu experiencia aquellos aspectos de ti que has rechazado hasta que los aceptes nuevamente. ¿Te suena la frase: "los polos opuestos se atraen"? Literalmente es así. Pero, ¿por qué pasa esto? La mente dual es la consecuencia de la creencia en una mente dividida. La consecuencia de una mente dividida conlleva creer que diferencias. Creer en diferencias te conduce a construir una personalidad e identificarte con el personaje que has elegido. Para reafirmar dicho personaje, necesitas relacionarte con el opuesto para experimentarte así como distinto. En este mundo podemos ver que cualquier cosa tiene su opuesto y que sin él, no tendría sentido de existencia. Y esta dualidad se puede observar en distintos niveles de percepción.

• **En el nivel de lo físico:** El hombre y la mujer, el alto y el bajo, el negro y el blanco, el gordo y el flaco, el calvo y el peludo, el rubio y el moreno, etc.

• **Nivel de identidades:** el rico y el pobre, la víctima y el verdugo, el héroe y el antihéroe, la monja y la prostituta, el religioso y el ateo, , el responsable y el irresponsable.

• **En el nivel del movimiento:** En los procesos de la naturaleza que están en continuo movimiento también podrás observar esta paridad y dependencia. En tu respiración puedes encontrar también esta dualidad en la inspiración y en la expiración. El latir de tu corazón, las mareas de los océanos, el amanecer y el anochecer.

• **Nivel Abstracto:** Del mismo modo también podemos ver estos símbolos en un nivel más abstracto de percepción. El Amor y el miedo, el pasado y el futuro, el bien y el mal, Yin y el Yang, la verdad y la ilusión.

El mundo que vemos refleja simplemente nuestro marco de referencia interno: las ideas predominantes, los deseos y las emociones que albergan nuestras mentes. La proyección da lugar a la percepción. Primero miramos en nuestro interior y decidimos qué clase de mundo queremos ver; luego proyectamos ese mundo afuera y hacemos que sea real para nosotros tal como lo vemos. Hacemos que sea real mediante las interpretaciones que hacemos de lo que estamos viendo.

UCDM. Prefacio. XIII

Si crees en conceptos de injusticia, tu mente te mostrará en una pantalla a todo color todos los acontecimientos que necesitas ver, para así poder experimentar aquellos pensamientos en los que crees. Hasta que no salgas de esa espiral de pensamiento victimista la vida no podrá mostrarte otras posibilidades, pues la vida no puede interferir en la Ley fundamental de causa y efecto. Comprendiendo de este modo que nuestro libre albedrío radica en la libertad de elección que tenemos ante qué pensamientos queremos elegir. Este principio se podría resumir en 3 partes:

- Tal como un hombre/mujer piensa, así será su vida.
- Todos tenemos la capacidad de pensar libremente.
- Por tanto, todos tenemos la capacidad de cambiar nuestro destino cambiando nuestra forma de pensar.

Todo lo que percibes desde una mente dual, dará paso a ver diferencias. Pero, alcanzar un estado mental holístico, te mostrará la verdad que se esconde tras el decorado que el ego ha montado y te mantiene dormido en el sueño del engaño y de lo que no es. Si observas, todas ellas dependen de su contrario para poder expresarse y reafirmar su existencia. Una depende de la otra, y no podrían darse sin su opuesto.

¿Qué significaría alto si no existiese bajo? ¿Qué significa "buenos" ni no hubiese "malos"? Si te has identificado como buena persona, tu mente dual necesitará ver malas personas para poder reafirmar su identidad. Si te identificas como víctima, obligatoriamente tendrás que relacionarte con verdugos para poder reafirmar la idea que has construido acerca de ti. Y así sucesivamente.

Una mente que ha sanado no vería diferencias entre la víctima y el verdugo. Sería consciente de que son el mismo ser que está experimentando el mismo conflicto desde distintas polaridades, y donde ambos tienen la misma necesidad de sanar en su mente el mismo conflicto. Batman (el bueno) necesita al *Joker (el malo)* para poder reafirmar su identidad y curar así su conflicto de injusticia tras haber perdido a sus padres cuando era pequeño. Pero cuando Batman está a punto de matar al Joker, es invadido por la compasión al darse cuenta que el Joker y él son la misma persona. Dos niños con un mismo trauma infantil, que manifiestan el conflicto en distintas polaridades.

Las relaciones no se dan por casualidad. La selección que nace de las relaciones es un movimiento totalmente intencionado desde una mente que desea alcanzar un objetivo a toda costa. Las relaciones, por tanto, se entablan no desde el amor, sino desde el conflicto. Pero sin embargo, es a través de nuestras relaciones como podemos recordar a amar, en lugar de a condenarnos nuevamente. El ego usará la relación especial para reafirmar la idea de separación. EL E.S. usará tus relaciones para restablecer la idea de un mismo ser, transformando la relación en una relación santa libre de condiciones y de conflictos. Por tanto, dependiendo de cuál de los dos maestros permitas entrar en tu relación, te condenarás en ella o te elevarás a través de ella.

Los opuestos son, la manera en que se manifiesta una ilusión que cree en las diferencias, pero que contienen la misma base de conflicto. Por ejemplo, podemos ver que las monjas y las prostitutas son mujeres totalmente distintas, sin darnos cuenta que son el mismo ser manifestando un mismo conflicto en polaridades totalmente opuestas. Ambas mujeres están expresando un conflicto sexual a través del hombre basado en el sacrificio. Una se sacrifica sin sexo, y la otra se sacrifica a través del sexo. Una representa la luz y la otra representa la sombra. Un mismo conflicto mental llevado a distintos extremos. Mientras no sea abandonada radicalmente la idea de creer que eres un ser incompleto, débil, abandonado o inadecuado para los demás, estarás experimentándote desde un vacío existencial, y desde ahí, todas tus relaciones partirán desde una carencia o conflicto inevitablemente. De este modo, las usarás para cubrir aquellos aspectos que crees que te faltan, exigiendo a los demás lo que piensas que no tienes. Ese principio de escasez es el que da paso al mundo de las ilusiones. Y, como todo, si se encuentra dentro de tu mente, debe ser corregido en tu mente, ya que no hay nada ni nadie externo a ti que tenga la capacidad de cubrir ese vacío por ti.

"Amamos" a otro con el objeto de ver qué podemos sacar de él. De hecho, a esto es a lo que en el mundo de los sueños se le llama amor. No puede haber mayor error que ése, pues el amor es incapaz de exigir nada.

UCDM. Prefacio

El ego necesita entablar relaciones basadas en aliados y enemigos. El E.S. entabla relaciones entre hermanos, pues ve a todos como un mismo ser al no identificarse con el cuerpo, sino con la mente. Para el ego, dar es igual a perder, ya que, de acuerdo con su forma de ver el mundo, al dar algo es el otro el que se beneficia y él tiene que privarse de ese algo. El ego siempre entablará relaciones, por tanto, basándose en la idea de obtener un beneficio a cambio. Y todo gesto aparentemente de amor que dé, llevará oculta la intención de obtener un beneficio a cambio que supere en beneficio de la transacción que ha dado.

¿Cuántas veces has hecho algo por alguien, ya sea tu pareja, tu mejor amigo/a, o por un ser querido, y posteriormente cuando ellos no lo han hecho por ti les has echado en cara eso que hiciste por ellos? Si eres consciente de esto, eso no es amor, es manipulación. En ese momento no diste realmente de corazón, sino con una intención oculta de cobrar tu beneficio en un futuro y garantizar así que cubran tus necesidades en el momento en que lo pidas. El E.S. sabe que cuando das, tu caudal aumenta. Ya que siempre estás reforzando las ideas que compartes al dar. Por tanto sabe que cuando quitas a los demás te quitas a ti, y cuando das a los demás es a ti mismo al que beneficias. El amor, por tanto, da sin esperar nada a cambio debido a su naturaleza incondicional, es decir, libre de condiciones o contratos. Por tanto, cuando da no lo hace desde ninguna intención oculta, sino desde la intención de extenderse a sí mismo. De este modo, aquello a lo que llamas "amistades", descansará sobre la base del conflicto. Imagina a dos hombres que se encuentran en una conversación, y le dice uno al otro:

A. Estoy hasta las narices de mi pareja, no me deja en paz. Todas las mujeres son iguales. Para una cosa que quiero hacer y ya me está poniendo pegas.

B. ¡Te entiendo, a mí me pasa lo mismo!

A. Venga, que te invito a una cerveza. ¡Tú serás mi mejor amigo!

Aunque de manera muy sencilla y resumida, es una forma de ver cómo se entabla una relación desde el conflicto. Un mismo "enemigo" en común da pie inevitablemente a buscar aliados para la batalla.

Si nos valemos de la percepción para justificar nuestros propios errores nuestra ira, nuestros impulsos agresivos, nuestra falta de amor en cualquier forma que se manifieste Veremos un mundo lleno de maldad, destrucción, malicia, envidia y desesperación. Tenemos que aprender a perdonar todo esto, no porque al hacerlo seamos buenos o caritativos, sino porque lo que vemos no es real.

UCDM. Prefacio

Para ver un mundo renovado, deberás abandonar todo tu viejo y cansado sistema de pensamiento pues, el mundo que ves es la consecuencia del mismo. Y es, a través del perdón, como conseguirás liberar a tu mente de la dicotomía mental en la que se encuentra. Comprenderás finalmente que no estás perdonando a nadie, sino a ti mismo en última instancia por el daño que has decidido infligirte por pensarte del modo en que lo haces. ¿Qué mayor gesto de amor hacia ti podría haber más que dejar de pensarte como la víctima del mundo para ocupar el lugar que te corresponde estar por derecho de lo que verdaderamente Eres?

7.5.- La mecánica de selección

Todo aspecto que rechazas de tu naturaleza es un ataque contra ti mismo. Y para que el ataque tenga "éxito", debes olvidar que eres tú el que se ha infligido el ataque, pues de lo contrario, dejarías de hacerlo y le devolverías la paz y la compleción a tu mente de inmediato. Pero como hemos dicho, todo pensamiento debe cobrar forma en algún nivel. Por tanto, la creencia en el ataque que has llevado a cabo, la proyectarás sobre el mundo y la verás en los demás.

Como hemos dicho anteriormente, al venir con la mente que no recuerda quién es, comenzará a buscar las respuestas en el exterior, en lugar de buscarlas en el interior. Recordemos que tu mente aprenderá bajo dos premisas básicas: lo que escuchas de los demás (lo que te dicen), y lo que ves en ellos (por imitación del comportamiento).

Veamos el caso de una mujer a la que llamaremos Sara, que repetía relaciones conflictivas una y otra vez. Esta mujer nació con una personalidad arrolladora y expresiva, y con un gran deseo de expresarse. Como ya sabemos, en su primera etapa de vida comenzará a experimentarse con el mundo exterior con la finalidad inconsciente de responder la pregunta: ¿qué soy? Aquí entrará en juego su mecanismo de supervivencia, programado con dos premisas básicas: el instinto de supervivencia y la necesidad de encajar en el grupo al que pertenece. Hay que tener en cuenta que el miedo al rechazo a veces es superior al miedo a la muerte.

Dicho esto, en la medida que perciba si lo que ella es, gusta o no gusta a los demás, aceptará eso de sí como positivo o negativo. En caso de ser positivo, lo desarrollará plenamente y vivirá en armonía con esos aspectos de sí misma. En caso de ser negativo, negará dichos aspectos de su naturaleza y vivirá el peso de la resignación, y por ende, del conflicto interior. Estos aspectos que niegue de ella, los enviará a la sombra de la mente inconsciente, y le perseguirá durante toda la vida, como si de su propia sombra se tratase, y nunca mejor dicho. Y son justamente estos aspectos los que buscará en los demás, sintiendo una mezcla de amor y odio al mismo tiempo. Imagina ahora que las primeras experiencias que percibe a través de sus padres son negativas, donde le dicen cosas como, por ejemplo: no molestes a los mayores, no seas pesada, o ahora no tengo tiempo para estas chorradas, a veces eres insoportable, deja a tu padre ahora que está muy cansado de trabajar, en la mesa hablan solo los mayores, debes tener cuidado con lo que dices, etc.

Por otro lado, al ser niña, observa que en su casa los hombres tienen la voz cantante y que la madre se comporta con de una determinada manera, tanto dentro de casa, como fuera de casa, teniendo cuidado cuando habla, dejando que los hombres se expresen libremente pero ella no haciéndolo nunca, o haciéndolo cuando los hombres no están delante.

Con toda esa interacción, Sara ya tiene una base para comenzar a asociar en su mente un mandato que le condicionará su experiencia de vida hasta que quede resuelto, que reza así más o menos: "si hablo o me expreso, los demás me rechazan", "las mujeres no tenemos derecho a expresar lo que pensamos". Lo primero que emergerá en la mente inocente de la niña será la duda, que conlleva una pregunta; ¿quién tengo que ser, que cuando hablo genero molestia a los demás? o dicho de otro modo, ¿qué expectativas tienen los demás de mí, en relación con lo que yo tengo que ser para contentarles? La niña comenzará a relacionarse con esta pregunta y, al no comprender que los padres están bajo el yugo de su educación, ya que ellos fueron niños y también educados de la misma manera, pensará que el problema es ella. Su mente comenzará a dar respuesta a la pregunta que formula, y la respuesta será parte de la personalidad que irá forjando a lo largo del tiempo. De este modo, Sara irá creciendo y normalizará su falta de expresión, buscando otras vías como la pintura, la música, la danza y otras disciplinas a través de las cuales no sea un problema para los demás. Pero la causa del conflicto seguirá activa en su mente, por tanto, mientras no se haga consciente de eso, verá el conflicto fuera de ella. Aunque Sara viva en una sociedad que ya ha sido liberada del machismo, ella seguirá viendo injusticias y desigualdad de género, debido al conflicto pasado que se dio en una infancia que le sigue acechando en su presente.

Cuando ya es adulta, Sara encontrará un trabajo y se sentará justo al lado de una compañera que habla por los codos. Ella comenzará a sentirse abrumada, diciendo que su compañera es muy pesada, que es como una niña pequeña insoportable, que es un rato molesta o que tendría que tener más cuidado con lo que dice. Justo las mismas cosas que le cedían a ella de pequeña, pero sin darse cuenta que eso que ve en su compañera, es justo su propia sombra. Es decir, se está relacionando con aquellos aspectos que no acepta de ella misma a través de su compañera de trabajo. Y la vida se la pone justo al lado para que pueda verse a sí misma. Aquí es cuando Sara llegará a decir: ¿es que me tienen que tocar todos los pesados? Del mismo modo, y muy probablemente, su mente inconsciente buscará una pareja que complete esa parte que ha negado en ella misma para volver a sentirse completa. Es decir, se sentirá atraída por un hombre que contenga aquellos aspectos que ella ha rechazado de sí misma. En este caso, un hombre que se exprese libremente. Ese aspecto por el que se enamorará al principio, será el mismo aspecto que se tornará en insoportable a lo largo del tiempo, y si se llegan a separar, será un gran condicionante la decisión.

Por lo general, aquellos aspectos que atraen en un principio en las relaciones sentimentales, suele ser el mismo motivo por el que se terminan separando. Por ejemplo: una persona que tiene una baja autoestima se siente atraída por la fuerte seguridad que muestra la otra persona. Con el tiempo, esa seguridad será el detonante que active el conflicto de inseguridad de la otra persona manifestándose a través de celos, control y manipulación. Con el paso del tiempo, Sara comenzará a darse cuenta que el hombre no la tienen en consideración, que su palabra no sirve, que él siempre lleva la voz cantante o que ella no tiene libertad cuando está en una relación con un hombre. Y no se dará cuenta que está repitiendo la misma vida que su madre. Es decir, se está relacionando con su padre a través de su pareja.

Y por último, se relacionará con otras mujeres a las que llamará amigas, sin darse cuenta que más que amigas son sus aliadas, ya que comparten el mismo conflicto en común con los hombres. Es siempre con ella misma con la que se relaciona, y de este modo, es como puede reafirmar la identidad que ha aprendido en su pasado. O dicho de otro modo, está relacionándose constantemente con su pasado, anulando de este modo la experiencia que el presente le ofrecería, pero que no puede ya que lo anula al sustituir el instante presente por el pasado, en un intento de mantener con "vida" su antiguo mundo. De este modo, el ego garantiza que el futuro sea siempre igual, usando al presente como puente, y siendo así el modo en el que puede extenderse en el tiempo, garantizando el conflicto y, por tanto, su falsa identidad.

7.6.- Ser, aquí y ahora

¿Alguna vez has estado en el pasado? Piénsalo bien. ¿Te acuerdas de ti cuando estuviste ayer? Probablemente hayas contestado que sí. Pero si te das cuenta, esta pregunta es imposible, ya que jamás has estado ayer y jamás estarás mañana. Siempre estás aquí y ahora. ¿Cuándo y dónde estás en este momento? Aquí y ahora, ¿verdad? Ok, dame un minuto antes de seguir con la lectura. ¿Ya ha pasado el minuto? (sé que no, pero bueno). ¿Dónde estás en este momento? Aquí y ahora de nuevo.

Si te paras a pensar, siempre estás en el aquí y en el ahora. Que usas tu mente para pegarte unos viajes por el pasado y por el futuro como el protagonista de regreso al futuro, lo sé. Qué tú te encuentres allí, eso ya es una distorsión de la realidad.

La diferencia que hay entre los dos estados de pasado y futuro, del presente, es tu presencia. Tú eres real porque estás siempre en el *ahora*. El pasado depende del futuro para dar sentido a su ilusión, del mismo modo que el futuro depende del pasado para dar sentido a la suya, pues son polaridades opuestas. La misma ley se aplica a todo lo que ves. La víctima, para poder ser víctima, necesita verdugos. Los héroes necesitan villanos para poder jugar a ser héroes. Los pobres necesitan a los ricos para poder reafirmar su personaje, así sucesivamente. Todo es un juego dual en el que se necesita el opuesto para poder reafirmar la idea de separación.

El presente, por el contrario, no depende de ningún espacio tiempo para Ser. El pasado está en la memoria y el futuro en la imaginación. En el presente se encuentra el conocimiento y es una experiencia inefable. Esto quiere decir que no se puede explicar porque los símbolos de las palabras carecen de sentido en el conocimiento. El presente es el espacio mental donde liberas a tu mente de la ilusión del pasado y del futuro para que tu verdadero Ser pueda manifestarse en tu mente, previo abandono de cualquier idea preconcebida de tu pasado, que no hace más que anular el presente para extenderse a través de él hacia el futuro. Y así perpetuar la ilusión en tu mente. De este modo, cada vez que tu mente siga atraída por el pasado, estarás queriendo mantener la idea que aprendiste de ti, a través de ciertos acontecimientos que ya no existen, para mantener con vida esa identidad.

La famosa frase y cada vez más popular de "estar en el aquí y en el ahora", hay que comprenderla bien, pues una vez más, tergiversamos el conocimiento y lo amoldamos a nuestra particular percepción, haciendo que pierda todo el sentido y todos los beneficios reales que esconde tal aprendizaje. He escuchado a muchas personas decir con mucho énfasis, "Carpe diem", "Vive el momento presente", "yo vivo en el aquí y en el ahora". En realidad, la gran mayoría de esas personas no están, ni tan siquiera, cerca de comprender el verdadero significado de estar en el instante presente realmente.

Te invito a que, de manera consciente, levantes la cabeza y observes todo lo que ves a tu alrededor. Tómate un par de minutos y mira todo lo que tengas en este momento tanto cerca como lejos de ti sin detenerte en nada en particular, solo observa. Mientras miras cada objeto que se cruce en tu camino, sé consciente que lo que ves, solo tiene el significado que tú le estás dando. Todo lo que ves fuera de ti no tiene la capacidad de ser nada si tú no le das el significado que tiene. Toda la información que proyectas sobre lo que ves procede de tu pasado, y es ahí donde forjaste la idea que tienes acerca de ti, de todo y de todos. Tu mente está intentando dar un significado a todo lo que ves, basado en algo que ya no existe, sobre cualquier objeto sobre el que tu mirada descansa, o sobre cualquier acontecimiento que se presenta ante ti. Abrirte a esta idea te facilita el primer paso para poder comprender realmente, y reconocer que en realidad no sabes nada, pues estás impregnando todo lo que ves con tus pensamientos del pasado, no con una mente presente abierta a descubrir de nuevo. Aquí es donde la famosa frase "solo sé que no sé nada" puede cobrar más sentido que nunca. Es el umbral que da paso a la verdadera humildad y por lo tanto, el primer paso para invitar al verdadero conocimiento a tu mente.

Nada de lo que ves es tal como lo ves. Pero al darle un valor muy particular, tu mente te lo muestra a través de todos los sentidos y emociones para que puedas ver y experimentar tus propios pensamientos, y los sacará fuera de ti para que puedas experimentarlos.

Déjame que te haga una pregunta entonces, ¿crees que puedes cambiar el pasado? Puede que pienses que no. Pero, antes de ser contestada, permitámonos observar un poco más en profundidad cómo funciona la mente para responder correctamente. La mente no distingue entre realidad, imaginario, simbólico o virtual, lo que significa que, si vives una situación real, o la vives imaginariamente, la mente va a recrear la situación, y tú lo experimentarás de igual modo.

El ejemplo más claro es adentrarse al nivel de los sueños. Cuando te vas a la cama tu mente recrea un escenario. Ese escenario, ¿quién lo ha puesto ahí? ¿Ya estaba antes de que te fueses a la cama? No, ese escenario lo has puesto tú. De manera inconsciente, pero has sido tú, ¿verdad? Una parte de ti mismo, que está recreando una escena a través de una proyección mental. Después, aparecen ciertas personas en ese sueño. ¿Quién las ha puesto ahí? ¿Ya estaban antes de que tú llegases? No, las has puesto tú de nuevo. Una parte de ti mismo que desea que aparezcan esas personas ahí. Pues, ¿quién si no las ha puesto ahí? No hay nadie en el exterior que tenga tal capacidad, ¿verdad? Por lo tanto, esas imágenes deben ser proyectadas desde por tu mente, por lo tanto, por ti mismo. Ahora, esas personas comienzan a actuar contigo. Comienzas a ver cómo algunas te admiran, otras te ignoran, otras te acompañan, otras te atacan y otras te traicionan. ¿Quién hace que esas personas actúen de esa manera? Tú mismo de nuevo vuelves a proyectar sobre ellos las características que deben tener, qué personalidad, qué tipo de carácter y cómo deben interactuar contigo, tanto para bien como para mal.

Hay una voluntad profunda en tu mente que desea experimentar las cosas de una manera determinada. Como si dentro de los sueños pudieses tejer tu propia realidad, sin nada ni nadie que te lo impida. Cuando alguien te ataca en sueños, esa voluntad profunda en ti, es la que desea recrear una situación de ataque para volver a experimentarla. ¿Qué te lleva a pensar que en tu realidad, cuando estás despierto, no es alguna parte de tu mente profunda la que desea revivir esas experiencias de conflicto, de traición o de escasez? En realidad, ese sueño no está sucediendo más que en tu propia mente, ya sea cuando duermes o cuando estás despierto, pero tu cuerpo lo siente como si fuese real. En este punto podemos comprender varias cosas: La mente no comprende si lo que está viviendo es realidad, imaginario, simbólico o virtual.

1. La mente crea realidades. Si la mente cree en algo, lo crea.

2. La mente siempre te mostrará aquello que tiene valor para ti, ya sea, tanto en el nivel de los sueños, como en tu propia realidad.

3. El cuerpo es la herramienta que usa tu mente para poder expresarse.

4. No se puede ver al cuerpo como algo separado de la mente.

Que el cuerpo depende de la mente para poder expresarse no es un juicio, es un hecho. Pero, ¿la mente necesita al cuerpo? Bueno, es bastante obvio que no. La mente puede seguir funcionando aunque tu cuerpo duerma, pero el cuerpo no puede vivir sin la mente. Y, siguiendo este principio, si el cuerpo no puede vivir sin la mente, tampoco podría enfermar sin la mente. (Este tema lo abordaremos más adelante).

Todo esto se podría resumir en tan solo estos dos conceptos:

1. Somos mente.

2. Todo es mente.

El cuerpo podría decirse entonces, que es el vehículo que usa la mente para vivir una experiencia determinada. Esto nos lleva a comprender que el cuerpo es la consecuencia de la mente, por lo que, el cuerpo opera en el nivel de los efectos, no de las causas.

A través de estos principios, podemos comprender que tu mente es la que proyecta imágenes, y tu cuerpo es el vehículo para poder experimentar a nivel emocional los efectos de dichas imágenes. Así pues, si tu mente vive algo o lo sueña, en ambos casos lo experimentarás como real. Como hemos aprendido anteriormente, tu ego necesita el pasado para poder perpetuar la ilusión en el presente. Esto quiere decir que, aunque no te des cuenta, tus conflictos y traumas del pasado condicionan constantemente tu presente en todo momento. Por decirlo de otro modo, todo lo que ves en este momento, lo ves con ojos del pasado. Por eso no puedes ver el presente, ya que lo está usando con la intención de reafirmar tu herido amor propio de aquello que viviste.

El conflicto nace siempre en una mente que sigue gobernada por el pasado. Los escenarios que se presentan en tu vida son neutros, es decir, no tienen la capacidad de hacerte sentir nada. Es la interpretación que haces de las situaciones las que te hacen reaccionar ante ellas. En psicología, a este fenómeno se le conoce como engrama, una impresión que deja un acontecimiento grabado en la memoria. Hasta que la mente no se libera del trauma del pasado, siempre estará condicionada a los escenarios que se presenten en el ahora.

Entonces, ¿podemos cambiar el pasado? La buena noticia es que SÍ. No los acontecimientos, pues los hechos, hechos son. Pero sí puedes cambiar la interpretación que hiciste de dichos acontecimientos, por lo tanto, al cambiar el significado, cambias la interpretación o juicio que hiciste de ti mismo en ese momento. Para ello, debemos reinterpretar los hechos en los que emitiste un juicio hacia ti mismo por una situación no comprendida, y por tanto, no integrada y sanada. De este modo, podemos cambiar la interpretación que tenemos acerca de quiénes somos y, en consecuencia, el presente queda liberado de las sombras de conflicto que provenían de un pasado no perdonado. Hacer uso del pasado para seguir quejándote por lo que te sucedió, solo sirve para reforzar en tu mente la idea limitada, irresponsable y victimizada que tienes acerca de ti. Créeme, el único al que condenas con esa mentalidad es a ti mismo.

Entregar las creencias de conflicto al E.S. es la práctica que deberíamos hacer a diario para que este pueda obrar el milagro en la mente que aún no ha sanado. En el momento en el que se hace entrega de las causas (creencias) que originan el conflicto, es cuando la mente está predispuesta a que la corrección se lleve a cabo en el mismo lugar donde se "produjo" lo que jamás pudo ser, es o será, restituyendo nuevamente las ilusiones por el conocimiento.

7.7.- Cómo cambiar el pasado

Este caso sucedió durante un curso que estaba impartiendo a un grupo de asistentes en Málaga, una maravillosa ciudad de la costa Sur de España. *María* es una mujer de unos 35 años que vive en pareja con un hombre divorciado, de unos 45 años. Él tiene una hija de 7 años de su anterior matrimonio, y comparte la custodia con la madre de la niña. Uno de los fines de semana que le tocaba tener a su hija, decidieron irse a un parque para que la niña jugase. Mientras Luis y *María* estaban hablando de sus cosas, su hija recibió un golpe fuerte por un niño y se puso a llorar. Los gritos de la niña hicieron que su padre saltase corriendo de la silla para asistir a su hija.

Durante ese tiempo que el padre estaba atendiendo a su hija, *María* comenzó a irritarse sin saber por qué, al vcr que estaba siendo muy sobreprotector con la niña, lo que terminó desembocando en una discusión. *María* estaba convencida en ese momento de que su pareja estaba exagerando con los cuidados hacia su hija, y que tenía más que evidencias del comportamiento exagerado del padre.

—Así solo vas a hacer que sea una niña de porcelana —decía María

—¿Qué crees que pasará cuando sea mayor y no esté papá para cuidarla?

¡La vas a hacer una niña inútil!

En ese momento María, sin darse cuenta, está proyectando su pasado sobre el presente. Un acontecimiento externo ha activado emocionalmente su sistema neuronal, y en cuestión de un instante, sus emociones han tomado el control de ella.

—¿Qué es lo que te molesta? Le pregunto yo durante el curso.

—No lo sé, pero ahora lo miro con perspectiva y sé que me algo me irritaba por dentro. Y eso me hace sentir mala persona. ¡Es como si tuviese celos de su hija!

En el momento en el que comenzamos a entrar en situación, se podía notar como *María* volvía a activarse emocionalmente, solo con sacar el tema en cuestión. Estaba lidiando con algo que se le escapaba de su comprensión y no sabía por qué. Le dije entonces que me replicase el escenario, pero esta vez, en lugar de hablarme de la hija de su pareja, buscase una situación que le pasó a ella con la misma edad que la niña. Tras medio minuto de silencio, la cara de *María* iba congelándose poco a poco, y comenzaron a brotar lágrimas de sus ojos. Le llegó una imagen muy particular.

—Recuerdo que me regalaron una bici nueva cuando cumplí siete años. Un fin de semana mi padre no tuvo que ir a trabajar y pudo pasarlo con nosotras en casa. Ese fin de semana bajamos a la calle donde había otros niños. Mis padres estaban en una terraza donde podían vernos, tomando algo con unos amigos. Yo deseaba enseñarle a mi padre todo lo que había aprendido con la bici, para que se sintiese orgullosa de mí. Algo salió mal y me caí de la bici. Me hice una pequeña herida en la rodilla. No solo no pude demostrar a mi padre lo que había aprendido. Lo peor de todo fue cuando dos niños se comenzaron a reír de mí y mi padre no vino a ayudarme. Recuerdo que sus palabras fueron: "Venga hija, levántate, que no es para tanto". Y continuó con sus amigos.

En ese momento recordó la sensación de falta de protección que no tuvo por parte de su padre. Y no solo eso, recordó lo poco atento que su padre ha sido en ese aspecto durante toda su vida. La herida de la rodilla se curó hace muchos años, pero la herida en el corazón aún sigue abierta. Justo esa sensación es la que *María* no ha terminado de liberar y sanar hasta ese momento.

Cuando *María* estaba viendo a su pareja atendiendo a su hija, su mente le estaba recordando el dolor de una vieja herida. Por lo tanto, ese escenario es muy incómodo para ella. En este caso, la mente comprende, la única manera de estar en paz es acabando con ese símbolo a toda costa.

Una vez llegamos a ese punto, pudimos ayudar a *María* a reinterpretar los acontecimientos. Llegó a la comprensión del porqué su padre nunca fue cariñoso y le costaba tanto dar amor, no solo a ella, sino a su madre y sus hermanas. Solo tuvo que pensar en la vida que tuvo su padre cuando era pequeño, la poca infancia que tuvo ya que vivía con una madre con un carácter endurecido de la guerra, y una ausencia de padre.

María llegó a comprender que jamás fue nada personal contra ella, sino que su padre lo hizo lo mejor que pudo y supo con lo poco que él había recibido. Y pudo reconocer todo el esfuerzo que tuvo que ser para ese niño no haber tenido la posibilidad de montar en bici con sus amigos, pues tenía que ayudar a su madre desde muy pequeño.

Poco después, *María* se puso en contacto con su padre para hablar con él. Necesitaba conversar con él después de una vida casi sin tener trato. Su padre se extrañó mucho tras recibir la llamada de su hija. Pensaba que algo malo había pasado. Ella tan solo le agradeció todo lo que ha hecho en su vida por ella, y le reconoció todo el esfuerzo y la paciencia que ha tenido durante tantos años, lo que siempre se ha esforzado por llevar dinero a casa y que no le falte de nada a su familia. Era la manera en que él sabía dar amor, dando aquello que él no tuvo, una infancia a sus hijas. Y para darlo, él tenía que trabajar duro.

Tras escuchar su padre todo esto, el silencio se hizo durante un largo minuto que pareció ser una eternidad. Después del silencio, *María* solo escuchaba a su padre intentar decir algo entre lágrimas. Es entonces cuando *María* comprendió que no solo ella estaba sanando con ese gesto, sino que al perdonar a su padre, estaban sanando los dos. Fue cuando se dio cuenta que, el amor que le estaba reclamando a su padre, era el amor que su padre necesitaba recibir. Y al dárselo, las heridas de ambos quedarían sanadas, y el pasado resuelto.

María no solo ha sanado la relación con su padre, sino también con los hombres. Su relación de pareja ha dado un giro de 180°. Los hechos del pasado siempre serán igual, pero la nueva interpretación que ha hecho, basada en el amor y no en el miedo, ha llevado a la mente de *María* a reprogramarse de nuevo. De este modo la herida del presente queda liberada para ella.

Capítulo 8

Trampas y pruebas en el camino

*¿Sabes que cuando estás esperando a alguien y
crees que está tardando, no está tardando?
Solo estás pensando que está tardando.
De ahí nace tu particular experiencia.*

8.1.- La trampa de la felicidad

La mente puede experimentarse como completa o incompleta. Ya sabemos que una nace de un estado mental recto, y el otro distorsionado. La mente que está en constante búsqueda se encuentra en un estado mental ilusorio, ya que vive en la certeza de que le faltan cosas para vivir y poder completarse. En realidad, solo te necesitas a ti para poder experimentarte en esta vida.

Para que la mente pueda vivir ese deseo de incompleción, precisará todos los recursos que necesita para ello, un cuerpo, un mundo donde las cosas aparezcan y desaparezcan, un mundo de necesidad, etc. Una vez que nos encontramos en ese estado, comienza la búsqueda incansable de aquello que nos haga sentir completos de nuevo. La trampa del juego emerge cuando quieres experimentar un estado de satisfacción desde un sistema de pensamiento de naturaleza insatisfecha, sin estar dispuesto a abandonar ese sistema de pensamiento.

Todos buscamos lo mismo, y lo hacemos a través de métodos muy extraños, asociando que ese algo, tiene que encontrarse en algún lugar fuera de nosotros. Todos buscamos ese algo, todos lo anhelamos, y todos sabemos que eso que buscamos tiene que existir. Según naces, es como si tu mente supiese que ha perdido ese algo y tiene que encontrarlo a toda costa. Pues, sin esa cosa, nada tiene significado, y una vida sin significado engendra temor. A esa cosa le hemos puesto varias etiquetas como por ejemplo, paz, felicidad, éxito, dicha, amor, etc. Y pensamos que todo eso llegará cuando consigamos ciertas cosas en nuestra vida. Por ejemplo, el afán por tener éxito habla de la necesidad que tenemos de encontrar esa cosa que tanto anhelamos. Pensamos que triunfar es conseguir objetivos difíciles, y no todos podrán lograrlo. Vaya, parece ser que Dios ha decidido que la felicidad no es digna de ser algo para todos.

Todos sabemos que desde eso que buscamos, somos capaces de hacer cualquier cosa. La vida eterna se ve desde un estado de felicidad perfecta, ya que la mente no puede ver conflictos desde ahí, incluida la muerte. En realidad no buscamos una emoción concreta, sino regresar al estado mental del que procedemos. Déjame que te haga una pregunta.

¿Qué serías capaz en esta vida si no tuvieses miedo? Realmente, ¿estarías viviendo la misma vida que estás viviendo ahora mismo? ¿Te relacionarías del mismo modo con las personas tal como lo haces ahora?

¿Crees que tu experiencia en este mundo sería más enriquecedora, no solo para ti, sino para las personas que te rodean?

A todas vistas, vivir desde un estado elevado sólo puede traer beneficios, en el sentido literal de la palabra. Cuando estás vibrando en ese estado, solo puedes atraer experiencias que están en sintonía con ese estado, como si de una emisora de radio se tratase, que cuando sintonizas con la cadena adecuada, puedes escuchar la mejor de las melodías. La experiencia que nace de un estado mental elevado es incomprensible para las personas que se encuentran en un estado mental denso. Literalmente, vivirán experiencias radicalmente opuestas aunque se encuentren en la misma habitación.

A través de este libro hemos ido viendo que tenemos dos sistemas de pensamiento. Que no existen pensamientos neutros porque, al ser causa, siempre generan efectos. Que nadie puede elegir pensar por ti, y, en última instancia, eres tú mismo el que decides cómo pensar. Por lo tanto, ser feliz no solo es tu mayor derecho, también es tu mayor responsabilidad. Por tanto, es literalmente imposible que alguien pueda alcanzar un estado elevado desde la queja. Para ello, debería renunciar al victimismo y hacerse responsable al 100% de toda su experiencia. Esto incluye sus pensamientos, sus emociones, sus palabras y sus actos, sin responsabilizar a nadie por nada de eso.

La felicidad es la ausencia de necesidad, del mismo modo que el amor es la ausencia de miedo, la paz la ausencia de conflictos, o la abundancia la ausencia de escasez. Como puedes comprender, por tanto, la felicidad es un estado mental basado en ausencia de carencia o de conflicto. Y este solo puede aparecer en aquella mente que decide abandonar por completo todo tipo de pensamiento que proceda de un estado mental basado en la necesidad.

Por ejemplo, la abundancia no puede entrar en una mente que deposita su fe en los símbolos de la escasez. Del mismo modo, la paz no puede entrar en la mente que está en pugna, precisamente porque el conflicto expulsa a la paz de la mente. Solo desde un estado de paz puedes comprender, precisamente por qué una mente en calma puede ver con claridad. La paz, debe esperar pacientemente a que te liberes del conflicto para que pueda volver a ocupar el lugar que le corresponde. Del mismo modo que el ego no puede vivir en el amor, el espíritu no puede vivir en el miedo. ¿Acaso tu mente podría experimentar el conflicto desde un estado de felicidad? Sería imposible. Por lo que el ego jamás querrá que alcances dicho estado.

El ego siempre te hará creer que cualquier solución a tus problemas, incluso tu propia felicidad, son cosas que se encuentran fuera de ti. De este modo es como te mantiene entretenido en una interminable búsqueda, asegurándose que jamás halles aquello que anhelas, mientras alimenta tu mente con una oleada de creencias con barnices de esperanza, susurrándote que algún día encontrarás ese tesoro que buscas. La máxima del ego es "busca pero no halles".

De acuerdo con este plan demente, cualquier cosa que se perciba como una fuente de salvación es aceptable, siempre y cuando no sea eficaz. Esto garantiza que la infructuosa búsqueda continúe, pues se mantiene viva la ilusión de que, si bien esta posibilidad siempre ha fallado, aún hay motivo para pensar que podemos hallar lo que buscamos en otra parte y en otras cosas.

UCDM L71_3:2-3

¿Cuánto tiempo de tu vida pasas elaborando planes secretos para alcanzar objetivos, pensando que cuando llegues a alcanzarlo la vida tendrá sentido? Sacarte una carrera, tener pareja, comprarte un coche, casarte, formar una familia, conseguir más dinero, comprarte el último modelo de móvil, tener un buen coche, y tantas cosas más. **La vida es aquello que sucede mientras tú estás planificando tu vida.** No digo que nada de esto sea malo. Sino que tenemos que pensar desde qué estado mental estamos viviendo esta experiencia.

No es lo mismo vivir la experiencia de conducir un Ferrari, divertirse y disfrutar de las prestaciones y sensaciones que te da un deportivo cuando lo llevas a 200 km/h, que comprarte un Ferrari porque te da sensación de poder, de reconocimiento que necesitas para mantener en un *Statu Quo* determinado, etc. Esta segunda opción pasa de ser una mera experiencia enriquecedora en la vida, a identificarte con algo en concreto y necesitarlo para proteger una identidad basada en un complejo de inferioridad. ¿Qué seguridad tendría esa persona si le quitasen sus bienes materiales, cuando lleva toda la vida depositando su autoestima en todos ellos en lugar de en sí mismo? Del mismo modo, no es lo mismo vivir una experiencia de relación de pareja sentimental, donde cada uno se hace responsable plenamente de su propia felicidad para compartirla con el otro y relacionarse desde ese estado, que usar la relación para cubrir un vacío emocional a través del otro y tener a alguien al lado para que puedas reafirmar la idea de traición, abandono o cualquier otro drama no resuelto, con el que ya llegaste a dicha relación.

El ego se hace fuerte en la lucha, del mismo modo que el espíritu hace acto de presencia en la paz. Cuando experimentas conflicto, por tanto, es la consecuencia de haber elegido hallar la solución fuera de ti. Es como expulsar la paz fuera de tu mente y pensar que es ahí donde tienes que buscarla, en lugar de darte cuenta de que es librándote del conflicto interior como aparecerá de nuevo en ti.

Cuanto más busques la paz o la felicidad fuera de ti, más te alejarás de alcanzar tu objetivo, ya que cuanta más energía pones en buscarla fuera, más refuerzas en tu mente la idea de carencia. Por lo tanto, estás operando desde un estado de necesidad, y al reforzarla, la refuerzas en tu mente. ¿Puedes ver este movimiento? En el momento en el que dejas de buscar fuera, comienzas a comprender que eso que buscas no solo está en ti, sino que Eres Tú. Estás poniendo a tu mente a trabajar a favor de ti, otorgándole así una situación aventajada, ya que le estás indicando dónde debe buscar correctamente. Y, tal como ya sabemos, lo que la mente busca, te lo mostrará. El mundo de las formas es cambiante, y lo hace en todo momento. Hoy tienes una cosa y mañana ya no. Depositar tu fe en la conquista de la felicidad a través del mundo de lo cambiante, es como querer buscar algo en medio del océano que no se encuentra ahí, y pretender encontrarlo mientras te das ánimo y esperanza.

La felicidad elusiva, que cambia de forma según el tiempo o el lugar, es una ilusión que no significa nada. La felicidad tiene que ser algo constante porque se alcanza mediante el abandono de lo que no es constante.

UCDM T21 VII_13.1-3

Quédate con esto, siempre que busques fuera de ti, estarás buscando ver necesidad y carencia, por tanto, encontrarás dificultades, traiciones, robos, escasez, competitividad, etc. Siempre que busques dentro hallarás la verdad. Por tanto, **no busques la abundancia, la felicidad o el amor fuera de ti. Más bien, busca todas las barreras que te has puesto para que no se manifiesten de manera natural en tu vida.**

8.2.- La proyección

Si la causa del mundo que ves son los pensamientos de ataque, debes aprender que ésos son los pensamientos que no deseas. De nada sirve lamentarse del mundo. De nada sirve tratar de cambiarlo. No se puede cambiar porque no es más que un efecto. Pero lo que sí puedes hacer es cambiar tus pensamientos acerca de él. En ese caso estarás cambiando la causa. El efecto cambiará automáticamente.

El mundo que ves es un mundo vengativo, y todo en él es un símbolo de venganza. Cada una de las percepciones que tiene de la "realidad externa" no es más que una representación gráfica de tus propios pensamientos de ataque.

UCDM L23_2:1-6 y 3:1-2

[Y sigue]. Ves el mundo que has fabricado, pero no te ves a ti mismo como el que fabrica las imágenes.

UCDM L23_4:1

La vida tal como la ves no es real. Literalmente se puede decir que estás engañándote en todo momento frente a lo que ves, aunque en realidad lo estés viendo. El punto de vista que tienes no está basado en el conocimiento, sino en una percepción muy limitada y particular. El verdadero conocimiento del Ser te llevaría a experimentar la realidad tal y como es en toda su perfección. Del mismo modo la percepción sólo puede mostrarte un pequeño fragmento de la vida, un mundo imperfecto y limitado pues te muestra solo un fragmento de la totalidad. Y así es como se te conduce a experimentar un mundo escaso, dividido y limitado.

El ego lleva mucho tiempo conviviendo contigo, y no descansa. Mientras tú duermes, él sigue elaborando planes para poder sobrevivir a toda costa. Recuerda que el ego nace de un sistema de pensamiento basado en la carencia y la necesidad. ¿Qué esperas que este guía te muestre de la vida? Para que este guía pueda seguir sosteniendo su corona en su reino precario, necesita que sigas dormido a costa de alimentar las creencias de conflicto y de la carencia en ti, para poder sobrevivir. Él depende de ti, y necesita de tu poder para poder "existir". Eres como su combustible. Para ello, tan solo necesita que sigas depositando tu fe en lo que te dice, pues al creer en él, se te mostrará para que lo veas con tus propios ojos.

El objetivo del ego es que emprendas una interminable búsqueda, pero que nunca halles aquello que buscas, mientras te sigue haciendo creer que vas por buen camino alimentándote de esperanza y entreteniéndote con baratijas para motivarte a seguir buscando. Es como el coyote y el correcaminos. Vivirás la experiencia de querer alcanzar al incansable e inalcanzable correcaminos, y toda tu vida, todos tus esfuerzos, toda tu inteligencia y toda tu creatividad, girarán en torno a crear y elaborar todo tipo de artilugios y estrategias inútiles, que jamás tendrán resultado alguno. ¿Cómo no iban a aparecer la impotencia y la frustración en tu mente, dando paso a la creencia en la impotencia y en la injusticia?

Una mente que vive buscando algo en lo imposible, terminará inevitablemente por encontrarse con la confusión, el desánimo, la frustración y la impotencia. Las emociones que emergen de esta experiencia inevitablemente serán la depresión, la ansiedad, la desidia, la rabia, el odio, la ira, y el orgullo. Todas estas emociones, son las mil caras del miedo. Nacen de un estado mental que basa su existencia en la ilusión. Aquí entra en juego una de las herramienta más preciadas por el ego, LA PROYECCIÓN. Pues alguien tiene que tener la culpa de eso que sientes. Ya sean tus padres por la educación que te dieron, ya sea la política, ya sea la vida misma, ya sea tu pareja, o ya sea cualquiera que se cruce en tu camino en ese momento.

La enfermedad es una forma de búsqueda externa, del mismo modo que la salud es paz interior. La frustración que sientes nace de una mentalidad enfermiza, y debe ser, por tanto, corregida. El odio que nace de la frustración, tiene que tener un blanco, y no está dispuesto a fallar cuando dispare a su presa. De este modo, es como proyectas todo lo que sientes sobre los demás. Para ello, necesitas inventar argumentos en tu mente que justifiquen el ataque. Y para ello, necesitas ver a los demás de una manera particular, pero no realmente como son. Por eso no puedes conocer realmente a tu hermano, y por lo tanto, no puedes conocerte a ti mismo.

¿Alguna vez has ido al cine? Seguro que sí. La cinta (tu mente) contiene la información, y a través de un proyector (ojos) puedes proyectar sobre la gran pantalla (tu vida). La mente invertida del ego te hace creer que lo que ves fuera nada tiene que ver contigo y que la interpretación que haces de lo que ves está justificada. La mente recta del espíritu te diría que todo es mente, que no hay nada que se encuentre fuera de la mente y por lo tanto, que es imposible que vivas una experiencia externa a tu mente. Lo que solemos hacer como seres humanos desde nuestra "cordura", es enfadarnos cuando vemos en la pantalla cosas que no nos gustan, y acabamos por tirar piedras sobre la pantalla, taparnos los ojos o irnos del cine decepcionados, en lugar de ir al proyector y cambiar la película definitivamente.

¿De qué modo si no podrías reafirmar que eres víctima del mundo que ves? ¿Y qué de forma podrías hacerlo si no es a través de tus relaciones, de los demás o del mundo exterior? ¿Cómo podría tu mente creer que eres víctima de lo que te pasa, sin ver culpables a tu alrededor? El ego necesita que creas en enemigos, mientras que el espíritu te diría que puedes deponer las armas y dejar de buscar lo que no puedes encontrar.

Detente por un momento y piensa en alguien, en la primera persona que te venga a la cabeza. ¿Lo tienes? Bien, ¿Crees que realmente le conoces? ¿Crees que realmente te has relacionado con él o con ella? En realidad no le conoces en absoluto. Lo que te resulta familiar de esa persona no procede de él o de ella. Lo que en verdad te resulta familiar son los pensamientos que tienes acerca de esa persona. Le estás pensando con todas las etiquetas que tu sistema de pensamiento te dice que es, y por lo tanto, no te relacionas con nadie, sino con tus propias ideas, es decir, te relacionas contigo mismo en todo momento, y a través de esa persona puedes reafirmar tus creencias acerca de lo que son los demás, y finalmente lo que debes ser tú por consecuencia. De este modo es como puedes experimentarte a ti mismo en este mundo.

La frase "Cuando Pedro habla de Juan, habla de Pedro, no de Juan", nos ayudará a comprender un poco más este punto. Mirémoslo de esta manera. Imagina que tu amigo Pedro te llama y te dice que tiene que hablar contigo acerca de Juan. Comienza a decirte lo tal y cual que es Juan, por aquello o lo otro que ha hecho o dicho. En realidad Pedro no se da cuenta que no está describiendo a Juan. Está compartiendo contigo su interpretación, sus ideas y su manera de percibir e interpretar el mundo. Es decir, está mostrando su propio sistema de pensamiento particular. Pedro no sabe que, al compartir su sistema de pensamiento contigo, lo está reforzando aún más en su mente y, al reforzarlo en su mente, esos pensamientos los proyectará sobre el exterior y los verá en forma de experiencia. Pedro no se da cuenta que necesita ver a Juan así para poder reafirmar su sistema de pensamiento. Y al verlo, Pedro los experimentará como "la verdad". Y eso no apunta a la verdadera identidad de Juan, sino a la manera de pensar de Pedro necesita proyectar sobre Juan. El cómo percibe las cosas Pedro, no habla de Juan, habla mucho del carácter que ha ido construyendo en base a los acontecimientos que ha vivido a lo largo de su experiencia de su vida como hemos hecho mención anteriormente, sobre todo, en sus primeros años.

Es de vital importancia que comprendas que las emociones que sientes, no son la consecuencia de lo que el mundo te hace. Sino que necesitas justificar cómo te sientes culpando al mundo, por lo que te estás haciendo a ti mismo. O bien, puedes reconocer que estabas equivocado.

8.3.- El control

Cuando piensas que debes, puedes o quieres controlar algo, no te estás dando cuenta que eres tú el que está siendo controlado por ese pensamiento.

Tal como hemos dicho anteriormente, el ego no quiere que halles la solución. Quiere hacerte creer que sí tienes la solución y que tienes todo bajo control, pero no es así. Una de las trampas del ego es hacerte creer que tienes la capacidad de controlarlo todo, y no solo eso, sino que debes hacerlo por tu bien, ya que, de no hacerlo, serías un irresponsable e incluso correrías peligro.

¿Cuántas veces intentamos controlar las cosas que suceden a nuestro alrededor? ¿Cuántas veces queremos que una persona haga o diga lo que queremos ver u oír, pensando que así es como tendría que ser? O incluso, ¿cuántas veces intentamos controlar nuestras emociones cuando nos encontramos ante algún tipo de situación en particular? ¿A cuántas pastillas tenemos que recurrir para calmarnos por dentro? ¿O cuántos cursos de control mental o emocional hacemos para aprender a controlarnos a nosotros mismos?

Si te das cuenta, todas estas cosas operan en el nivel del comportamiento, no de las causas, por tanto, es imposible que exista una corrección real ya que la causa que genera el conflicto sigue activa en tu mente. Recuerda que no puedes corregir el error en el nivel del comportamiento, siempre debe ser en el nivel de las causas que lo originan, pues estas son las que dan vida al mundo tal como lo estás viviendo.

Todos estos son los entretenimientos que el ego te ofrece para que jamás tengas éxito. Necesita que creas en sus recursos y en sus fórmulas, ya que, si descubrieras que son inútiles, los abandonarías de inmediato.

Cierto día le pregunté a una amiga mía que era la paz para ella. A lo cual me respondió con total seguridad en sus palabras: «La paz es el espacio que hay en la vida entre problema y problema». En realidad me lo dijo muy efusiva y con otras palabras que no voy a mencionar aquí. Pero, en gran parte, es la definición que solemos tener sobre el estado de paz. Es muy importante que no confundamos un estado mental libre de conflicto, con el patio de recreo que el ego te ofrece para que tu experiencia sea soportable y sigas manteniendo tu fe en su plan, pues te recuerdo que sin tu atención, el ego no tendría posibilidades de gobernar tu existencia.

Este ejemplo puedes verlo claramente en las relaciones de pareja. Aparece una discusión en la que se proyecta la culpa uno sobre el otro, se calman las aguas durante un tiempo y conviven en una aparente "paz" hasta que el conflicto vuelve a gobernarlos y vuelven a discutir por el mismo problema. Eso no es paz, eso es una tregua dentro del conflicto. Por eso, todos los recursos que el ego te ofrece tiene que generar alguna sensación de avance, de mejora, pero jamás solventará el problema de raíz.

En el peor de los casos, aliviará los síntomas temporalmente para luego volver a contraatacar. También puedes observar esto, con la ingesta de medicamentos a los que el ser humano recurre para calmar su ansiedad. ¿A cuántos medicamentos recurrimos con la finalidad de corregir el desequilibrio que hemos generado nosotros mismos en nuestro interior? ¿Sabías que somos el único ser vivo del planeta al que le hace falta pastillas para mantener su equilibrio interior? No conozco ningún animal de la selva que necesite pastillas para calmar su ansiedad, o para conciliar el sueño por las noche. Y mira que ellos tienen más razones que nosotros para justificar un estado de tensión o nerviosismo. En el mejor de los casos, el ego te permitirá ciertos avances en tu evolución emocional o espiritual. Hasta inclusive te hará creer que has alcanzado un nivel de iluminación frente al resto de las personas, que dirá que tú eres espiritual, e incluso puede que comiences a no parar de sonreír todo el rato, digas mucho la palabra amor y siempre acompañado de Gracias, Gracias, Gracias, señalándote que son ahora los demás los que tienen necesidad de cambio. Siempre se asegurará de ponerte límites para que no termines de profundizar lo necesario como para que el cambio se dé definitivamente.

Todo esto es la consecuencia de creer que tú no tienes la capacidad de cambiar, y por tanto, que estás siendo controlado o impedido por una fuerza externa a ti. Es justo esa creencia a la que le has dado el poder de ser real, la que te lleva a experimentar una emoción de impotencia, frustración y rabia. En este punto, ¿cómo podría tu mente compensar esa sensación incómoda? Robando el poder de aquello que le gobierna a él. En una ocasión me encontré con un caso de un matrimonio que tenían tres hijos y un perro. Él padre se llamaba Juan Carlos, y trabajaba para una multinacional. Su mujer, Rocío, tenía un pequeño negocio por internet de venta de accesorios para mujeres, a la vez que se encargaba de las tareas de casa y del cuidado de sus hijos, mientras el marido cargaba con más de diez horas de trabajo cada día. Era una familia aparentemente feliz que vivían aparentemente en equilibrio. Cierto día su fiel compañero de cuatro patas, que llevaba acompañándolos durante más de 12 años, falleció inesperadamente. Desde ese momento, el padre comenzó a proyectar un carácter irascible y agresivo con los hijos, cosa muy extraña en su comportamiento con ellos, según comentaba la madre. Los niños, que habían vivido siempre con un perro en casa, convencieron a sus padres de tener otro perro. Meses más tarde desde que entró el nuevo perro en dicha familia, el padre de familia volvió a retomar un carácter más amable con los hijos, volviendo todo a la "normalidad". ¿Qué había sucedido? ¿Qué originó el cambio de comportamiento para con sus hijos?

Indagando más para comprender el origen del conflicto del padre, se descubrió que en el trabajo estaba sometido a alta tensión, donde estaba experimentando un rol en el que la autoridad, su jefe, proyectaba sobre él un carácter de irritabilidad y agresividad, que él permitía al no saber cómo gestionar la situación, resignándose y tragándose la impotencia y la rabia que le generaba esa situación, viéndose envuelto en una experiencia donde el mundo exterior era agresivo e injusto con él.

Lo que la familia descubrió es que, cuando él llegaba a casa, toda esa rabia e impotencia acumulada la proyectaba sobre su perro cuando le sacaba a pasear o cuando nadie lo veía. Al no tener sobre quién desahogar su impotencia acumulada durante el día, al fallecer su perro, la mente se vio obligada a buscar otro objetivo vulnerable sobre el que poder descargar su presión y su impotencia, sus hijos. Fue entonces, cuando entró un nuevo perro en la familia donde todo volvió a la "normalidad".

Obviamente, ponemos la palabra normalidad entre comillas, ya que estaban viviendo en una falsa paz cubierta por un manto que ocultaba el problema que se encontraba en la familia. La mente, cuando se experimenta como sometida o victimizada, activa un mecanismo de supervivencia, donde dicha mente termina por convertirse en el verdugo en algún momento. Es como un gesto en el que, para experimentar la sensación de poder, y por tanto, de seguridad sobre uno mismos, pasas del extremo de víctima al extremo de victimario, donde poder así librarte de las emociones contenidas y no gestionadas correctamente. En este caso, el padre en el trabajo es el sometido, y en casa el que somete, encontrando así un falso equilibrio en su vida. La falta de control que tiene en el trabajo, es la necesidad de control que tiene que tener en casa. De este modo, la mente deberá localizar un blanco e inventar los argumentos necesarios donde poder proyectar las emociones reprimidas y no expresadas, como si de una olla a presión se tratase, donde alguien tiene que ser culpable de lo que sientes, y por tanto, el ataque está justificado. Recreando así el escenario perfecto para poder jugar al juego de roles. El control sobre los demás se convierte así en la herramienta que el ego usa para hacerte pensar que eres poderoso, pero no te das cuenta que es justamente así como estás reforzando en tu mente la idea limitada que tienes acerca de ti.

El ego te hace creer que cuando proyectes sobre los demás tus emociones reprimidas y no gestionadas, te librarás de ellas. El espíritu, por el contrario, te diría que al darlas, las refuerzas en ti, y que el problema debe solucionarse donde se encuentra realmente, en este caso, a través de su jefe. De este modo el ego te da una solución que jamás concluirá, ya que siempre estarás en necesidad de buscar conflictos a través de los cuales puedas liberarte de las emociones reprimidas que no te has permitido expresar en el lugar y en el momento adecuado por miedo, porque no te enseñaron y porque no sabes cómo hacerlo.

La creencia limitada y victimizada que tienes acerca de ti es la que proyectas sobre el mundo. Esa idea limitada, te lleva a experimentar el mundo desde una sensación de incapacidad e impotencia. Percibirte a ti mismo como impotente y limitado, solo puede llevarte a ver un mundo de peligros y amenazas, donde solo cabe pensar que los recursos no aparecerán tan fácilmente, y donde tienes que luchar duro para conseguir una pequeña parcela propia donde poder resguardarte al que le llamarás "tu mundo", con el único objetivo de encontrar fuera aquello que no has creído poder encontrar en ti mismo: seguridad y tranquilidad. Y todo el que busca la seguridad o la tranquilidad fuera de sí mismo, inevitablemente se verá obligado a necesitar controlar lo que le rodea, ya sea a través de la manipulación, de la agresividad o de otros recursos creativos, pero siempre basados en el miedo.

Cuando Juan Carlos comprendió esto, se abrió a buscar el origen del problema. Y sabía que para ello, tenía que soltar la idea de ser víctima de su jefe. En este caso, comenzó a ver las posibilidades:

JC: ¿Si me enfrento a mi jefe, solucionaré el problema?
Yo: Depende de qué entiendas por enfrentar, le dije.

Enfrentar significa "ponerse en frente de", pero lo con fundimos con ser agresivos, en lugar de observadores.

JC: Entiendo. Entonces, ¿decirle cuatro cosas a mi jefe no solucionaría el problema?

Yo: ¿Qué diferencia hay entre proyectar tu impotencia sobre el perro, tus hijos o tu jefe?

JC: Creo que ninguna. Creo que seguiría reforzando la idea que tengo acerca de mí, ¿no?

Yo: Correcto.

JC: Pero, ¿si me faltan al respeto y me hacen daño, no me tengo que defender?

Yo: La pregunta que tendrías que hacerte es ¿para qué me estoy faltando al respeto yo mismo a través de mi jefe? Cuando alguien te habla mal, esa persona está experi- mentando un conflicto y lo ha proyectado sobre ti. Pero tú te lo has llevado al terreno personal en lugar de comprender qué le sucede a dicha persona, y no solo eso, sino que te has comprometido con él a crear una relación que vais a usar para poder jugar al juego de roles. Sin daros cuenta de que ambos estáis reviviendo vuestro pasado a través del otro. De este modo, usáis el presente para recrear vuestro pasado, y de este modo, vuestro futuro siempre se repite.

JC: No entiendo, Jorge. ¿Cómo que estoy recreando mi pasado?

Yo: Para que tú te experimentes limitado e impotente, has tenido que relacionarte con esta idea tiempo atrás. Sen- tirte limitado e impotente, son creencias de capacidad. La capacidad habla de la habilidad que tienes para conse- guir recursos, y la habilidad para conseguir recursos pro- cede de la energía masculina. Cuéntame, ¿cuántas veces te dijo tu padre frases como, buen trabajo hijo, estoy orgulloso de ti o llegarás tan lejos como te propongas?

JC: ¿Quieres que me eche a reír o acaso quieres que me ponga a llorar?

Yo: Bueno, la risa sería un mecanismo de defensa que usarías para seguir defendiéndote de tu pasado ¿Qué tal si vamos a experimentar la tristeza que no te has permitido experimentar, y que llevas tanto tiempo guardando dentro de ti?

JC: Ahora que lo dices, mi padre jamás me reconoció nada. Era muy duro conmigo. Cuando hacía cualquier manualidad, siempre me estaba sacando fallos a todo lo que hacía. Parecía que nada era suficiente para él.

Yo: ¡Ok! Ahí lo tienes. Esa sensación de no ser nunca lo suficiente es la que gobierna tu experiencia de vida en el área profesional. ¿Cómo vas a actuar con seguridad en tu trabajo, o cómo vas a enfrentarte a tu jefe, si piensas que no eres capaz o no eres suficiente? Desde esa creencia solo puedes pensar que tu jefe te está haciendo un favor por tenerte en plantilla y que más vale que te quedes callado y tragues lo que sea necesario.

JC: Justo es así como me he sentido durante toda mi vida!

Yo: Entiendo. Lo que no te debes darte cuenta es que sigues relacionándote con tu padre a través de tu jefe. Tu pasado lo sigues trayendo al presente, y reafirmas a través de él la idea de que no eres lo suficiente. Tu padre era duro contigo, y no te das cuenta que tú en casa te conviertes en tu padre cuando te relacionas con tu perro o con tus hijos.

JC: Sí, es verdad! Y no sabes lo mal que me siento después de comportarme así. No lo soporto.

Yo: Claro, porque no soportas la idea de pensar que tú eres tu padre. Por eso sobreproteges a tus hijos en ciertos momentos, para compensar esa culpa. Ok, déjame que te haga una pregunta, ¿crees que con tu padre fueron suaves cuando era pequeño?

JC: ¡No, para nada! Mi abuelo no tenía fama de ser delicado, por decirlo de algún modo, ya me entiendes. Y mi padre, que era el mayor de los hermanos, siempre decía que se llevaba todos los palos por sus hermanos.

Yo: Claro. Eso es lo que quiero que comprendas. Tu padre tuvo su referencia masculina en casa, y aprendió a recibir amor y atención por parte de su padre de manera brusca y dura. Proyectaron sobre él demasiada responsabilidad, quizá antes de tiempo, por circunstancias. De algún modo, él entendía que, para ser un buen padre responsable, debería educar a su hijo de ese modo. Su intención no es menospreciarte, aunque te lo parezca. Es la manera en la que él sabe dar amor, ya que él lo recibió así, y no lo ha aprendido de otro modo. Es la manera en la que él te decía entre líneas, "hijo, quiero que te conviertas en un hombre porque no quiero que nunca te falte nada, y no quiero que te pase nada cuando yo no esté".

JC: Nunca lo había visto así decía entre lágrimas.

Yo: ¿Puedes ver como tu frustración y tu rabia se han transformado en compasión y perdón?

JC: Si, ¡hasta comprendo a mi jefe ahora mismo! La presión a la que está sometido es increíble, no para de gritar y la verdad, no desearía estar en su pellejo.

Yo: Perfecto, ahora toca lo más importante. Desde esta energía, desde este estado emocional que has llegado desde la comprensión. ¿Qué te gustaría enseñarte la próxima vez que se dé una situación de conflicto con tu jefe?

JC: Respeto por mí mismo. No quiero seguir jugando a un juego en el que me pisan para luego pisar yo. Quiero soltar esto de una vez por todas para poder estar bien conmigo mismo y, sobre todo, con mi familia. Aunque tengan que echarme del trabajo. No creo que sea responsable vivir así. Si sigo así de aquí a cinco años posiblemente puede que me muera de un infarto. Además, el 99,9% del planeta no está en mi puesto de trabajo y vive. Siempre habrá soluciones, estoy seguro. Aunque sea difícil, pero no estoy dispuesto a seguir soportando una carga que no me corresponde.

Yo: Ahora sí estás preparado para enfrentar la situación desde la responsabilidad, y no desde una posición victimizada. Ahora es cuando juegas en la vida con ventaja, pues te encuentras en una posición más elevada de ti mismo. Si te fijas, has pasado de vivir esta situación desde la rabia, a vivirla desde el coraje. Y todo gracias a permitirte conectar con la compasión y con el perdón.

Si por un momento permitieses dejar que un nuevo pensamiento acerca de quién eres entrase en tu mente, el miedo se suspendería, tus problemas desaparecerían y tu mundo cambiaría. No para desaparecer, sino para volver de nuevo y permitirte enseñarte la lección que necesitas aprender desde la perspectiva correcta. Cuando tu mente se abre a una idea elevada, tu mente jamás podrá volver al tamaño en el que se encontraba antes. El cambio entonces, ya es inevitable para ti y para los que te rodean, pues cuando tu cambias, todo tu mundo cambiará ante ti.

8.4.- Todo sucede en tu mente

El mundo vive su experiencia desde la creencia de que nuestro estado emocional está condicionado por los acontecimientos externos a nosotros, como si nosotros no tuviéramos nada que ver con lo que sentimos. Si te sientes mal un lunes por la mañana es por el trabajo, por la lluvia, por tu jefe, o por la cantidad de personas que hay en el metro que te estresan. El viernes, en cambio, lloverá igual, te cruzarás de nuevo con tu jefe y viajarás en metro con la misma gente, pero tus emociones no serán las mismas. ¿Por qué? La creencia basada en que tus emociones están condicionadas por los acontecimientos o personas que te rodean, no solo te convierte en irresponsable de tu experiencia, de tu vida y de ti mismo, sino que te hace creer que, cuando te sientes mal, eres víctima de los acontecimientos.

Una mente que se piensa víctima del mundo, no podrá cambiar ya que se piensa como impotente de lo que se le hace. Tenemos que entender esto, y entenderlo muy bien si es que has de querer realizar un cambio real en ti. No existe ningún acontecimiento, persona o lugar que tenga la capacidad de hacerte sentir bien o de hacerte sentir mal. Lo único que tiene la capacidad de hacerte sentir son tus propios pensamientos.

Por ejemplo, decimos que la música nos hace sentir, pero no es verdad. Una canción puede ser para unos la mejor de las melodías, para otros puede ser irritante, para otros empalagosa y para otros, pasar desapercibida. ¿Cómo puede ser posible que la misma canción pueda hacer sentir cosas distintas a cada persona? Lo que te hace sentir no es la canción, sino tus pensamientos que tienes en ese momento acerca de lo que estás escuchando. Siempre te estás relacionando con tu propio sistema de pensamiento. En cada situación te estás experimentando a ti mismo en todo momento. Por eso, es imposible vivir ninguna experiencia sin tu mente, o fuera de tu mente. Todo lo que ocurre siempre ocurre en ti, por ti y a través de ti.

Este es un claro ejemplo de cómo nos hacemos irresponsables de todo lo que pasa dentro de nosotros, justificando lo que sentimos en base a lo que sucede en el exterior. A este movimiento se le conoce como "balones fuera".

Y es la base sobre la que descansa el mundo tal como lo conocemos. Un mundo de irresponsables emocionales que no paran de culpar a los demás por lo que sienten dentro de ellos mismos. Cuando decimos, "¡me siento así por tu culpa!", estamos diciendo algo imposible e irresponsable. Te sientes así porque estás decidiendo sentirte así. ¡Punto! Eres tú el único responsable de pensar como piensas, y por tanto, de sentir como sientes.

Al ego no le gusta nada esta idea, pues al comprenderla, deja de tener sentido seguir culpando a los demás, y sin la culpa, ¿cómo podría seguir haciéndote creer que eres víctima del mundo que ves? Si en este momento estás sintiendo rechazo ante lo que estás leyendo, créeme, tu ego está haciendo de las suyas, ya que sabe que si comprendes esto, habrás dado el paso más importante para tu liberación, pues el que deja de identificarse como víctima del mundo, solo puede vivir una experiencia auténtica. Una vez que aceptas esta idea, abandonarás la idea victimizada que tienes acerca de ti, y comenzarás a adoptar una el papel responsable. Ya habrás avanzado mucho en tu camino, pues, como te he comentado, este es el paso más importante y difícil, a la vez que fácil, y el resto de los pasos se darán como consecuencia de este desencadenante.

¿Te imaginas un mundo en el que nadie culpe a otros por cómo se sienten? ¿Te imaginas un mundo en el que, siempre que alguien se sintiese enfadado dijese a los demás, "que sepáis que hoy estoy muy enfadado, pero este enfado es mío, y me hago responsable de él"? ¡Qué locura! ¿verdad? O tal vez, sería correcto decir: ¡qué cordura!, ¿verdad?

Aprender a sostener tus emociones sin culpar a los demás por cómo te sientes, ¡¡eso es auténtica madurez emocional!! No ponernos trajes elegantes y decir palabras elocuentes mientras seguimos siendo niños en un patio de parvulario.

Si no sabes de qué te hablo, solo tienes que observar a los políticos de tu país. Nos representan niños inmaduros, con traumas infantiles, que no paran de echar en cara lo que hacen unos y otros, sin ver que todos están haciendo lo mismo, cegados por la necesidad de poder, y de mantener el conflicto entre nosotros para ganar votos de sus fieles. Y encima se hacen llamar El Orden del mundo. Bueno, alguien tiene que representar nuestro propio estado mental, no les vamos a culpar cuando hemos sido nosotros los que les hemos puesto ahí.

No existe nada bueno ni malo, pues para que exista el bien, inevitablemente debe existir el mal. Todas las experiencias son neutras, porque las experiencias operan en el nivel de los efectos, por lo tanto no pueden generar efectos. Los pensamientos, por el contrario, no son neutros, pues operan en el nivel de las causas. Por lo tanto, tienen que generar efectos inevitablemente. Cuando un acontecimiento se presenta ante ti, entra en contacto directo con tu sistema de pensamiento. Entonces la situación, el acontecimiento o la persona que entra en tu experiencia, pasan a ser usados por tu mente para poder reforzar el sistema de pensamiento por el que te has decantado. ¡Nada más! Lo que llamas bueno o malo es el reflejo del punto de vista que tienes acerca de las cosas, y por tanto, el punto de vista que tienes acerca de ti. La mente que cree en el bien y en el mal es una mente dividida, por tanto, debe creer en dos mundos y pasar por alto cuál de los dos es cierto y cuál es falso. Si solo el amor tiene la capacidad de crear, solo lo que crea Dios puede ser real. Por tanto, el resto no es real, es una ilusión de tu mente, un truco de magia que proyectas sobre el exterior, un sueño de batallas que llevas librando desde hace mucho tiempo y que está esperando a que dejes de darle valor para que se desvanezca ante tus ojos.

Vamos a hacer un ejercicio práctico y sencillo; Piensa de nuevo en una persona con la que tengas, o hayas tenido, un conflicto recientemente. Ahora contémplalo por un rato y observa los pensamientos que nacen de ti en este momento. Observa qué emociones generan en ti esos pensamientos. ¿Sientes paz o sientes otra cosa? Esto es fácil de reconocer. Bien, ahora cierra los ojos de nuevo, y visualizándolo en tu mente, trata de percibir en esa persona algún atisbo de luz que no hayas percibido anteriormente. Algo bueno debe esconderse ahí. Trata de encontrar aunque sea un mínimo resquicio de bondad que se esconde tras la desagradable o conflictiva imagen que tienes de dicha persona. Y deja que ese pensamiento se extienda a través de ti. Si has hecho bien el ejercicio, será inevitable que hayas sentido algo distinto.

Una cosa es tener pensamientos, y otro muy distinto, es que esos pensamientos te tengan a ti. Una cosa es observar tus pensamientos y verlos sin comprometerse emocionalmente, y otra muy distintos es creértelo y adentrarte en un viaje de sufrimiento.

¿No te das cuenta de que esos pensamientos son las gafas con las que ves a esa persona, y por tanto, el mundo? Dicho de otro modo, el ego usa a esa persona para poder alimentar el conflicto en tu mente. Pensar mal acerca de alguien solo te perjudica a ti. Cada vez que piensas mal sobre alguien, te estás tomando un chupito de veneno queriendo que se muera él. ¡Es absurdo!

Si entiendes este principio podrás comprender que tú decides cómo pensar, y por tanto, cómo quieres sentirte. Es inquietante observar cómo algo tan debilitante como el juicio, el ataque o el miedo, goza de tanta popularidad entre nosotros cuando solo tiene la capacidad de enfermarnos.

Cuando estás pensando en pensamientos que no proceden del amor, estás pensando en pensamientos que proceden del miedo, en esto no hay término medio. Por tanto, cuando piensas en un conflicto, piensas que estás pensando, pero en realidad no estás pensando. Pues pensar en ilusiones, en realidad es pensar en la nada.

El sistema de pensamiento del ego es muy tentador, pues tu mundo descansa sobre dicho sistema. De ahí la frase, "Padre, no nos dejes caer en la tentación". Esta es la verdadera tentación a la que se refieren las antiguas escrituras. No caer en la trampa de la tentación, es no caer en la espiral de pensamiento destructivo que solo el ego te ofrece. ¿Cómo si no podrías estar en paz, más que escapando de la tentación de seguir escuchando la voz del ego que inunda tu mente con pensamientos de conflicto, y que te mantiene maniatado en las profundidades del infierno que tú mismo has creado?

Recuerda esto una vez más, el autor del miedo no es Dios, el autor del miedo eres tú. Si te sientes mal, en lugar de preguntarte "¿por qué me pasa esto a mí?" deberías preguntarte, "¿cuál es el beneficio que estoy obteniendo de sentirme así?" Ya que, si te sientes mal, ten por seguro que eres tú el que está decidiendo sentirte así. No son las circunstancias, las personas, los hombres, las mujeres, los ricos o los pobres, tal como tú las ves. Son las circunstancias las que te revelan tu estado mental cuando entran en tu experiencia.

Las circunstancias no hacen al hombre, ellas lo revelan
James Allen

Si pudiésemos comprender esto tan sencillo, pero que se nos hace tan complicado, nos daríamos cuenta del verdadero poder que tenemos, y el gran regalo que se nos ha dado, pues podemos hacer del mundo lo que verdaderamente queramos.

8.5.- Cómo escapar del conflicto

Llegados a este punto de comprensión, podemos llevar a cabo una aplicación cuando surjan momentos donde la tentación vuelva a aparecer ante nosotros. Es una aplicación muy práctica que irá liberando a tu mente de acontecimientos que a día de hoy te siguen gobernando. El objetivo es que seas consciente y mantengas los ojos abiertos, sobre todo al principio, pues la mente indisciplinada y victimizada debe ser entrenada durante un tiempo para que se desarrolle el músculo de la confianza en uno mismo. A medida que te vayas haciendo responsable de cada situación, y vayas aplicando correctamente estos pasos, irás descorriendo el velo de conflicto que mantienes con tanta estima, y que tan preciado es para ti.

El primer paso que debes tener en cuenta es clarificar y definir tu objetivo. ¿Qué clase de día quieres tener? ¿Qué buscas o deseas?

¿Deseas tener razón, o deseas ser feliz? ¿Deseas conquistar el exterior o conquistar el interior? ¿Deseas demostrar la eficacia de tus defensas, o deseas liberarte de la creencia en el conflicto?

Tus 5 primeros minutos del día son de vital importancia para que establezcas tu intención consciente de cómo quieres sentirte durante el día que tienes por delante. Usar los 5 primeros minutos del día para decidir acerca de lo único sobre lo que tienes control en este mundo, tú mismo, te serán de gran ayuda, y te darán ventaja cada día, y cada día que lo apliques te acercará cada vez más a la conquista de tu ser interior.

¿Qué clase de día deseo tener?
¿Cómo me quiero sentir?
Yo soy el responsable de mis emociones.
Nada externo a mí tiene la capacidad de hacerme daño.
Soy yo, en última instancia, el que decide sentir como siente. Hoy me propongo sentirme pleno, agradecido, saludable y decidido.

Recuerda que tal como pienses así percibirás. En lugar de querer cambiar el mundo que ves, trata de centrar toda tu atención en el cambio interior que estás dispuesto a hacer. Ten presente que enfocarte en el error, en el juicio o en el problema sólo agudizará el conflicto en tu mente, pues en aquello en lo que tu mente se enfoca se expandirá irremediablemente en tu experiencia. El conflicto no se resuelve con conflicto, el odio con el ataque o la pereza con la desidia. Y por mucho que pienses que pensar mucho en un problema va a solucionarlo, estás equivocado. La única respuesta perfecta para el problema es hacerse consciente del problema, y reconocer que necesitas aplicar corrección, para pasar inmediatamente a poner tu mente en "modo solución". Si poner el foco en el problema alimenta el problema, del mismo modo, poner foco en la solución dará paso a que la solución aparezca y el problema sea resuelto definitivamente. No intentes resolver la situación por ti mismo, tan solo pide, espera y se te dará.

"Concentrarse en el error, no obstante, no es más que otro error. El procedimiento correctivo inicial consiste en reconocer temporalmente que hay un problema, más sólo como señal de que tiene que ser corregido de inmediato. Esto da lugar a un estado mental en el que la Expiación puede ser aceptada sin demora".

UCDM Texto C2_VII 5:7-9

Puede que en muchas situaciones cotidianas tengas falta de claridad sobre cómo actuar correctamente cuando se presenten. La falta de claridad que tienes sobre las situaciones, es la consecuencia de la falta de claridad que tienes con respecto a quién eres, y a la confusión sobre los objetivos que has decidido perseguir.

Cuando te adentras en un conflicto, lleva intrínseca la necesidad de querer tener razón. De lo que no nos damos cuenta, es que en ese juego ambos estaréis perdiendo pues, no se puede ganar esa batalla sin perder la paz en el intento, y si pierdes la paz, lo habrás perdido todo. Recuerda de nuevo esto, y recuérdalo bien, **no puedes tener razón y ser feliz al mismo tiempo.**

Esto nos da paso al **segundo punto a tener en cuenta.** Cuando te encuentres ante una situación de conflicto que se presente en tu día, que vendrán, deberás reducir la amplia gama de elecciones que el ego te presenta, a dos únicas posibilidades para poder tener claridad ante el objetivo que deseas alcanzar.

Lo primero que puedes hacer es reconocer que no estás en paz, que eres tú el único responsable de elegir sentirte así, y que el único compromiso que tienes contigo mismo y con los demás es elevarte a dicho estado, pues sólo desde ahí puedes ayudarte a ti y a todo lo que te rodea. Por tanto, si estás en conflicto, puedes llegar a comprender que has debido de elegir incorrectamente, y que estás equivocado con la decisión que has tomado, pues dicha decisión te alejará de tu objetivo nuevamente.

Al reconocer esto, estarás situando a tu mente en una posición óptima, desde donde podrás ejercer sin dificultad tu verdadero y único poder de manera correcta: el poder de decidir cómo te quieres sentir, qué quieres enseñarte y qué quieres experimentar a través de dicha situación. Al hacer esto, estarás llevando a cabo la decisión en el lugar donde los resultados serán reales, ya que estarás aplicando tu poder en el nivel de las causas, y no de los efectos.

Todo esto se puede resumir a través de esta declaración de intenciones que comparto contigo, extraída de *Un Curso de Milagros*, y que podrás usar como herramienta práctica cuando se presente un conflicto por pequeño que parezca que sea. Tan solo deberás recordarla bien y pensarla de todo corazón y sin reservas:

> *Soy responsable de lo que veo.*
> *Elijo los sentimientos que experimento y decido*
> *el objetivo que quiero alcanzar.*
> *Y todo lo que parece sucederme yo mismo lo he pedido,*
> *y se me concede tal como lo pedí.*

UCDM T21_II 2:3-5

Deberás aprender a ver cada situación de conflicto como un mero recurso de aprendizaje y una nueva oportunidad que se presenta ante ti de recobrar tu poder. Cada aplicación hará que ganes más y más confianza en ti mismo, y esto te acercará cada vez más a recobrar el control de tus emociones a medida que dejas de otorgarle ese poder al exterior. Si fallas, no te castigues ni te culpes, pues el ego querrá hacerte creer que eres impotente e incapaz, no creas en la voz de la debilidad, escucha la serena voz que habla de la fortaleza que hay en ti. Ten paciencia y sigue aplicando tantas veces como sea necesario. Recuerda que estamos en un estado inconsciente, y es fácil caer en la trampa de la tentación y del olvido.

Recuerda que la idea que tienes acerca de que hay algo externo a ti que tiene la capacidad de hacerte sentir, está basado en la locura. Recuerda que no existe ningún acontecimiento, lugar o persona que tenga la capacidad de hacerte sentir mal. Son solo tus pensamientos los que tienen tal capacidad. Son solo tus pensamientos los que pueden hacerte daño, del mismo modo que solo tus pensamientos pueden hacerte feliz y elevarte a lo más alto. El escenario, al entrar en contacto con tu estado mental, generará unas emociones u otras.

> *Es imposible que el Hijo de Dios pueda ser controlado por sucesos externos a Él. Es imposible que él mismo no haya elegido las cosas que le suceden. Su poder de decisión es lo que determina cada situación en la que parece encontrarse, ya sea por casualidad o por coincidencia. Y ni las coincidencias ni las casualidades son posibles en el universo tal como Dios lo creó, fuera de Él no existe nada". Si sufres es porque decidiste que tu meta era el pecado. Si eres feliz, es porque pusiste tu poder de decisión en manos que Aquel que no puede sino decidir a favor de Dios por ti.*
>
> UCDM T21_II 2:6-7 y 3:1-6

Deberás reforzar este patrón de pensamiento tantas veces como sea necesario hasta que se convierta en un comportamiento natural en ti. Esto nos lleva al tercer paso a tener en cuenta. Del mismo modo que usamos los primeros cinco minutos del día para clarificar nuestros objetivos, es importante cerrar el día desde un estado de paz para que el descanso sea óptimo, cerrando en nuestra mente todos los conflictos y preocupaciones que han quedado pendientes resolver a lo largo del día antes de irte a descansar.

No has de olvidar que tu mente seguirá trabajando aunque tu cuerpo descanse. Por eso es importante revisar los momentos de conflicto que has tenido a lo largo del día y corregir las emociones que nacen del conflicto o del miedo, para poder irte desde un estado de gratitud y paz. De este modo, no sólo descansará tu cuerpo, sino también tu mente.

Recurrir a emociones de agradecimiento y perdón, son el mejor bálsamo que puedes usar para tu estado emocional. Tu mente es creadora y, sobre todo por la noche, es cuando su poder creativo emana de ella. Recuerda que cambiar tu estado mental / emocional depende de ti. En capítulos anteriores vimos cómo puedes pensar en una persona que te genera conflicto y cambiarlo por una emoción distinta decidiendo ver un ápice de luz, por pequeño que sea, en él. No hace falta que hables con esa persona ni tan siquiera, simplemente piensa en él de manera distinta hasta que tu emoción de conflicto haya mermado. Si te liberas del conflicto en el nivel de pensamiento, ya estarás interfiriendo en el nivel de la experiencia.

Estos sencillos ejercicios prácticos se irán convirtiendo en un hábito que finalmente formarán parte tus decisiones automáticas, y te ayudarán a afrontar cada día con una actitud totalmente distinta en las situaciones que aún te gobiernan. ¿Cómo te sentirías si aquellos acontecimientos que te activan negativamente dejasen de hacerlo?

¿Crees que es más fácil cambiar la forma de ser de una persona que te resulta molesta, o aprender a dejar de dar valor a aquellos aspectos que te activan de esa persona, y liberarte no solo a ti, sino a ambos, de la percepción que proyectas sobre él? De este modo tu mente podrá seguir integrando las decisiones y el aprendizaje que has ido tomando en favor del amor y no del miedo un día más, reforzando así con cada paso el sistema mental que quieres que guíe tu camino.

Recuerda que el objetivo de todo esto es llevar a tu mente a un estado libre de pensamientos de ataque y conflicto donde puedas experimentar la libertad plena que de paso a una experiencia basada en la alegría y en la felicidad. Pues son justo este tipo de pensamientos los que expulsan el poder que se esconde en ti debido a su debilitante naturaleza. Y es, de hecho, prescindiendo de esta estructura mental, donde tu poder interior podrá hacer acto de presencia en ti.

> No olvides que la elección entre el pecado y la verdad, o la impotencia y el poder, es la elección entre atacar y curar. Pues la curación emana del poder, y el ataque, de la impotencia. Es imposible que quieras curar a quien atacas.
>
> UCDM T21_VII 7:1-3

No puedes escaparte del conflicto yéndote a otro lugar o cambiando el exterior. Muchas son las personas que piensan que la paz la encontrarán subiendo el Himalaya, pero no se terminan de dar cuenta que el conflicto es una mochila que va con ellos donde quiera que vayan. Y que solo podrán encontrar la paz sustituyendo la dicotomía mental por la cordura.

La definición que el ego te da de la felicidad, es un espejismo que no existe y que jamás lo alcanzarás a través de sus enseñanzas. Por tanto, para él, todo objetivo será válido siempre y cuando sea imposible de alcanzar. De ser posible, el ego se defendería a toda costa, y recurriría a toda su artillería para que no prestes atención a lo que se esconde dentro de ti.

El mundo de lo superficial y del exterior, es el mundo donde el ego necesita que tengas puesta toda tu atención, ya que es el lugar inequívoco donde él se siente seguro y a salvo, ya que sabe que ahí jamás encontrarás aquello que tu corazón anhela recuperar. Al final de nuestros días, es cuando solemos despertar de la nube en la que estábamos sumergidos, y es ahí cuando nos damos cuenta lo dormidos que estábamos y el mal uso que hemos dado al tiempo. Si quieres desatar el poder que se esconde en ti, deberás revisar cuales son los principios que estás llevando a cabo, y a que guía le has dejado las riendas de tu vida, para que, donde antes hiciste una decisión equivocada, puedas ahora tomar una decisión correcta.

El ataque no tiene ningún mérito ni contiene poder alguno que ofrecerte. La firmeza, la mansedumbre y la flexibilidad que el amor ofrece sin signos de la verdadera fortaleza que hay en ti, pues cuando te encuentras en un estado elevado de Amor no existe amenaza exterior que pueda tumbar el pilar sobre el que descansan tus creencias y pensamientos, dando paso a una confianza plena que emana de tu corazón y se extiende a toda circunstancia, persona y lugar que se cruza en tu camino, sirviendo de guía e inspiración para los demás, como si de un faro en medio de la oscuridad se tratase.

Resulta difícil de creer que una defensa que no puede atacar sea la mejor defensa. Eso es lo que se quiere decir con "los mansos heredarán la tierra". Literalmente se apoderarán de ella debido a su fortaleza.

UCDM T2 II_7:3-6

La conquista de los mansos se abre paso en la tierra, y con cada paso que dan, los débiles, cada vez más temerosos, sacan toda su artillería en un último intento de salvaguardar su mundo, debido al paso firme y determinante con el que avanzan los mansos, libres de miedos e inmunizados ante cualquier tipo de manipulación llevada a cabo por mentes conflictivas y pobres, que necesitan alimentarse de mentes más débiles para cubrir su vacío interior y perpetuar su ansia de poder.

Recuerda que todo tu mundo gira en torno a la idea que tienes acerca de ti. Todas las decisiones que tomas, las tomas en torno a la idea que tienes acerca de ti. Y todas las personas con las que decides relacionarte, las seleccionas en torno a la idea que tienes acerca de ti. ¿En qué si no basarías las elecciones que haces si no fuese por tu pasado? ¿Y de dónde más que del pasado procede la idea que has ido construyendo acerca de quién eres? Jamás existe un conflicto que no lleve implícita la pregunta ¿Quién soy? ¿Y quién, excepto el que tiene dudas acerca de quién es, se haría tal pregunta? El mundo que ves fue concebido con el propósito de dar cobijo a la mente que decidió jugar a olvidar su identidad temporalmente. Es por eso, por lo que en este mundo, solo tienes la opción de perderte o de encontrarte, de olvidar o de recordar. En esto no hay término medio.

En los capítulos siguientes nos adentraremos en el mundo de las relaciones, para descubrir el propósito oculto que el ego hace de las personas con las que te rodeas y los mecanismos de selección que usa tu mente para recrear tu pasado, y las lecciones que el espíritu te ofrece para elevarte a través de tus hermanos. Pues, a estas alturas, deberás comprender que al cielo no puedes entrar solo.

Capítulo 9

Trascender

*La única manera de hacer que el miedo deje de perseguirte,
es darte la vuelta y mirarlo de frente.*

9.1.- El proceso del águila

*Del mismo modo que un águila no le pregunta a un gorrión
cómo alzar el vuelo, tú tampoco deberías preguntar a los
alicortos cómo hacerlo, pues ellos no han aceptado para
sí mismos el poder que pueden compartir contigo.*

Del mismo modo que la física nos muestra que todo cuerpo
en proceso de crecimiento o expansión genera una tensión,
cuando pasamos por un proceso de cambio o transformación interior, también se genera una tensión que experimentamos a nivel emocional. Este proceso no lo solemos acoger
con buen grado, pues tal como ya hemos comentado antes,
no se nos ha educado para enfrentarnos a nuestras emociones, más bien se nos ha educado para evitarlas y para
temerlas. Todo proceso de transformación real pasa por una
experiencia de dolor y de incertidumbre. Y justamente es la
incertidumbre la única que nos genera sufrimiento.

**"Si un huevo se rompe desde fuera la vida termina, si
se rompe desde dentro la vida comienza".** La naturaleza a

veces nos muestra toda su sabiduría en su máximo esplendor. En ocasiones podemos encontrar una grandísima inspiración en los animales que viven en nuestro planeta.

El Águila es uno de los animales más majestuosos que podemos encontrar en nuestro mundo. De entre todas las aves que surcan nuestros cielos, el Águila es la especie más longeva llegando a alcanzar hasta los 70 años de edad.

Pero, aunque sea una de las especies que gobierna en las alturas, no todo su camino es fácil. A mitad de su vida deberá tomar una de las decisiones más importantes a la que se tendrá que enfrentar inevitablemente. En el ecuador de su vida, sus garras han perdido tanta fuerza que se ve incapaz de agarrar con firmeza a sus presas de las cuales se alimenta. Su pico, alargado y puntiagudo, se encorva dificultándole poder cazar y comer con facilidad. Y sus plumas, deterioradas por el paso del tiempo, haciendo de su vuelo una tarea ardua y difícil.

En ese momento el Águila tiene dos opciones ante sí, una bifurcación en su camino que le obligará a tener que tomar una decisión. O dejarse morir o vivir un proceso largo y doloroso que durará entre 4 y 5 meses. El Águila tendrá que buscar un refugio en lo alto de una montaña, junto a una pared rocosa donde podrá comenzar este proceso en solitario. Aquí está a punto de enfrentarse a lo que se conoce como "La noche oscura del alma".

Todos, tarde o temprano, pasamos por un momento así en nuestra vida.

El Águila se agarrará fuerte a su rama y comenzará a golpearse sobre la roca más cercana hasta destruir su pico. Después esperará paciente durante semanas, hasta que nazca su nuevo pico, largo, puntiagudo y fortalecido. Después continuará con su proceso. Llega el momento de arrancarse las debilitadas garras hasta haberse deshecho por completo de ellas. Una vez más, el Águila esperará a que nazcan unas nuevas y poderosas garras.

Finalizado este segundo proceso, estará lista para su última prueba. Aquí se arrancará pluma tras pluma hasta quedarse totalmente desnuda y ante el mundo conectando con su máxima vulnerabilidad. Pero todo tendrá su recompensa pues un nuevo plumaje fortalecido y ligero nacerá de nuevo para cubrir todo su cuerpo y permitirle volar a gran velocidad de nuevo.

Pasados los 5 meses el Águila está preparada y dispuesta a volver a vivir la segunda etapa de su vida. Más sabia, más fuerte y más espléndida, ya está lista para llegar a experimentar su punto más álgido en su experiencia de vida. En su proceso, ha tenido que deshacerse de su antigua identidad, experimentando una muerte simbólica, para resurgir con más fuerza.

¿Cuántas veces te has visto en algún momento en el que has tenido que refugiarte contigo mismo y someterte a tu propio proceso de renovación?

Para dar paso a algo nuevo, algo viejo tiene que morir. Este equilibrio no solo se ve en la vida animal, también puedes verlo en las etapas de nuestra vida y en nuestra estructura psicológica, emocional y espiritual. Como individuos debemos afrontar nuestro destino y enfrentarnos a nuestra transformación interior, a nuestra muerte simbólica del yo para dar paso al renacimiento del Ser. Del mismo modo, como colectivo, el ser humano se está enfrentando a un morir para volver a nacer.

Se ha hablado mucho del gusano de seda que, para convertirse en una mariposa, primero ha de pasar un proceso también doloroso y determinante encerrándose en una crisálida y rompiéndola desde adentro, teniendo que someterse a un grandísimo esfuerzo interior.

Hace ya varios años, hicieron un experimento con varios gusanos de seda. Una vez que se encontraban al final de su proceso les abrieron la crisálida para que no tuvieran que hacer tanto esfuerzo. A los pocos días, todas las mariposas habían muerto de inanición, pues en el proceso de romper la crisálida, las alas de las mariposas segregan un líquido que se impregna en ellas, dándoles la fortaleza necesaria para que puedan sostener el vuelo. Al interferir en su proceso no terminaron de desarrollarse y no pudieron terminar de prepararse para su nueva vida.

Este símil es un ejemplo que debemos de tener en cuenta como seres humanos. Estamos educados para evitar el conflicto pero, la vida nos conduce inevitablemente a situaciones difíciles para que, a través de ello podamos moldearnos, fortalecernos, sacar nuestras alas y vivir una experiencia elevada, en lugar de seguir arrastrándonos como gusanos. Y peor aún, entregarnos a la experiencia y al proceso completo para no quedarnos en el estado de capullos durante toda la vida.

Son pocos los que se enfrentan a su destino y deciden el camino de la transformación interior. Pero son estos mismos los que finalmente experimentarán una vida auténtica que esté a la altura de su verdadero Ser, y servirán de inspiración al resto de la humanidad.

9.2.- La sombra

No es posible despertar a la conciencia.
La gente es capaz de hacer cualquier cosa, por absurda que
parezca, para evitar enfrentarse a su propia alma.
Nadie se ilumina fantaseando figuras de luz,
sino haciendo consciente su oscuridad.

Carl G. Jung

El "Yo social" que has construido, es una gama limitada de aspectos de tu personalidad, los cuales has erigido para mostrar al mundo solo aquellos que aceptas de ti mismo, escondiendo de este modo otros aspectos de ti que has juzgado como "malos", "inadecuados" o "indeseables" debido a lo que aprendiste del maestro del pasado. Éste es el oxidado disfraz que llevas puesto, con el que te muestras orgulloso al mundo exterior. Pero has olvidado que llevar ese disfraz tiene un alto precio a pagar.

Cuando dices que tú eres así porque esa es tu personalidad, hay que tener en cuenta que la palabra personalidad es un término que proviene del griego y que significa *máscara o careta*. Dicho de otro modo, tu personalidad es la careta que usas para ocultar algo. Mientras no seas consciente de este disfraz, estarás gobernado por un personaje inventado, ilusorio y mentiroso, que intenta sobrevivir a costa de tu propia felicidad. El *ego, o el tú* que has inventado, es el intermediario entre el mundo que te rodea y tu verdadero Ser.

Para alcanzar un estado de luz, primero hay que trascender la sombra. Comprender este concepto que "existe" en ti, es fundamental para poder liberarte del conflicto que yace en las catacumbas de tu mente inconsciente.

La sombra es la parte de tu mente donde va a parar todo aquello que niegas de tu naturaleza, la suma de todas las personalidades que viven en ti que no son aceptadas o asumidas por la incompatibilidad que tiene con aquella personalidad que predomina en tu psique, el "yo". Cada forma o personalidad contiene una energía, y según el principio de conservación de la materia, descubierto por Lavoisier y como trató de demostrar Nikola Tesla: *La energía ni se crea ni se destruye, solo se transforma.*

Como hemos visto en las páginas anteriores, actualmente tu estructura mental está compuesta por una serie de creencias heredadas, información de tus papás, tus abuelos y demás progenitores en la cadena ascendente que van circulando de generación en generación. Estas son las normas que has ido acogiendo como si de una verdad absoluta se tratase.

En la cuna de tu familia y en la cultura en la que vives es donde se suele ir dando forma a la personalidad de cada individuo según la lista interminable de frases o mandatos que te han ido diciendo durante tu proceso de crecimiento, como por ejemplo:

- Tienes que cuidar a tus padres.
- La familia es lo más importante.
- Los hombres no lloran.
- Las cosas de casa se quedan en casa.
- En la mesa no se bosteza.
- Tienes que ser educado y portarte bien.
- Primero el deber y luego el disfrute.
- Hasta que la muerte os separe.
- Tienes que estar guapa para los demás.
- Tienes que cuidar de tu marido.
- Tienes que ser un caballero e invitar siempre a las mujeres.
- No te fíes de los demás, la gente es mala.
- De bueno eres tonto.
- Si no te sacas una carrera no serás nadie en la vida.
- El dinero corrompe.
- El dinero es poder.
- Somos una familia humilde. Somos pobres.
- Todos los hombres son iguales.
- Las mujeres te querrán solo por tu dinero.
- La gente es interesada.
- Nunca enseñes tus cartas.
- Llegar tarde es de mala educación.

Entre tantas y tantas, junto con otras normas del tipo: no hagas esto y haz lo otro, no mires a las personas a los ojos, no señales con el dedo, no comas con las manos, con la comida no se juega, sumado a las religiones, la cultura de tu país, y las personas con las que te relacionaste, son todas las creencias heredadas que se han ido grabando en ti a lo largo de los años.

Para que el niño que fuiste, pudiese sobrevivir en un entorno hostil al que se tenía que enfrentar, tuvo que ir reprimiendo o **relegando a la sombra todas las partes «inadmisibles» de ti mismo que comprendiste que te llevarían a un conflicto inminente** debido a la naturaleza contradictoria que contrasta con los mandatos recibidos.

Aquí es donde se libra una batalla en el interior de tu mente entre las dos voces, la voz de tu alma que representa tu naturaleza, y la voz racional de las estructuras del ego. Así es como terminaste experimentando un proceso de separación y división dentro de ti mismo, y en consecuencia, te proyectaste sobre el exterior dando paso al mundo dual de lo bueno y lo malo, el cielo y el infierno, la riqueza y la pobreza, la salud y la enfermedad, la víctima y el verdugo o el amor y el miedo.

Es así, como a través del *feedback* continuo del exterior fue modelando tu forma de presentarte ante un mundo a través de un "yo ideal" y admitido por los demás. Lo cual, te recuerdo no quiere decir que los aspectos que has abandonado de ti, rechazado o relegado a la sombra hayan desaparecido. Estos fantasmas, por el contrario, irán cogiendo cada vez más fuerza en la medida que los vayas desatendiendo, llegando incluso al punto de convertirse en desgarradores ya que el inconsciente o la sombra, siempre se va a manifestar, ya sea a través de un conflicto emocional, de una relación de pareja tormentosa, de una inestabilidad laboral, una crisis económica, una enfermedad, en el nivel de los sueños a través de pesadillas recurrentes o incluso en forma de accidente o lesión corporal. Es la manera en la que tu inconsciente te habla y te dice, "me tienes que prestar más atención, pues Yo soy tú y Tú eres Yo. Y no podrás negarme eternamente".

Estas formas de personalidad al ser rechazadas, se van almacenando en tu mente inconsciente, ocupando cada vez más espacio hasta que terminan por conseguir cierta autonomía. Pasado este punto es cuando esas personalidades terminan por coger las riendas de tu vida, incapacitando de este modo a aquello que llamas "yo" y minando cualquier esfuerzo que éste desee llevar a cabo. Llegados a este punto, es cuando te has convertido en tu peor enemigo, por decirlo de algún modo.

Por otro lado, tu mente proyectará fuera todo lo que rechazas de ti mismo automáticamente. De este modo comenzarás a juzgar en los demás aquellos aspectos que has negado previamente en ti, sin ser consciente de que la condena que les impones a ellos es la condena que te estás imponiendo a ti mismo en todo momento. De este modo es como has ido creando una idea limitada, especial y dividida de ti mismo. Y con esa idea limitada, has salido a conquistar un mundo exterior imposible donde jamás encontrarás lo que nunca existió en él.

¿Te acuerdas de la película de "El Rey Arturo"? Él tenía una mesa redonda donde se sentaba con sus caballeros de confianza. Uno era bromista, otro era pura fuerza bruta, otro era sabio, otro era perspicaz, otro era sensible y apaciguador, otro era estratega, otro era el negociador, otro era observador, otro era espiritual, místico… Cada uno tenía una personalidad distinta y algo importante que aportar al Rey. Y la suma de todos ellos daba al Rey un control y un equilibrio absoluto sobre su reino.

La mesa no era redonda por casualidad, ya que representa el símbolo de la igualdad. De ser rectangular alguien tendría que presidir y la jerarquía ya estaría impuesta. Si uno de los caballeros de esa mesa pasase a ser ignorado por el Rey, ¿qué crees que sucedería con el tiempo? Al principio se generaría una situación incómoda, y poco a poco, ese caballero ignorado comenzaría a entrar en desequilibrio, contagiando al resto de los caballeros poco a poco. Finalmente, el caballero ignorado terminaría por traicionar al Rey y luchará por hacerse con el control del trono. El Rey comprendía que todos ellos eran extensiones de él mismo, y los amaba a todos por igual. Todos representaban la suma de todas las personalidades que escondían su interior. Y en la medida que él estuviese en paz con cada caballero, más íntegro se sentía consigo mismo y más fuerte y seguro se tornaba su reino.

Del mismo modo pasa con las personalidades que se esconden en ti. Tú también tienes a un yo primitivo, un yo elocuente que tiene ganas de compartir cosas con los demás, un yo bromista, un yo sexual, un yo espiritual y místico, un yo elegante, un yo juguetón, un yo pensador y silencioso, etc. En el momento que relegas al olvido a uno de tus caballeros, pasará a cobrar cierta autonomía hasta que finalmente se apodere del trono del Rey.

Como consecuencia, entrarán en tu experiencia personas polarizadas con aquellos aspectos que has rechazado de ti, recreando en el nivel de la forma relaciones que puedan representar tu conflicto a través de lo que denominamos relaciones tormentosas o tóxicas, siendo estas personas los emisarios o representantes de aquellas personalidades que no aceptas de ti. ¿De qué manera entonces sino perdonando a dichas personas y cambiando la percepción que tienes acerca de ellas, es como podrías cambiar la percepción que tienes acerca de ti?

Cuando negamos hacer aquello que deseamos, se produce una añoranza que termina por aumentar el deseo y, por tanto, el conflicto, desembocando esta situación inevitablemente en un estado de desequilibrio interior. Del mismo modo pasa con aquellos acontecimientos que no hemos aprendido a aceptar. Todo esto conlleva intrínseco un estado emocional inestable y cambiante que puede adoptar diversas formas, desde un ferviente deseo descontrolado en busca de un alivio compensatorio, hasta un carácter agresivo generado por una gran carga de impotencia acumulada que libere dicha energía.

Tal como hemos mencionado anteriormente, jamás te has relacionado con nadie ni estás experimentando la vida. Te estás relacionando contigo a través de los demás, y te estás experimentando a ti mismo, en todo tu esplendor y en todo momento. La experiencia que has vivido, no habla de absolutamente nada, solo habla de las ideas que tú tienes acerca de la experiencia. ¿Y qué es la vida sino pensamiento, experiencias y emociones? Cuando estás viviendo aquello que llamas "conflictos" o "problemas", estás simplemente luchando por mantener una estructura que nada tiene que ver con la vida, pero que contrasta con esta última.

Las estructuras son creadas por la sociedad, y cuanto mayor son las sociedades, más grandes son las estructuras debido a la gran cantidad de normas que dicha sociedad "necesita" para mantener así "la paz" y "el equilibrio" dentro de la "sociedad del bienestar". Sin darnos cuenta estamos intentando sostener un castillo de naipes cada vez más y más alto. La inevitabilidad del fracaso está garantizada debido a las débiles bases desde las que se han levantado sus estructuras. ¿Para qué querrías seguir siendo partícipe de una estructura mental, por muy popular que sea, si te das cuenta que intenta sostener lo insostenible, y solo pueden conducir a la limitación, a la desesperación, a la enfermedad y la muerte, por muchos regalos vacíos que creas que puedas obtener?

Es entendible que, para que podamos vivir en una sociedad civilizada poblada con miles de millones de personas, se precisan ciertas normas para la convivencia. Y este es el verdadero desafío ante el que nos encontramos hoy en día. ¿Cómo podemos llegar a conocernos plenamente si la cultura, la sociedad, la religión y la civilización nos prohíbe o nos limita para que podamos expresarnos tal y como somos?

Trabajar para acabar con la sombra de uno mismo es, en definitiva, un paso crucial e inevitable que todos tendremos que afrontar en algún momento de nuestra evolución, del mismo modo en que el Águila debe afrontar su destino. Es un viaje hacia el inconsciente, hacia el desapego, el autoconocimiento pleno y hacia una verdadera transformación. Un cambio radical de mentalidad que conduce inevitablemente a una verdadera madurez emocional, erradicando de la mente cualquier idea absurda basada en el victimismo y en la separación entre unos y otros.

Un estado que terminará por dar paso a una actitud basada en la plena responsabilidad y comprensión de que todo lo que pasa afuera procede de uno mismo, que no hay nada separado, y que no existen las casualidades en la vida, sino que vivimos un mundo regido por una ley universal de *Causa y Efecto* que no descansa jamás, y que quiere recordarnos por encima de todo que, vivir la vida que deseamos vivir siempre ha estado en nuestras manos.

Como raza humana pensamos que estamos muy evolucionados, y sí, efectivamente hay muchos recursos que nos "facilitan" el día a día. Pero cuando hablamos en términos de evolución espiritual podríamos decir que estamos en plena edad del pavo. Y esto es un polvorín peligroso con la sobrepoblación que sustenta el planeta hoy en día. Es como llegar a pensar que vas a encontrar sabiduría y un estado de armonía y calma en una fiesta universitaria de fin de curso en una casa repleta de miles de personas.

La responsabilidad del cambio no pasa por el cambio de nada de lo que hay afuera. El cambio siempre ha de darse desde dentro hacia afuera. Por tanto, como primer punto, hay que comprender que cuando la sombra lleva sin atenderse durante mucho tiempo, es como si cogiesen las riendas de tu vida todos los personajes o resto de identidades que has relegado al olvido, convirtiéndose ahora en tu mayor problema.

Pongamos un ejemplo, hemos aprendido que cuando te relacionas con una persona en el ámbito sentimental, pasas a ser propiedad de esa persona y debes mantener tu matrimonio hasta que la muerte os separe. A eso le llamamos amor pero, ¿cómo es posible que el amor pueda manifestarse en dicha relación, si el amor es incondicional y la estructura de la relación que tienes está compuesta por un sin fin de condiciones? Eso más que amor es un contrato, y si Dios no entiende de contratos, ¿de quién puede proceder tal idea?

Si estás en una relación de pareja que opera bajo la estructura que ha creado nuestra cultura, con sus normas, sus anillos, sus compromisos, sus contratos y sus limitaciones, y de repente te sientes una atracción sexual por otra persona, inevitablemente vivirás un conflicto de culpabilidad, ya que estás gobernado por normas limitantes que chocan frontalmente con tu verdadera naturaleza. Que sientas dicha atracción en algún momento no será opcional, sino inevitable, seas del sexo que seas. Y no, no es un error sentir eso. Pensar que sentir una atracción sexual hacia otro ser es un error, es síntoma de un estado de negación absoluta, y por tanto, de arrogancia contigo mismo.

Si te fijas, esa estructura mental de relación de pareja nada tiene que ver con la vida. La naturaleza de tu ser no está creada para compartir el amor solo con una persona. Pero al entrar en conflicto con las bases de la estructura mental y cultural que ha creado el ser humano, debes negar esa parte en ti de por vida, hasta tal punto que ni siquiera podrás expresar en voz alta dicho deseo.

¿Sabías que somos el único ser vivo de este planeta que niega su verdadera esencia? Muchas veces he oído que es porque somos seres racionales y debemos diferenciarnos del resto de los animales, sin darnos cuenta que esa necesidad de diferenciación es consecuencia de un estado mental basado en el conflicto y en la separación. ¿Acaso son los animales los que están generando un desequilibrio de gran impacto en todo el planeta? ¿Son ellos los que se suicidan a diario y viven grandes estados depresivos? ¿Son acaso los animales los que se matan unos a otros por intereses que nada tienen que ver con su naturaleza?

¿En serio es posible convertirte en un guarro si comes con las manos?

¿De verdad nos hemos ganado el título de ser un ejemplo a seguir? Como seres humanos, no solo hemos llegado a negar la naturaleza que vive fuera de nosotros, sino que hemos llegado a negar nuestra propia naturaleza y nuestra verdadera esencia.

La energía sexual que procede de la vida y de la naturaleza, seguirá abriéndose paso a pesar de todas las estructuras artificiales a las que te intentes someter con el fin de mantener con vida ese "yo ideal". Y no solo eso, cuanto más la intentes reprimir, más difícil será de gestionar luego todo eso, ya que hará en ti un efecto de olla a presión que terminará por agudizar el conflicto. Esa estructura mental está basada en el miedo, no en el amor, y como ya sabemos, ambos estados mentales tendrán consecuencias en algún nivel.

Ejemplo de esto lo tenemos en cómo se dan casos de orgías desmedidas de mujeres extranjeras que llegan a España procedentes de países donde el sexo está casi prohibido, curas que están sometidos a votos de castidad que terminan por volverse pederastas, fiestas desenfrenadas de alcohol y drogas de una sociedad sometida por demasiadas normas y prohibiciones, etc. En la medida que permitas estar bajo los grilletes de las normas de la sociedad, por el miedo al qué pensarán de ti, o el qué dirán, o cubrir la expectativa que crees que tienen los demás de ti, más deseos y emociones reprimidas irás acumulando en tu interior.

Algún día dejaremos de jugar a negarnos, y aceptaremos la naturaleza del cuerpo humano que hemos elegido para venir a experimentar esta vida. Y, si pudieses leer las instrucciones de este vehículo para aprender a manejarlo correctamente, verías que en el apartado del sexo te pone que tu cuerpo no tiene una naturaleza monógama.

De llegar a tener sexo con otra persona mientras estás en tu relación de pareja, finalmente la otra persona probablemente llegue a decir cosas como: *"Me han traicionado, me han usado y utilizado o me han engañado"*. En esta situación, se habría generado el cóctel perfecto para que aparezcan de nuevo los personajes de víctima y verdugo, el engañado y el culpable. ¿Es malo entonces relacionarse con otra persona? ¿Son malas las estructuras? No, nada es ni bueno ni malo. Tan solo debes preguntarte si es práctico o no para ti. Y de ser así, hazte responsable al cien por cien tu experiencia, sin proyectar la culpa a nadie por lo que solo tú has decidido para ti.

Lo mismo pasa con todo lo demás. Un niño que nace bajo un duro sometimiento de normas, generará una sombra importante a la que tendrá que rendir cuentas en el futuro. ¿Cuántos casos hay de adolescentes que han sido expuestos a una educación muy dura, han terminado en el mundo de las drogas y el alcohol? ¿Cuántos maltratos animales emergen de personas que se han sentido reprimidas, que proyectan toda su impotencia sobre alguien más indefenso que ellos? ¿Cuántas personas no dicen lo que piensan durante años, y un día pierden el control y rompen de mala manera con todo? O, ¿cómo puede ser posible que vivamos en la sociedad del "bienestar", y sea el pico histórico de la historia de la humanidad donde más casos de suicidios, de depresiones y de estados agudos de ansiedad se han dado?

Créeme, personalmente dormiría más tranquilo cada noche con una persona transparente que dice las cosas que siente, aunque no gusten, y con cierto carácter o personalidad, que con una persona que siempre va con cara de ángel, sonriendo en todo momento y con un carácter excesivamente amable, que siempre te halaga y que siempre te dice sí a todo lo que le pidas. Hay que comprender, y comprenderlo bien, pues no es lo mismo una buena persona que una persona sumisa y sometida.

Las personas más buenas son las que más carácter y determinación han tenido. Cuando me refiero al término bueno, me refiero a una persona libre de conflictos que ha alcanzado un estado elevado emocional o, incluso, un estado de iluminación. No me imagino a Jesús de *Nazaret*, a Buda, a Gandhi, a la Madre Teresa de Calcuta o a otras tantas y tantas personas, diciendo sí a cualquier cosa que le pidan cuando quieren decir no, o discutiendo con sus parejas para que les dejen ir a dar una charla a sus discípulos, o no permitiéndose hacer aquello que su corazón les dicta por miedo a lo que dirán los demás de ellos.

La lucha que tienes no es con la vida, sino contigo mismo. Son las estructuras que has erigido, y que nada tienen que ver con la vida, las que has de derribar para volver a experimentarte completo y equilibrado. **Es el verdadero proceso**

de deshacer el personaje. Y, ¿no tendría más sentido que te relacionaras con los demás desde un sentido de compleción y armonía contigo mismo? ¿Qué conflicto podrías tener con alguien si estuvieses en perfecta paz contigo mismo?

Es en este momento cuando la vida parecerá ponerte personas a tu lado que representan tus propios conflictos internos, con el fin de poder ver el error fuera de ti, y darte una nueva posibilidad de poder enfrentarte a aquellos aspectos de ti que no has atendido. Durante tu recorrido, terminarás dándote cuenta que la única batalla que estabas librando siempre fue contra ti mismo, y que el enemigo final de tu película no era más que tu sombra proyectada en forma de otro.

Cuando comprendes que el otro siempre has sido tú, es cuando comprendes que la condena que hacías a los demás, era siempre la condena a la que te estabas sometiendo a ti mismo. Es entonces cuando se te presentará de nuevo la gran oportunidad de aprender una lección ancestral, que no es de este mundo pero que tanto necesita este mundo. **Si perdonas al otro, te perdonas a ti, y liberas de este modo al resto del mundo del conflicto que proyectabas sobre los demás.**

9.3.- La realización del ser

Tienes no una, sino muchas aventuras por vivir aquí, siendo la suma de todas ellas lo que darán sentido a la misión que se te ha encomendado. Cada nueva aventura llamará a tu puerta, abriendo una bifurcación en tu camino que te obligará a tomar una decisión entre dos únicas posibilidades. O bien escuchas tu llamado, o bien lo rechazas. **O bien vives por amor, o bien mueres por miedo.**

Cada llamado te conducirá a un viaje en el que te verás obligado a romper tus estructuras mentales, a abandonar tu mundo ordinario, y a conocer tu potencial mientras te diriges a una nueva conquista, y te catapultará inevitablemente a una transformación profunda en ti. ¿Y qué mayor conquista deberás hacer en ese viaje más que la conquista de tu verdadero Ser y el reconocimiento de tu verdadero poder interior?

Tal como dice Jung:

Cada uno de nosotros viene a ser lo que intrínseca y potencialmente es, desde su nacimiento hasta su muerte. En esto radica el proceso de individuación.

En la primera etapa de vida experimentas un proceso de individuación corporal tal como hemos leído en capítulos anteriores. Pero, del mismo modo que al Águila le llega un llamado donde se tendrá que enfrentar a su propio destino, guiado por su más profundo instinto, ese llamado te llega también a ti y te empujará a que te enfrentes al tuyo, entrando de este modo en la segunda etapa de individuación, esta vez, consciente, donde terminarás de independizarte de las estructuras mentales que has adquirido de tu familia y cultura.

Esta segunda etapa suele darse en el ecuador de la vida de cada persona, pero no tiene por qué ser exacta. Hay personas que la experimentan mucho antes, y otras que deciden atender a su llamada en los últimos años de su vida. Nada de eso importa. La pregunta correcta es, ¿atenderás a la llamada de tu Ser para experimentar una metamorfosis, o te dejarás arrastrar por la corriente de una inercia aprendida abandonándote a una muerte lenta cómoda y dolorosa?

Por norma general, a medida que te aproximas al ecuador de tu vida, más se acentúa ese llamado, y por tanto, más se acentúa el conflicto. De ahí la famosa crisis de los cuarenta. ¿Seguirás siendo la persona que has sido siempre a los ojos de los demás, o estarás dispuesto a atravesar una muerte simbólica y a liberarte del "yo" que te mantenía limitado y condenado? ¿Decidirás liberarte de tu viejo mundo para dar paso a tu nuevo mundo? ¿Te liberarás de las ideas preconcebidas de Tierra plana, para poder descubrir las maravillas que contiene la Tierra redonda?

Es en la primera etapa donde se forja una personalidad, que se irá moldeando con el paso del tiempo a través de las creencias familiares, las circunstancias y las relaciones, tal como hemos ido descubriendo a través de la lectura del libro. Pero es en la segunda etapa donde podrás experimentar una realización del Sí-mismo o *Self*, que te conduzca a alcanzar un estado de plenitud y una totalidad psíquica.

Por otro lado, *Joseph Campbell* consiguió descifrar el patrón común de todas las historias, junto con el papel fundamental de todos los arquetipos que forman parte de ella, y bautizó a este proceso como *El viaje del héroe*, donde describe nuestra travesía de aprendizaje por el recorrido que hacemos en esta vida.

Este viaje está presente en un sin fin de historias religiosas, en libros, en películas, en mitos, en leyendas incluso en videojuegos, es decir, en todo. Y cómo no, este patrón también se encuentra en tu propia vida. Lo has experimentado millones de veces y lo seguirás experimentando hasta el día que abandones esta tierra. Es, por decirlo de algún modo, el ciclo natural que necesita el espíritu para recordar quién eres y volver así a su verdadero hogar.

Las historias representan el viaje que transitamos en nuestra vida, a través del cual nos vamos transformando hasta alcanzar la realización plena del Ser. Este proceso que describe *Joseph Campbell* contiene a un héroe (tú) que está en su mundo ordinario (tus rutinas diarias, trabajo, relaciones, etc.). Esa famosa zona cómoda donde todo lo que acontece es muy familiar para él.

Hasta que llega el momento en el que algo externo a él aparece en su vida en forma de una decisión importante que le obliga a salir de su zona de *confort*. Esta señal es bautizada como **"El llamado del héroe"**, la cual le empuja a cumplir un propósito personal, reconociendo esta etapa como **"El llamado a la aventura"**. Este llamado suele venir en forma de desafío, de relación, de oportunidad, o de algo que te haga salir de lo común. Ese llamado es la consecuencia interior tuya que aparece como deseo profundo de alcanzar de nuevo la grandeza de la que procedes. ¿Cómo podrías enseñarte en este mundo lo que eres, sino a través de la experiencia física?

Antes de emprender el viaje, siempre aparecerá la figura de un **mentor**, puede ser alguien al que él admira, un libro, una película que le inspira, o formador, o cualquier tipo de símbolo que representa el arquetipo del Maestro.

Del mismo modo aparecerá **un compañero,** un amigo fiel, que le ayudará y acompañará durante su viaje. Una vez listo, el héroe estará dispuesto a adentrarse en su aventura que le sacará inevitablemente del mundo ordinario en el que se encuentra.

El **nuevo mundo extraordinario** se comprende así como un mundo desconocido para él que nada tiene que ver con las reglas de su mundo tradicional, donde los desafíos y las pruebas por el camino, le confrontarán en todo momento con su estructura mental, y llevará a una transformación interior profunda.

Antes de dar el paso al mundo extraordinario se topará con el **guardián del umbral**. Éste suele ser representado como alguien cercano al héroe que intenta impedir por todos los medios que haga caso a esa aventura. En nuestro mundo suele ser algún familiar, pareja o amigo consejero que intenta que te quedes en el mismo lugar en el que estás. Ésta es la primera prueba de decisión a la que tendrá que enfrentarse el héroe, pues en este punto muchos son los que deciden escuchar la voz de la serpiente y la debilidad, y terminan mordiendo la manzana de lo prohibido. Prohibido salir de aquí, prohibido hacer lo que vas a hacer.

En ese mundo extraordinario se topará con **aliados y enemigos,** y diversos obstáculos que darán forma a la aventura que moldeará su experiencia. Hasta que llega a un enfrentamiento simbólico de vida o muerte. Es la famosa **caverna,** metafóricamente hablando, donde el héroe ha llegado a un punto de su viaje en el que siente que está más lejos que nunca de su propósito, donde se siente perdido y donde pensamientos de confusión y creencias de incapacidad se abaten sobre él. Éste es el peor momento de todos, ya que deberá enfrentarse a su vulnerabilidad y soledad absoluta. Es este justo momento clave para su desarrollo, un marcado antes y después para él, pues es en ese preciso momento cuando tendrá que decidir entre seguir aferrándose al "yo" o liberarse de él para siempre, experimentando una muerte simbólica o noche oscura del alma, del mismo modo que el Águila se despoja de sus plumas, su pico y sus garras para dar paso a un nuevo ser bajo el mismo cuerpo.

Es en ese momento donde toma la decisión más importante de su vida. Debe arriesgar todo, aprender a pensar de manera distinta a la que aprendió en su pasado, para superar su conflicto definitivamente. Pues se dará cuenta que su estructura mental es justo la que le impide avanzar y por tanto, la que deberá soltar si no quiere fracasar en su aventura.

Este es el **salto de fe** que deberá hacer. Es aquí donde desarrollará el mayor de los valores de la Maestría, **LA CONFIANZA** en sí mismo, pero no en el "yo" que conoce, sino en su instinto o la voz de su alma. Aquí es donde deberá entregarse profundamente al propósito en sí y perder definitivamente el miedo a perder, si no, no podrá alcanzar su propósito. Ésta es la etapa de rendición y liberación del "yo".

Es entonces cuando sale de la caverna para librar **la batalla final,** en la que pone en juego todo lo aprendido en el camino. Una vez librada la batalla final, el héroe ya está preparado para volver a casa. Puede haber alcanzado o no su propósito, nada de eso importa. Lo que verdaderamente importa es el aprendizaje que su llamado tenía preparado para él:

La aventura es el escenario a través del cual tiene la oportunidad de crecer y transformarse.

El objetivo de la aventura no es la consecución de ninguna meta, sino la transformación del personaje.

Todos los problemas que se encuentran por el camino son necesarios para su transformación.

Todos los personajes de la película representaban todas las personalidades que se esconden en su ser, siendo este todos ellos y el mismo a su vez.

En el momento en el que comprende de corazón a su enemigo, la compasión se apodera de él y el perdón se abre camino en su corazón. Es en este momento donde el aprendizaje se integra definitivamente y donde se convierte en un verdadero Héroe.

El Héroe volverá a su mundo ordinario pero lo hará siendo una persona totalmente distinta a la que fue. Probablemente no vuelva para quedarse, pues habrá comprendido que su casa no era un lugar, sino que allá donde esté su corazón siempre permanecerá en su hogar.

Una vez realizada su transformación, el héroe estará preparado para servir al mundo y ayudar a los demás en el proceso que él ya ha recorrido, pues aunque sean distintos caminos, la enseñanza y el proceso son iguales para todos.

Es aquí donde la frase "**no es lo mismo conocer el camino, que andar el camino**". El héroe no ha estudiado el camino en libros, en una carrera universitaria o en películas y documentales, sino que lo ha experimentado en primera persona a través de la experiencia.

¿Y qué mayor maestra puede haber en este mundo más que la vida?

Hay muchas películas a día de hoy que hablan de la sombra y de los arquetipos que nos conforman, y que toda la trama esconde toda esta teoría. Una película que lo muestra con total claridad, probablemente la causa del imponente éxito a nivel mundial que ha tenido, y que expresa de una magnifica manera es *El Señor de los Anillos*. El protagonista, *Frodo*, pertenece a la raza de los medianos, los cuales representan al estado del ser que se mantiene en la fase de inmadurez, siendo su máxima preocupación jugar, el ocio, divertirse, no alejarse mucho de *La Comarca*, las pillerías entre unos y otros, así como una marcada ausencia de una figura paterna. Durante muchos años, la sombra no atendida a la que se tendrá que enfrentar *Frodo*, bautizado como el Señor Oscuro o *Sauron*, ha sido relegado al olvido y ha cobrado una fuerza inconmensurable que pone en peligro el mundo en el que viven. Esto le obliga a *Frodo* a dar el paso a alejarse de la comarca (el llamado a la aventura), y vivir su propia historia con un propósito mayor del que su *ego* le estaba proporcionando, y que va mucho más allá de lo que él se podía imaginar.

La misión o el llamado de *Frodo* es enfrentarse a su propia sombra y para ello debe ir a los confines del mundo (representan nuestras cavernas, el mundo oscuro y las fuerzas del mal) y enfrentarse contra un sin fin de enemigos oscuros como los *Nazguls*, bestias aladas y orcos entre tantos (representan nuestros propios fantasmas internos). Hay un nexo de unión entre *Frodo y Sauron*, el anillo que los gobierna a todos (representa El poder de la intención que todos tenemos), que contiene un inmenso poder y que, bien usado le salvará de peligros inminentes y no sólo le beneficiará a él sino al resto de sus compañeros. Pero si lo usa con una intención egoísta para obtener un beneficio propio, le atrapará inevitablemente en el mundo de las sombras, como a *Gollum*, que representa la voz del *ego* de Frodo, esa identidad confusa y temerosa que desconfía de todos y que hará desconfiar a Frodo hasta de sus mejores amigos, como Sam Sagaz. Pero también le recuerda a Frodo en lo que se convertirá si se deja llevar por la tentación de ese inmenso poder que contiene en sus manos y que se le ha conferido. Ese anillo representa el poder de decisión que se te ha dado ante las dos únicas opciones que tienes ante ti, Amor o miedo.

Para iniciar este viaje *Frodo* necesitará de aliados que le acompañen en su camino. Gimli (representa su ser primitivo), Aragorn (representa su guerrero interior), Légolas (representa su yo habilidoso), SamSagaz Gamyi (representa los valores, la amistad y la integridad), Arwen (representa la feminidad, la delicadeza, la belleza y lo eterno), Galadriel (representa el oráculo) y Gandalf El Mago Blanco (que representa la sabiduría, el último de los estados humanos).

Todos representan una personalidad de Frodo que la vida le concede en forma personajes externos a él para que pueda hacer su viaje con todos los recursos y poder enfrentarse a Sauron (**La Sombra**).

Jung catalogó a estos personajes como los arquetipos que tenemos todos en nosotros mismos, todas las personalidades que poseemos y que vamos relegando al olvido una vez llegamos aquí, y con los que tendremos que relacionarnos e integrar en nosotros mismos tarde o temprano si es que queremos llegar a descubrirnos verdaderamente.

La sombra la podemos observar en cualquier película. Por ejemplo, El Coyote es la sombra del Correcaminos, *Lex Luthor* de *Superman* y *El Sr. Smith* la sombra de *Neo* en la película de *Matrix*, o *Thanos* la sombra de *Iron Man*. Los personajes principales necesitan a su sombra para poder dar sentido a lo que creen ser.

También he mencionado en capítulos anteriores el ejemplo de Batman, un niño que presenció el asesinato de unos padres y que estaba lleno de miedos. Forjó una personalidad que mostraba al mundo que estaba muy bien vista por la sociedad: empresario de éxito, educado, serio, organizado, políticamente correcto. Una máscara que mostraba al mundo para no mostrar los miedos y la tristeza que tenía en su corazón. La sombra que se creó en paralelo es la polaridad de éste, el *Joker*. Alocado, siempre con bromas de mal gusto, mal educado, improvisador, loco, grosero. Es como todas las partes reprimidas de Batman reflejadas o proyectadas fuera de él. Hay momentos en los que se ve cuando un superhéroe, en la batalla final, tiene la posibilidad de matar a su enemigo eterno, y no le faltarían motivos para hacerlo, pero de repente ve en la mirada de su enemigo el reflejo de sí mismo. Es en ese **momento de consciencia de unidad donde la ira, la rabia y el ataque son reemplazados por la compasión, la comprensión, el perdón y finalmente, la integración de su sombra,** abandonado así el estado de miedo en el que se encontraba, y alcanzando inevitablemente así un estado emocional elevado basado en el amor.

Del mismo modo que la gran pantalla nos muestra de una forma tan significativa un mensaje ancestral, la vida lo muestra en el día a día en el formato cotidiano que conocemos en todos los ámbitos. A nivel individual, por ejemplo, el niño que se sintió no atendido por su madre, y que rechaza al arquetipo de la feminidad por el dolor de su pasado, vivirá con una sombra que se manifestará a través de los conflictos en su relación de pareja o con la ausencia de ellas. A nivel colectivo, una sociedad rígida que tilda de tabú al sexo, vivirá con una sombra que se manifestará en la corrupción y el aumento de la prostitución, los abusos sexuales y las violaciones, entre otros.

Como hemos dicho anteriormente, todo está relacionado. Todo pensamiento se manifestará en cualquier nivel y todo lo que negamos, persistirá hasta que lo integremos en nuestro ser como parte del todo y no como algo que tendría que desaparecer de nuestra vista.

9.4.- El llamado

Por el año 2012 / 2013 llamó a mi puerta una segunda crisis emocional en mi vida tras la ruptura de una relación sentimental y una fuerte situación económica que me obligó a atravesar un nuevo proceso interior. Una vez más llegué a asociar que mi estado emocional era consecuencia de la situación por la que estaba pasando, en lugar de hacerme consciente que la situación por la que estaba pasando era la consecuencia de mi estado emocional.

Fue sorprendente descubrir cómo a partir de tomar una decisión con una firme determinación comenzaron a darse sucesos que me conducirían a vivir algo que no podría haber imaginado por ese entonces.

Recuerdo estar en la ducha intentando limpiar de algún modo toda mi rabia y frustración que me generaba pensar lo víctima que me sentía en ese momento; "¿por qué tiene que ser todo tan difícil para mí? Dios mío, ponme las cosas un poco más fácil, te lo ruego. ¡No aguanto más!". Hoy en día soy consciente de la bendición de haber sentido sentir esa gran impotencia hasta un límite insoportable, pues justo esa emoción fue la que usé inconscientemente para salir de ese estado mental, y como consecuencia, de la situación en la que me encontraba. Fue entonces cuando apreté el puño cargado de rabia y golpeé con fuerza la pared del baño, como si pretendiese dejar una firma en un contrato conmigo mismo, mientras gritaba con una decisión determinante que ese sería el último día que me sentiría así: ¡NO QUIERO MÁS ESTO! ¡NO QUIERO MÁS ESTO! ¡NO QUIERO MÁS ESTO!

Fue entonces cuando llegó la rendición. Literalmente me había rendido. Algo difícil, pues rendirme nunca había sido una posibilidad para mí. Estaba dispuesto a renunciar a toda mi vida, a todo lo conocido y a todo lo que había aprendido acerca de quién había estado siendo hasta ese momento, y lo más importante, a reconocer que estaba equivocado. No me quedaba nada que perder, pues lo único atractivo en ese momento para mí era escapar de un mundo que había perdido todo significado.

Tras toda esa liberación de energía, me fui a la cama, bajé las persianas y me eché a dormir. Recuerdo no cenar esa noche. Tan solo quería descansar. Era como si mi mente necesitase desconectarme para reprogramar el mandato que había pedido con una energía más elevada de lo normal.

Tras dormir once horas ininterrumpidas, al día siguiente me levanté como si nada hubiese pasado. Hice mi día normal como de costumbre. Por la tarde tenía que ir a hacer un par de recados. Fue justo al estar volviendo a casa, justo 24 horas después de firmar mi contrato conmigo mismo, cuando recibí la llamada de Jaime H., un conocido al que tenía cierto aprecio y, sobre todo, una gran admiración profesional.

La llamada fue totalmente inesperada, pues llevábamos tiempo sin saber el uno del otro. En un principio pensaba que me quería vender algo. Y como era de entender, no estaba para comprar ni si quiera la mejor de las ideas en ese momento. Pero más inesperado que la llamada fue lo que me propuso después:

Jaime: Como sabes monté mi empresa hace más de dos años, y estaba justo buscando a alguien para cubrir el hueco de Director de Marketing.

Yo: Pues no sé Jaime. Si quieres pásame las condiciones y si encuentro a alguien para ese puesto te pongo en contacto con él, le dije, ya que yo tenía nociones de ventas, pero no de Marketing.

Jaime: En realidad estaba pensando que no podía haber mejor persona que tú para ocupar este puesto.

Yo: ¡Pero si yo no tengo la carrera de Marketing!

Jaime: Eso no me preocupa Jorge. No te quiero por tus conocimientos, sino por lo que eres. Los conceptos que haya que aprender te los iré enseñando yo personalmente. Si estás interesado, dime cuándo podemos vernos y nos ponemos en marcha cuanto antes.

Mi mente no daba crédito. De repente un pequeño rayo de luz se adentró en toda la etapa de más de un año de preocupación y de oscuridad que arrastraba. Lo que no me imaginaba era a dónde me conduciría todo eso. Inmediatamente me incorporé a trabajar con Jaime. No solo me ofreció un buen sueldo fijo y grandes comisiones por producción, sino la gran oportunidad de aprender de un mercado emergente como era el Marketing Online, y abrirme así a un mundo de futuras posibilidades. ¿Qué más podía pedir?

Mientras tanto, yo seguía avanzando cada día con el estudio y la aplicación de *Un Curso de Milagros*. Cada día que pasaba sentía cómo mi mente se iba expandiendo más y más. Gracias a la aplicación de los ejercicios veía cómo nuevas creencias poderosas iban incorporándose en mi mente, mientras viejas creencias limitantes iban desapareciendo poco a poco. Mi confianza aumentaba cada día más gracias a la seguridad de sentirme guiado en todo momento por una nueva voz, pero extrañamente familiar para mí. Era como permitir que la vida sucediese a través de mí y no tal como yo quería que sucediese.

Durante esa etapa, aparte de adquirir una gran base de conocimientos acerca del Marketing Online, así como de herramientas y plataformas tecnológicas que serían fundamentales en un futuro próximo, iba aprendiendo algo más importante: el significado de valores como la integridad, el bien por el prójimo y el amor y la entrega en cada acto que llevase a cabo. De este modo comencé a alimentar un "nuevo" estado mental elevado que crearía nuevos procesos neuronales, y me llevaría a experimentar cosas inimaginables para mí.

Fue en esta etapa de mi vida cuando descubrí que los principios de la espiritualidad y el mundo del emprendimiento no tenían por qué estar en conflicto. Como director de la empresa, decidí llevar a cabo una estrategia que no estuviese basada en objetivos cuantitativos, como estaba acostumbrado a ver, sino en la construcción de una misión y unos valores firmes y ser fiel a ellos, por muy tentador que fuese saltarse las reglas para obtener más dinero. Los resultados que se dieron como consecuencia de ello fueron sorprendentes. Llegamos a multiplicar en un 500% la facturación, pasando de 200.000 € hasta más de 1.000.000 € en un año y medio.

Aquí aprendí una gran lección. Cuando realmente haces cosas pensando en el beneficio de los demás y no en el tuyo propio, la abundancia llama a tu puerta sin demorarse, y las cosas comienzan a darse sin esfuerzo. Mi autoestima iba aumentando día a día, y mi satisfacción iba siendo cada vez más plena. Sabía por aquel entonces que las cosas no ocurren por casualidad. Algo estaba cambiando en mí.

Fue el verano de 2015 cuando estaba sentado en el sofá de mi casa, cuando una extraña sensación volvió a invadirme. Por aquel entonces ya me era familiar atender aquello que estaba sucediendo dentro de mí para no vivir en incongruencia conmigo mismo, pues sabía que justo eso era lo que me llevaría de vuelta a vivir una nueva crisis existencial. El miedo no era el maestro al que quería seguir depositando mi fe. El "nuevo" guía interior al que iba haciendo cada vez más y más caso, quería transmitirme un mensaje que solo podía escuchar si liberaba el miedo de mi mente. De algún modo, todos sabemos que es lo que nuestro corazón nos quiere decir, pero rara vez estamos dispuestos a escucharlo. El problema es que no lo atendemos por el miedo a vivir lo que nos quiere mostrar, pues ello nos sacaría de nuestro mundo ordinario irremediablemente.

Me decidí definitivamente, no solo a escucharlo, sino a hacerle caso asumiendo todas las consecuencias que ello traería a mi vida. Así que silencié mi mente y me dispuse a acallar todo miedo dentro de mí, aunque fuese durante un instante, para poder escuchar con claridad. Una vez sentía que estaba preparado, me dispuse a formular una pregunta con total apertura a escuchar, sabiendo que la respuesta que recibiría sería el camino a seguir ¿Deseas que siga en esta empresa? pregunté. Tras despejar mi mente del ruido y el miedo, vi la respuesta tan clara como la que ve un árbol tras un cristal totalmente limpio y transparente. Era momento de soltar y continuar con mi camino.

Del mismo modo que un día en el baño decidí con determinación no querer vivir más en ese estado, ese mismo día volví a decidir con la misma determinación, pero esta vez no lo haría desde la rabia y la impotencia, sino desde una energía mucho más estable y equilibrada. En ese momento fui consciente de estar entrando en contacto con el coraje, un estado mental más elevado y noble del que había estado acostumbrado a operar en años anteriores.

La vida se iba sucediendo cada vez de una manera más sencilla para mí. Era como si hubiese un plan trazado y yo solo tuviese que aprender a escuchar y a dejar de interferir. Estaba comenzando a bailar con los acontecimientos en lugar de seguir luchando contra ellos. Solo tenía que apartarme para dejar que aquel que sabe Quién Soy, decida por mí. El miedo a volver a quedarme sin dinero no tardó en intentar retenerme. Pero sabía que no podía permitirme aferrarme al pasado. Tenía que liberarme de viejas estructuras y cualquier miedo intelectual que intentase adentrarse en mi mente con el fin de confundirme, si es que quería seguir avanzando y descubrir cuál era la historia que estaba esperando descubrir. Por aquel entonces tenía la sensación de haber tomado una decisión y no poder volver atrás.

Fue entonces cuando sabía que tenía que llamar a la persona que me había "salvado" en el pasado, para comunicarle que había decidido abandonar el barco. Creencias de culpabilidad fueron el segundo intento de mi mente egoica de detenerme, pero lo hizo sin éxito. Mi determinación por ese entonces estaba por encima de cualquier pensamiento basado en la limitación y en el miedo.

Sorprendentemente para mí, la llamada fue de lo más liberadora, pues tanto Jaime como yo hablamos del agradecimiento mutuo por esta etapa tan maravillosa por la que habíamos pasado, y no tardamos en compartir la emoción que sentíamos en ese momento. A día de hoy, no solo conservamos una grandísima amistad, sino que años después sería la empresa elegida que cubriría todas las necesidades del Departamento de Marketing de la futura empresa que estaba a punto de nacer, cerrando de este modo un círculo perfecto de equilibrio entre el dar y el recibir.

Había soltado equilibradamente la empresa que me había rescatado de la mayor crisis económica de mi vida, sin tener ninguna opción en mis manos más que una sorprendente sensación de confianza y fe en que todo se daría de manera perfecta para mí.

Lo que pasó entonces fue algo que aún me sigue sorprendiendo. Dos horas después de colgar el teléfono con Jaime, y sin yo buscar absolutamente ninguna oferta de ningún tipo, recibí dos llamadas en el mismo día con dos nuevas propuestas profesionales. ¡No daba crédito!

La primera oferta tenía mucho que ver con lo que estaba haciendo en la empresa que acababa de dejar. El trabajo era en Madrid y las condiciones eran muy buenas. El segundo trabajo era en Valencia, y venía de la mano de un antiguo amigo y socio con el que compartí proyectos un tiempo atrás. Este segundo trabajo nada tenía que ver con lo que estaba haciendo, y recuerdo que siempre repetía en conversaciones con amigos: "si algún día me fuese a vivir fuera de Madrid, lo haría al norte o al Sur de España, pero jamás viviría en Valencia".

Era como si la vida me quisiese poner a prueba. ¿Elegiría una empresa parecida en el mismo sitio en el que vivía, manteniéndome así en mi mismo mundo ordinario? ¿O por el contrario escucharía con atención para tomar la decisión correcta? Decidí viajar a Valencia por entonces para reunirme con el CEO de la empresa y con Julio Ll., mi antiguo socio, y aprovechar para conocer las instalaciones y parte del equipo. Llegué un jueves tarde y estuve durante dos días enteros allí. Me presentaron todo el proyecto y me despedí de ellos. Ya de vuelta Madrid cn el Ave (un tren de alta velocidad), recibí una llamada por parte de Julio, diciéndome que encajaba perfectamente con lo que estaban buscando y querían que me incorporarse cuanto antes.

Pensé por un momento que todo estaba sucediendo demasiado deprisa. Pero caí en cuenta que términos como "rápido" o "lento" solo podían ser el resultado de una percepción que procedía del *ego*. Así que volví a recordarme que lo único que tenía que hacer era confiar y no interferir. Sin darme cuenta estaba practicando la entrega absoluta. Cada vez comprendía que las decisiones racionales basadas en circunstancias del pasado, son el mayor obstáculo con el que tenía que lidiar en la vida. ¡Qué sentido tenía todo! ¿No es acaso estas decisiones racionales que quieren mantener todo bajo control, las cuales proceden de la estructura mental limitada que me mantenían en mi limitado mundo ordinario, de las que debía desapegarme para tener éxito en el nuevo mundo extraordinario?

Una vez incorporado en la empresa comencé a conocer al resto del equipo que la conformaba. Conocí a gente maravillosa y mi corazón estaba expectante de que me deparaba la vida en esta segunda etapa. Aunque a medida que pasaban las semanas mi confusión iba en aumento. Comencé a observar que el dueño de la empresa estaba obsesionado por crecer y por tener mucho éxito, costase lo que costase.

De repente me vi en una empresa dirigida por una persona que tenía mi misma edad, con una profunda necesidad de reconocimiento que escondía tras una máscara de falsa seguridad y alardeo constante de grandes conocimientos empresariales que rozaban el ridículo. La forma de dirigirse al equipo comercial y al resto de la plantilla, la incongruencia en cada acto y la manipulación constante, eran testigos de una absoluta baja autoestima. Pero debajo toda esa máscara se escondía una persona de gran corazón que se notaba que intentaba hacer todo lo posible por satisfacer a todo el mundo, tal vez con demasiadas expectativas.

Cada día que pasaba preguntaba al Espíritu: "¿Para qué me has traído aquí? ¿Qué es lo que quieres que haga en esta empresa? Mientras mis dudas iban aumentando cada vez más y más, comencé a sentir de nuevo una extraña sensación dentro de mí. En este caso llegó mucho antes de lo que esperaba. Había algo que me decía por dentro cada vez con más fuerza: "Ya estás preparado para perdonarte".

La tensión en la empresa crecía día a día, pues solo veía actos que procedían de falsos valores, y no estaba dispuesto a tirar todo mi aprendizaje e integridad por la borda a cambio de un sueldo económico. Dicho de otro modo, no estaba dispuesto a vender mi alma al diablo. En esa etapa estaba aprendiendo a decidir entre mi fortaleza y mi debilidad. En esos dos meses era como si la vida estuviera poniendo a prueba mi integridad cada día y cada momento. ¿Accedería a llevar acciones que veía que contenían una manipulación escondida, o sería íntegro y firme ante la debilidad del miedo?

En todo ese proceso recordé que las personas que están en mi vida no son ningún error, sino el espejo perfecto que tengo para conocerme a mí mismo. Fue entonces cuando decidí levantar la vista y me abrí a comprender quién era esa persona realmente. Fue un solo instante el que me llevó a comprender todo como si de una revelación se tratase. Comprendí que todo lo que no toleraba del dueño de esa empresa eran exactamente las mismas partes de mí que no admitía y que veía reflejadas en él. Me di cuenta que la necesidad de reconocimiento que él tenía era el reflejo de la necesidad de reconocimiento que siempre tuve yo. Los alardes de conocimientos empresariales que no soportaba de él eran los mismos alardes arrogantes que hacía yo. Y la obsesión de alcanzar el éxito y la manipulación inconsciente que veía en él, era la misma obsesión y manipulación que hacía yo no mucho tiempo atrás. ¡Me estaba relacionando con mi sombra!

Fue entonces cuando me embriagó un sentido de amor, agradecimiento y compasión hacia él, y fue justo en ese momento de comprensión cuando entendí que mi camino debía continuar. Pero ¿por qué en Valencia? Me preguntaba. ¿No podías haberme puesto a esta persona en Madrid? ¿Para qué he venido aquí?

Volví a Madrid, y fueron meses después cuando comprendí que la vida tenía todavía más planes para mí en ese momento.

Por el mes Noviembre, recibí una llamada de Andrea G., una de las mujeres profesionales que trabajaban en la red comercial. En ese momento me dijo que acababa de romper la relación que tenía con su actual pareja, a la que también conocí durante mi estancia en Valencia. Poco tiempo después comprendí que la vida no solo quería que me enfrentara a mi sombra a través del dueño de la empresa, sino que me había llevado a conocer a la persona con la que me comprometería en matrimonio 2 años después. A pesar de la diferencia de edad que había entre ella y yo, Andrea se convertiría con el paso del tiempo en una de las personas más importantes de mi vida, y el espejo perfecto que necesitaba para sanar.

Fue cuando comprendí que el llamado de mi aventura no había hecho más que empezar. Tal como he dicho antes, todos recibimos un mentor en nuestro llamado a la aventura. Para algunos se representa en forma de persona, para otros en forma de película o para otros en forma de libro. El Espíritu Santo se manifiesta a través de cualquier formato pues él no está limitado ni condicionado por el mundo de la forma. Y el formato que elijas será el más familiar para ti. En mi caso lo hizo en forma de Libro, a través de *Un Curso de Milagros*, y el aprendizaje que este mentor contenía, era todo lo que necesitaba para elevar mi vida a lo más alto.

¡Estaba preparado! Mi mundo estaba cambiando por completo, y lo seguiría haciendo, en la medida que me iba permitiendo abandonar mis viejas creencias. Estaba soltando todo lo que sobraba de mi verdadero ser: el rencor, el miedo, la manipulación, la rabia, la desconfianza en mí mismo y la necesidad. Era momento de dejar todo eso atrás. Cuanto más lastre soltaba, más poder adquiría. Cada vez comprendía que el resultado no era lo importante, sino en lo que me estaba transformando a través de la experiencia y de las decisiones que tomaba en favor de la verdad y no del miedo.

Y como todo poder implica una responsabilidad, tenía que actuar en consecuencia. Sabía que lo que sucedería a partir de ese momento me presentaría un sin fin de pruebas en el camino. Pero estaba plenamente dispuesto a vivirlas, pues comprendí que Dios siempre nos acompaña allá donde vayamos.

9.5.- Proceso de individuación consciente

Toda la idea que has creado acerca de ti, es falsa. Comenzando por tu nombre y apellidos, tu nacionalidad y tu cultura. Alguien llegó a este mundo antes que tú y que yo y dijo, ¡esto es así! Tus padres te llamarán "Jorge" que significa, hombre honrado y humilde que labra los campos. Serás de esta religión y creerás en su dios. Serás de este equipo de fútbol, votarás a este partido político y estudiarás en este lugar. Después te casarás y tendrás hijos y te convertirás en un hombre de provecho y en una buena persona. Hijo mío, ¡deja el nombre de la familia en buen lugar!

Del mismo modo que el Águila tiene que afrontar su destino, o el héroe escuchar el llamado a la aventura, en algún momento en la vida de cada persona la llamada de su ser llega inevitablemente, y lo hace sin avisar.

Es en esta segunda etapa en la que deberás tomar una de las decisiones más importantes de tu vida: ¿Sigo con mis plumas, mi pico y mis garras con las que tanto tiempo llevo volando? ¿O acepto mi proceso doloroso, me retiro y me despojo de todo aquello viejo y pesado que ya no me sirve, y que no me permite volar alto?

Seguro que te preguntarás, ¿pero tiene que ser doloroso siempre?

¿Acaso no se puede hacer el cambio sin dolor? Como ya hemos escuchado muchas veces, el dolor en esta vida es inevitable, el sufrimiento es una opción. En cierto modo ésta no es una transformación física, sino *psíquico-espiritual*, y aunque puedan manifestarse episodios sintomatológicos a nivel físico en el estómago, dolores de espalda o de cabeza, vértigos en ciertos casos, el sufrimiento siempre será una consecuencia que procede de un estado mental determinado.

Debemos comprender que el ser humano lleva intrínseco el aprendizaje a través del sufrimiento, debido a las estructuras mentales en las que nos encontramos. **No te hace daño soltar, lo que te hace daño es seguir aferrándote con fuerza a tu mundo conocido.** El sufrimiento procede, por tanto, del miedo intrínseco que existe de soltar lo conocido y abrirse a lo desconocido. Y hasta que no sueltes definitivamente todo apego a lo conocido, o dicho de otro modo, **hasta que no pierdas el miedo a aquello que temes perder, el sufrimiento será inevitable.**

¿Cómo iba a estar fuera de la ecuación el sufrimiento si justamente la lección a aprender en este mundo es la liberación del símbolo del sufrimiento que hay en tu mente?

Evitar experimentar la incertidumbre, la culpa, la vergüenza o el sufrimiento en cualquier proceso de transformación, es decidirte por tu debilidad y reafirmar que todos
estos símbolos deben ser reales, por razón del valor que
estás decidiendo darles. ¿Y cómo no iban a seguir repitiéndose situaciones desagradables en tu vida si no estás
dispuesto a erradicar el problema en el nivel de las causas?
Al miedo no se le puede enfrentar huyendo o evadiéndolo,
sino mirándolo de frente y declarándolo inexistente.

*Aquellos que no aprendan nada de los hechos desagra-
dables de sus vidas, fuerzan a la consciencia universal
a que los reproduzca tantas veces como sea necesario
para aprender lo que enseña el drama de lo sucedido.
Lo que niegas te somete. Lo que aceptas te transforma.*

Carl G. Jung

Del mismo modo que nuestros antecesores tuvieron
que experimentar la confusión y el conflicto que suponía
liberarse de la antigua idea de la tierra plana, para dar paso
a una nueva idea, y con ello a un nuevo mundo, tú deberás
también liberarte de tus viejas estructuras mentales si es
que deseas salir del proceso circular en el que te encuentras. Dicho de otro modo más directo, deberás tener que
estar dispuesto a enfrentarte a una muerte simbólica.

¿Qué sucedería si te dieses cuenta que todo por lo que
tanto has luchado era mentira? ¿Qué sucedería si erradi-
cases de tu mente en este momento todas las creencias que
has aprendido en el pasado? ¿En qué te quedarías? Es cierto
que una parte de ti moriría, pero ¿seguirías existiendo?
De ser así, ¿quién es el "yo" que ha dejado de existir dentro de ti, que dependía de falsas ideas y creencias limitantes
para dar sentido a su existencia? ¿Y quién es el "yo" que
sigue vivo en ti a pesar de liberarte de dicha identidad? **La**

verdad en ti trasciende todas las creencias que has aprendido en este mundo. Por tanto, cuando atravieses todas las creencias que has abrigado en este mundo encontrarás a tu verdadero Ser.

Tal como explica *Un Curso de Milagros*, las creencias pertenecen al mundo dual o al mundo de la percepción, ya que en el cielo solo existe el conocimiento. Ahí todo ser goza de verdadero conocimiento. Por tanto, las creencias no tienen ningún sentido en una mente donde se ha restaurado el perfecto conocimiento. Pero dentro de este mundo en el que te encuentras, debemos aprender a diferenciar entre dos tipos de creencias, pues unas te alejarán de la verdad, y otras acortarán la distancia entre la verdad y tú. La función del Espíritu Santo es ayudarte a despejar los obstáculos de la mente que has erigido en contra del Amor. Sólo entonces Dios podrá dar el último paso y restablecer así la cordura en ti. Y no hay libro, palabras o símbolo que pueda enseñar esto, pues dicha experiencia es inefable, ya que trasciende todo símbolo y no puede ser explicada, sólo puede ser comprendida a través de una experiencia íntima y personal.

El Hijo de Dios solo podrá experimentar un despertar desde un sueño de felicidad que esté libre del símbolo de culpa y castigo que se ha infligido a sí mismo. Esta es la enseñanza que postula *Un Curso de Milagros*. ¿Y de qué manera podrías quedar plenamente liberado de todo símbolo de la culpa, ataque y castigo sino a través del perdón?

Un buen punto de partida es hacerte consciente de cuáles son las bases de la identidad que has forjado acerca de ti, sobre qué pilares descansa tu personaje y el mundo que sostiene tu particular sistema de pensamiento. Vamos a distinguir entre dos tipos de creencias a tener en cuenta: **Creencias destructivas o que te limitan,** y **Creencias constructivas o que te empoderan.**

Creencias destructivas. Estas creencias proceden del estado mental del miedo. Están basadas en la culpa, el conflicto sin resolver y en la separación. Son creencias que te limitan y te someten en tu experiencia. Toda creencia destructiva procede del ataque, la huida y el bloqueo, y descansan sobre las bases de la **incapacidad** o de **no merecimiento**. Estas son las piedras que hay que quitar del mármol que no dejan expresar la perfección de la escultura perfecta que se esconde dentro de ti.

Algunos ejemplos de creencias o diálogos destructivos que has podido aprender son:

- Nunca seré capaz de conseguir un trabajo nuevo. Hay mucha competencia, mucha crisis o soy muy mayor para que me elijan a mí.
- Jamás ese hombre, o esa mujer, se fijará en mí.
- No me veo capaz de entablar una conversación con esa persona porque no tengo nada interesante que ofrecer. Acabaré haciendo el ridículo como siempre.
- No quiero pedir ayuda porque no quiero ser una carga para los demás.
- Si pienso en mí y dejo de pensar en los demás seré un/a egoísta.
- Hay que luchar duro para conseguir aquello que deseas. La vida es difícil y la gente es muy egoísta. No puedes fiarte de nadie.
- Todas las mujeres son unas egoístas que solo piensan en ellas.
- Los hombres solo te quieren usar para una cosa. No puedes fiarte de ellos.
- Más vale malo conocido que bueno por conocer.
- Soy un desastre. Por mucho que me esfuerce jamás conseguiré lo que desco. Siempre termino decepcionando a las personas que me rodean. Nunca consigo estar a la altura de los demás. Me siento pequeño o vulnerable ante otras personas con las que me relaciono.

El dinero corrompe a los seres humanos. Los ricos son egoístas. Por culpa de ellos la gente pasa hambre. Los ricos nos gobiernan y por culpa de ellos no podemos salir de esta situación.

No puedes ser tan tolerante con las divagaciones de tu mente. De este modo no podrás escapar jamás del programa circular en el que te encuentras, ni de tu mundo ordinario, ni permitir a tu mente vivir una experiencia transformadora.

Te estás hablando en todo momento. Recapacita ahora, y si quieres y lo sientes, y aterriza en un papel cuales son las creencias conflictivas y limitantes basadas en el miedo que más repites en tu diálogo interno una y otra vez. Solo tienes que escucharte con atención. ¿Qué pensamientos son los que más repito en mi diálogo interno cada día? ¿De dónde o de quién lo aprendí? ¿Cuáles son las creencias que he aprendido en mi vida? Un paso vital es hacerse consciente de qué se alimenta tu mundo interior.

Una vez reconocida esta parte, podremos dar paso a una la creación de una nueva lista de **creencias constructivas** que te empoderen, que usarás de manera recurrente cada día hasta que éstas terminen por sustituir a las anteriores.

¡No te confíes! Pues aunque parezca ser una práctica muy sencilla, que lo es, conlleva dificultades. El *ego* es un experto en ponerse disfraces, y el disfraz de lo espiritual es de sus preferidos. No debes subestimar los mecanismos de defensa del *ego*, y entender que él está dispuesto a comenzar entusiasmado esta práctica contigo. Hasta que dentro de poco sientas un desaliento, una pérdida de esperanza al no ver cambios tempranos, y la invasión de creencias del tipo: "los demás pueden pero yo no", o "soy demasiado mayor para cambiar mi forma de pensar", que comenzarán a penetrar poco a poco en tu voluntad. Deberás estar atento/a, y no permitir que estos ladrones se adentren en ti.

Del mismo modo que prácticamente todo el mundo tiene la capacidad de correr pero no todo el mundo sale a correr cada día, por muy corta que sea la distancia y muy saludable que sea el hábito, del mismo modo todo el mundo tiene la capacidad de integrar estas ideas en su mente, pero no todo el mundo estará dispuesto a hacerlo. La clave está en tener una firme voluntad y en establecer un verdadero compromiso contigo mismo, permitiendo así el tiempo suficiente que permita al cambio a establecerse en tu mente.

Las **creencias constructivas** son pensamientos que proceden de un estado mental elevado, basados en el amor. Por tanto, contienen una vibración y energía más elevada. Si aplicas estas afirmaciones correctamente y te abres, no solo a repetirlas, sino también a sentirlas, si las sientes como una verdad en ti, generarán una inyección de energía que inevitablemente aumentará la estima y tu amor propio.

Estas creencias están basadas en el perdón, en la liberación del conflicto y en la unión. Son creencias que descansan sobre las bases de la confianza y del merecimiento por razón de lo que verdaderamente eres. Pensar en lo contrario es adoptar una postura arrogante, pues estarías reafirmando que Dios desde su perfección ha errado al crear a un hijo limitado e impotente, en lugar de reconocer que eras tú el que estabas equivocado.

Toda creencia constructiva procede de una inspiración e intuición profunda, por tanto lleva la firma del Maestro de la Grandeza. Esta es la escultura perfecta que se irá manifestando en ti, a medida que pongas más fe en estas ideas cada día que pase. Llegará un día en el que sientas profundamente que tú eres lo que piensas de ti mismo.

Algunos ejemplos de creencias constructivas:

- Creo plenamente en mis capacidades y en que seré guiado por aquel que sabe lo que más me conviene.

- Dispongo de todos los recursos necesarios para elevar mi vida a la siguiente etapa.
- Soy perfecto tal y como Dios me creó, recuerdo quién Soy y reclamo mi verdadera herencia.
- Tengo derecho a los milagros. Por encima de todo quiero ver. La verdad me hará libre.
- Las mujeres o los hombres de mi vida representan el papel que yo les he pedido. Decido liberales de mis pensamientos conflictivos para así poder liberarme junto con ellas/os.
- El dinero es un recurso neutro, por tanto, no tiene la capacidad de hacerme daño. El valor que tiene es el valor que yo le doy. Es mi intención elevarme a través de este recurso y usarlo para mi mayor bien y para la gente que me rodea.
- Decido en este momento, consciente y voluntariamente, liberar al dinero de todo pensamiento consciente o inconsciente que esté basado en el conflicto, en la traición, en la pérdida y en la escasez. Me abro plenamente a la abundancia, es fácil, seguro y bueno para mí, y para la gente que me rodea.
- Yo soy merecedor/a de todo lo bueno que hay en este mundo. Todo lo que me sucede, sucede para mi más alto bien. La vida siempre me da lo que más me conviene en este momento, no lo que mi ego desea. Acepto plenamente la experiencia que tengo ante mí sin juzgarla y decido aprender de ella, pues si la rechazo no podré comprenderla.
- Decido que todos mis actos sean guiados por el amor. Soy válido y tengo algo bueno que ofrecer al mundo.
- Yo Soy Dios en Acción.

¿Crees que alguien con creencias destructivas viviría las mismas experiencias en este mundo que alguien con creencias constructivas?

¿Crees que estas creencias podrían condicionar tu experiencia de alguna forma? ¿De quién depende dejar de creer en ellas?

Tu familia está llena de costumbres y creencias con las que has llenado tu mochila. Algunas son constructivas y otras no. Revisa cuáles son las creencias destructivas o limitantes, que has ido aprendiendo de tu familia a través de frases o situaciones, que están condicionando distintas áreas de tu vida en este momento, para poder liberarte del peso que conlleva cargar con ellas y poder así caminar ligero en tu viaje.

Muchas personas me han llegado a decir cosas como: *Jorge, es muy difícil pensar de ese modo. No sé si seré capaz. O, yo no creo mucho en la fe. ¡Yo soy así y no puedo cambiar!* Aún recuerdo cuando a mis 22 años, una persona cercana a mí, me dijo: "Jorge, jamás vas a cambiar. La gente no cambia, y tú no vas a ser distinto". Muchas veces me acuerdo de esa persona y agradezco esas palabras que en su día fueron hirientes para mí, pues en parte fueron un detonante para motivarme a demostrar que el cambio sí es posible. Hoy no solo he comprendido que es posible, sino que el cambio es inevitable. Solo el tiempo que tardamos en hacer dicho cambio depende de nosotros.

A las personas que me dicen que no saben si ellos van a poder cambiar, siempre respondo: *Lo verdaderamente difícil es no pensarte desde el amor y creértelo. Lo que es verdaderamente difícil es autodegradarte, aguantar y sostener una vida entera luchando y sufriendo de esa manera. ¡Eso sí es difícil! Si has logrado soportar y sostener toda una experiencia así, ¿cómo puedes dudar de tus capacidades si llevas tantos años siendo capaz de aguantar todo eso? Todo el mundo tiene fe, la pregunta es: ¿en qué? Para tu mente conlleva el mismo esfuerzo pensar en una idea o en otra. Por tanto, ¿para qué depositas tu fe en aquellos aspectos limitados y destructivos que tienes acerca de ti? ¿No sería más fácil dejar de creer en ellos y dejar de luchar contra ti mismo?*

¡Recuerda! *Una creencia es una afirmación consciente o inconsciente que nos repetimos una y otra vez en nuestro diálogo interno, y que si no identificamos a tiempo puede acabar haciéndose realidad.*

Tal como te he mencionado al principio de este libro, en este mundo tan solo existen dos tipos de enseñanzas: **Las que hacen más sofisticado el personaje,** cubriéndolo con herramientas que le ayuden a conseguir más cosas y reforzar así su identidad en ti. O **las que deshacen el personaje,** llevando a liberar a tu mente de falsos conceptos con los que se relaciona para poder expresarse tal como verdaderamente es. Este libro es un libro de causas, no de efectos. Por tanto, si verdaderamente quieres recordar quién eres, deberás primero conocer el falso yo que has creado dentro de ti.

Este falso *yo* es el que se irá construyendo en tu mente a medida que vayas creciendo, y lo hará en base a la interacción con el mundo exterior. De este modo será como vas construyendo un ego con el que te irás identificando, siendo este el que tomará todas las decisiones por ti, te dirá cómo tienes que comportarte, qué tienes que decir en determinados momentos, y qué tienes que aparentar ser ante los ojos de los demás, dependiendo de la circunstancia en la que se encuentre, como si de un camaleón se tratase.

Al identificarte con esa voz, pensarás que eres tú, y no dudarás de ella en absoluto. De este modo, cambiar tu sistema de pensamiento significaría que tu identidad desaparecería junto con el cambio. De este modo el ego es cómo teje la asociación en tu mente en forma de creencia, que reza así: *Para cambiar tengo que dejar de ser lo que soy. Si dejo de ser lo que soy, dejo de ser. Si dejo de ser, experimento el vacío. Por tanto, cambiar es igual a morir.*

Cómo dice *Un Curso de Milagros: Tu mente asocia el cambio con la muerte ya que la primera experiencia de cambio que experimentó el Hijo de Dios fue el origen de la separación.* No obstante, ese mismo cambio debe ser reinterpretado por el espíritu para corregir su significado y convertirlo en la herramienta que le devuelva a la mente su estado original.

Solo el cambio es posible en este mundo, pues lo que Dios creó es inmutable, por tanto, no puede cambiar jamás. Esto significa que **tú sigues siendo perfecto tal y como Dios te creó, el problema es que estás viviendo los efectos de pensarte mal.** Mientras el cambio sea necesario, el perdón seguirá teniendo una función que cumplir aquí.

9.6.- La verdadera empatía y la liberación del Ser

Sandra es una mujer de 46 años que llevaba mucho tiempo viviendo una relación tormentosa. Se sentía víctima de la situación que vive y cada vez comprende que es más insostenible seguir viviendo con su marido porque se siente incomprendida y desatendida por él.

Cada jueves tiene una reunión de amigas donde cada una comparte sus temas cotidianos, un lugar donde pueden "desahogarse" de sus problemas diarios. De lo que Sandra no era consciente es de que, cada vez que compartía los problemas que tenía con su marido, eran sus amigas las que estaban siendo su mayor enemigo, ya que están aprobando, y por tanto reforzando, la idea de que Sandra realmente es una mujer desatendida y víctima de sus propias circunstancias.

La verdadera empatía no es unirte al dolor de tu hermano, pensando que se liberará del dolor compartiendo el desvarío. La verdadera empatía procede de reconocer la verdad en él, sus verdaderas capacidades y el valor que esconde su corazón para poder afrontar la situación en la que se encuentra debidamente, y no seguir inmerso ante la misma situación haciéndose creer que es impotente ante lo que le sucede.

> *Sentir empatía no significa que debas unirte al sufrimiento, pues el sufrimiento es precisamente lo que debes negarte a comprender. Unirte al sufrimiento del otro es la interpretación que el ego hace de la empatía, de lo cual siempre se vale para entablar relaciones especiales en las que el sufrimiento se comparte.*
>
> UCDM T16 I_1:1-2

El Maestro de la Grandeza no comprende el significado de sufrimiento, y su deseo es que enseñes que no es comprensible. Cada vez que Sandra comparte sus pensamientos de mujer desatendida y menospreciada por los hombres, se iba polarizando cada vez más hacia un extremo. Y cuanto más se identificaba con esa idea, más se sentía inconscientemente atraída por la polaridad contraria: Un hombre desapegado y poco romántico que solo piensa en él.

En lugar de pararse a preguntarse a sí misma, ¿qué estoy viendo en mi marido que no me gusta? Esto que estoy viendo en él ¿procede de él o de mí? ¿Qué estoy decidiendo enseñarme a través de esta relación?

¿A qué me da miedo enfrentarme realmente?

Cualquiera de estas preguntas le habría dado a Sandra una oportunidad para enseñarse una lección que pasa por delante de ella una y otra vez de manera incansable pero que ella nunca atiende. Y no solo no atiende, sino que niega y refuerza la idea contraria que le conduce únicamente al sufrimiento y a la separación, a través de sus aliados.

> *La prueba más clara de que la empatía, tal como la usa el ego, es destructiva, reside en el hecho de que sólo se aplica a un determinado tipo de problemas y a ciertos individuos. Él mismo los selecciona y se une a ellos. Pero nunca se une a nada, excepto para fortalecerse a sí mismo [...]*
>
> UCDM T16 I_1:1-2

La afirmación compartida por el mundo de la psicología, que dice que tragarte tus problemas generará un conflicto mayor, y no le quito razón, ha llevado a una mala interpretación y práctica al pensar que la solución está en la práctica contraria, es decir, en compartir el problema con los demás constantemente. Lo que hay que comprender en este punto es que, en ambos casos son las dos caras de la misma moneda, pues en ambas situaciones se está reafirmando en la mente la idea de que el conflicto es real.

> *La capacidad de sentir empatía le es muy útil al Espíritu Santo, siempre que permitas que Él lo use a Su manera. La manera en que Él la usa es muy diferente. Él no comprende el sufrimiento, y Su deseo es que enseñes que no es comprensible. Cuando se relaciona a través de ti, Él no se relaciona con otro ego a través del tuyo. Ni se une al dolor, pues comprende que curar el dolor no se logra con intentos ilusorios de unirte a él y de aliviarlo compartiendo el desvarío.*
>
> UCDM T16 I_1:3-7

Por muchas penurias que Sandra comparta o lleve en silencio, jamás hallará la paz y el equilibrio que tanto busca, pues el sufrimiento es lo que se está enseñando en todo momento. Sandra está siendo víctima de sus propios pensamientos alimentados por su propio ego.

Aquello a lo que Sandra llama su grupo de iguales, sus "aliados", no son más que los aliados del ego. El mejor regalo que podría hacerse Sandra en este caso, es dejar de compartir con su grupo de iguales sus problemas y abandonar toda tentación de pequeñez.

La verdadera empatía procede de Aquel que sabe lo que es. Tú aprenderás a hacer la misma interpretación que Él hace de ella si le permites que se valga de tu capacidad para ser fuerte y no débil.

UCDM T16 I_4:1-2

El problema con el que posiblemente se encontrará Sandra es que, en ese grupo de iguales, si no tienes problemas el problema eres tú, ya que la piedra angular que les une inconscientemente es la atracción por la culpa y el conflicto. Por el contrario, los "enemigos", son los que realmente pueden enseñarle la lección que necesita aprender, pues ¿de qué manera podría enseñarte la grandeza tu verdadera capacidad si no es a través de la experiencia?

La única manera de liberar a la mente del conflicto no es cambiando a nada ni a nadie externo a tu mente. Se trata de un proceso invertido en el que aceptas la disposición de cambiar la percepción que tienes del mundo, de tu pasado y, finalmente, de ti mismo. Es el proceso en el que decides liberarte a ti mismo del conflicto que proteges en tu mente.

Tal como hemos mencionado anteriormente, el ego usa las relaciones para reafirmar la creencia en la separación a través de símbolos de abandono, escasez, injusticia, enfermedad y muerte. Las relaciones especiales son, por tanto, el regalo que el ego te hace para mantenerte inmerso en el conflicto, y de este modo, encadenado en un mundo de soledad y desesperación. No existe ninguna relación especial en la que el amor esté presente. Por el contrario, es el conflicto el que las mantiene "unidas" hasta que no existe nada más que poder obtener de dicha relación. Una vez sucede esto, la relación terminará para seguir el proceso interminable de búsqueda a través de una nueva relación en la que se perpetuará de nuevo el conflicto no sanado en la relación anterior.

Pues una relación no santa se basa en diferencias y en que cada uno piense que el otro tiene lo que a él le falta. Se juntan, cada uno con el propósito de completarse a sí mismo robando al otro. Siguen juntos hasta que piensan que ya no queda nada más por robar, y luego se separan. Y así, vagan por un mundo de extraños bajo un mismo techo que a ninguno de ellos da cobijo; en la misma habitación y, sin embargo, a todo un mundo de distancia.

UCDM T22 Introducción_2:5-8

Sin embargo, Sandra puede aprender una nueva manera de relacionarse que no está basada en el conflicto, sino en el perdón. Pues en la comprensión de que ella no es insuficiente puede comenzar a compartir su plenitud y no su carencia con la persona que camina a su lado. El Espíritu Santo te dará una renovada visión diametralmente opuesta a la que el ego ofrece.

La relación santa parte de una premisa diferente. Cada uno ha mirado dentro de sí y no ha visto ninguna insuficiencia. Al aceptar su compleción, desea extenderla uniéndose a otro, tan pleno como él. No ve diferencias entre su ser y el ser del otro, pues las diferencias sólo se dan a nivel del cuerpo. Por lo tanto, no ve nada de lo que quisiera apropiarse.

UCDM T22 Introducción_3:1-5

Es importante aclarar que cuando hablamos de relaciones especiales, no solo son relaciones sentimentales / románticas. Debemos recordar que una relación especial es toda relación basada en condiciones y conflictos en el que, cada uno, reafirma su especialismo a través del otro. Estas pueden ser: relaciones societarias, relación madre-hijo/a, padre-hijo/a, relación hermano/a-hermano/a, amigo/a-amigo/a, etc.

Si bien es cierto, que en las relaciones sentimentales es donde más se manifiesta el conflicto y la sombra que se esconde en el inconsciente. Del mismo modo, es a través del otro donde puedes manifestar la luz que se halla en tu corazón. Pues a través de tu hermano puedes darte o bien vida o bien muerte, puedes ser su salvador o su juez, o puedes encontrar refugio o condenación. Siempre estarás ante estas dos únicas opciones, y en tus manos se encuentra la libre voluntad de elegir aquella que desees vivir.

En el capítulo siguiente descubriremos los principios universales de una mentalidad abundante, al igual que aprenderemos prácticas sencillas para poder alcanzar un estado mental elevado que nos conduzca, por consecuencia, a experimentar la vida desde un nivel de autenticidad y plenitud.

Capítulo 10

Principios universales de una mente abundante

Acalla tu voz y me oirás.

10.1.- El perdón

El ataque tiene como finalidad herir, debilitar y matar. Toda guerra que ves con tus propios ojos se ha librado primero en la mente. Recuerda que todo lo que sucede primero a nivel de la experiencia (efecto), ha debido coger forma primero en el nivel de los pensamientos (causas). Si llevas a cabo un ataque es porque has hecho una falsa asociación al pensar que el ataque te protege y te mantiene a salvo. Pero vamos a observar detenidamente para ver cuál es la estructura mental oculta que mantiene con vida el símbolo del ataque en tu mente.

Si el ataque contiene la finalidad de debilitar, estás afirmando cuando atacas que la debilidad del otro te mantiene a ti a salvo. O dicho de otro modo, estás reforzando la creencia de que si atacas al otro tú te salvas. Y así es como terminas de creerte que el ataque es la solución para cambiar tu estado a uno mejor y más seguro. Pero si lo observas bien, ¿crees que tiene mucho sentido creer que atacando al miedo es como te liberas del miedo? ¿O por el contrario no haces más que reforzarlo? Ya hemos dicho que cuando compartes tus ideas las refuerzas en tu mente. Y cuanto más las refuerzas más poderosas se tornan.

Tú fabricas aquello de lo que te defiendes. Y al defenderte contra ello haces que sea real e ineludible. Depón tus armas, y sólo entonces percibirás su falsedad.

UCDM L170_2:6-7

El ataque no es solo propiciar un golpe a alguien, repito que esa es la última de las formas que representa a nivel físico, cuando un cuerpo agrede a otro cuerpo. Este es el ataque que, aunque sea el único visible con los ojos del cuerpo, es el que menos se da en el día a día. Los cientos de ataques que emanan de tu mente a diario no se ven con los ojos. Tal vez puedan ser escuchados, e incluso sentidos. Pero la mayor oleada de ataque que se libran a diario se llevan a cabo en silencio, en un lenguaje interior con uno mismo que intentamos encubrir con el "yo ideal" con el que nos relacionamos con el resto del mundo. Si la gente escuchase lo que piensas...

Debemos reconocer bien este dios al que tanto poder se le ha dado, y cuáles son los pilares sobre los que descansa, para poder llevar a cabo una nueva decisión de cambio. El ataque es cualquier símbolo de rencor, de envidia, de culpa, de odio, de celos, de control, de pereza o de rabia, que solo hablan de tu herido amor propio. He aquí todo el alimento del miedo, y todo lo que expulsa a la paz de tu mente, y por tanto, a tu propio Ser. ¿Quién es ese dios por el que has sustituido a tu Ser?

¿Qué protección puede darte un dios que te dicta que para hallar la paz debes estar en constante defensa? El ataque es la afirmación que haces de que tu hermano y tú sois dos seres distintos, y por tanto, enemigos.

¿Podrías odiar a tu hermano si fueses igual que él? ¿Podrías atacarlo si te dieses cuenta que caminas con él hacia una misma meta? ¿No harías todo lo posible por ayudarlo a alcanzarla si percibieses que su triunfo es el tuyo propio? Tu propósito de ser especial le convierte en tu enemigo, pero en un propósito compartido, eres su amigo. Ser especial jamás se puede compartir pues depende de metas que solo tú puedes alcanzar. Y él jamás debe alcanzarlas, pues de otro modo tu meta se vería en peligro.

UCDM T24_I:6

El ataque es lo que tu *ego* necesita para seguir manteniendo con "vida" en tu mente la idea que eres un ser especial y único frente al resto. El ego se hace fuerte en la lucha, y repudia la paz, pues sabe que en ella, descubrirás que la verdad que se halla en tu hermano y en ti es la misma para ambos. Dios no te ha creado diferente de los demás, pues Él no entiende de diferencias. Es el ego el que necesita que mantengas viva la creencia en la separación para dar paso así al mundo de ilusiones en el que te encuentras. El verdadero descanso no se da cuando duermes por la noche, sino cuando liberas a tu mente de todo símbolo de conflicto.

La liberación de tu mente no se basa en la privación ni en el sacrificio, del mismo modo que no se basa en el abuso ni en el descontrol, pues estos son los dos polos opuestos de una mente que vive en el desequilibrio tal como hemos visto en capítulos anteriores. Tal como dijo Buda, tu equilibrio lo encontrarás hallando el camino del medio.

Mucho se ha visto en torno a esto. ¿Cuántas mujeres se han sentido culpables al practicar sexo, por las creencias absurdas y mundanas que se han proyectado sobre ellas? ¿O cuántas personas se han dado latigazos en la espalda en una procesión pensando que el castigo que se infligen es el camino a la liberación de sus pecados? La idea de la culpa y el sacrificio es justo lo que debemos dejar de enseñarnos a nosotros mismos, si es que queremos que la verdad retorne a una mente que se encuentra esclerotizada y enferma como consecuencia de estos símbolos.

No existe nada bueno o nada malo en este mundo. Lo bueno o malo es el juicio que hacemos de eso que experimentamos. Privarte y sacrificarte solo hará que tu sombra crezca en ti, e inevitablemente proyectes esa sombra sobre los demás. Entonces verás el pecado en ellos y así es como justificarás tu juicio o tu ataque hacia los demás.

Jesús no quería que dejases de experimentarte como ser humano en esta tierra. Pero sí quería que comprendiésemos que no somos seres humanos, sino simplemente seres que viven una experiencia humana, la vida misma manifestándose en el mundo de las formas. Jesús se experimentó como el más humano de todos, sin negarse ni culparse por ello. Y la mayor lección que nos dejó no fue el mensaje de la crucifixión, sino el mensaje del perdón y de la resurrección.

El perdón es un mensaje para este mundo, que no procede de este mundo. Y aún no se ha comprendido correctamente lo que significa, cuál es su aplicación correcta y cuáles son los verdaderos beneficios que brinda aplicarlo correctamente. Pues de saberlo, no tendrías duda alguna en sustituir el ataque al que tanto recurres para tu salvación, por el verdadero recurso que puede salvarte para siempre. ¿Cómo sería tu vida si no tuvieses miedo? ¿Cómo vivirías si estuvieses en perfecta paz ante cualquier acontecimiento?

El ataque procede de la culpa y el miedo que piensas que existe en ti. Es literalmente imposible que alguien que no siente culpa o miedo pueda atacar, del mismo modo que un perro solo muerde cuando se siente amenazado. Si llegases a comprender que cuando juzgas, guardas rencor o atacas a alguien es solo a ti al que crucificas, depondrías las armas inmediatamente y dejarías de hacerte daño, y hacer de tu cuerpo un recurso de ataque y de venganza. Al comprender esto, llegar a entender que solo es a ti mismo al que crucificas cuando atacas, te llevaría a liberarte de la absurda creencia que tienes de que atacando al otro te salvas tú. Cuando atacas estás reforzando tus pensamientos de ataque en tu mente, y por tanto, debilitándote a ti mismo. Recuerda esto/ **cada vez que atacas a alguien estás tomándote un chupito de veneno mientras quieres que se muera el otro.**

> *El pensamiento desesperante y deprimente de que puedes atacar a otros sin que ello te afecte te ha clavado en la cruz. Tal vez pensaste que era tu salvación. Mas sólo representaba la creencia de que el temor a Dios era real. ¿Y qué es esto sino el infierno? ¿Quién que en su corazón no tuviese miedo del infierno podría creer que su Padre es su enemigo mortal, que se encuentra separado de él y a la espera de destruir su vida y obliterarlo del universo?*
>
> *Tal es la forma de locura en la que crees, si aceptas el temible pensamiento de que puedes atacar a otro y quedar tú libre. Hasta que esta forma de locura no cambie, no habrá esperanzas.*
>
> UCDM L196_5:1-5 y 6:1-2

La vibración del perdón es tan alta que contiene toda capacidad de catapultarte a un estado mental elevado que vibra en el amor. Si te fijas, en esta vida sólo puedes atacar y condenarte, o perdonar y liberarte. Del mismo modo en que el Héroe termina por comprender que su enemigo es la sombra que él mismo ha proyectado al mundo exterior, y que solo un gesto de compasión podría liberar a ambos, tu liberación pasa por liberar a tu verdugo de todos los pensamientos de ataque que proyectas sobre él.

Esto no quiere decir que si estás viviendo con una persona que te está agrediendo debes seguir durmiendo con él/ella. Una cosa es perdonar a tu verdugo y sentir paz y compasión cuando piensas en él, y otra muy distinta es seguir sometiéndote al castigo (sacrificio) pensando que en ese acto está tu salvación. Cuando estás viviendo un conflicto, a veces el acto más noble que puedes hacer por ambos es amarte y respetarte profundamente. ¿Pues, dónde quedaría el verdugo si tú dejas de identificarte con la víctima? ¿Y qué culpa podría sentir éste si comprende que su ataque no ha tenido ningún efecto?

El dolor físico es inevitable en este mundo, pues si alguien te golpea tu cuerpo reacciona con un estímulo de dolor. Pero el dolor emocional, el que se queda grabado durante años en la mayoría de los casos, si te corresponde a ti ocuparte de él. Cualquier conflicto que estés viviendo es interpretativo. Recuerda que no existe ninguna situación exterior que tenga la capacidad de hacerte sentir, que no existen pensamientos neutros y que son solo tus pensamientos los que tienen el poder de hacerte daño o de elevarte a lo más alto. Siempre es la interpretación particular que tienes acerca del exterior lo que habla de la interpretación que tienes acerca de ti mismo.

El perdón bien entendido no es "te perdono" o, "perdono, pero no olvido". Pues no hay nada externo a ti que perdona. El perdón es el gesto a través del cual liberas a tu mente de la dicotomía de un sistema de pensamiento que está basado en el miedo. Cuando perdonas es a tu mente a la que liberas de todo símbolo de conflicto. Por tanto, el perdón, bien comprendido, es la llave o el recurso que tienes para liberarte a ti mismo a través del otro. De este modo comprenderás que es imposible salvarte a ti sin liberar a tu "enemigo" junto contigo. Pues él es el aprendizaje más elevado al que deberás enfrentarte para liberarte definitivamente.

Al comprender esto se puede volver a llevar a cabo una nueva decisión entre el ataque y el perdón. Ahora ya sabes que "el otro" es la manifestación de tu propia sombra, el representante de tus pensamientos de conflicto. Las parejas con las que te relacionas, tu jefe, el amigo que te traicionó, todos son los representantes que tú necesitas para dar sentido a tu personaje o a tu falso "yo". Y al perdonar al "otro", comprendes de este modo, que en última instancia es a ti mismo al que beneficias.

Porque, si realmente quieres conocer la verdad acerca de ti, ¿qué mejor modo habría más que renunciar a todas las mentiras y engaños con los que te identificas? De hecho, ¿existiría alguna otra manera de hacerlo? Con cada mentira y engaño has ido erigiendo, has ido negando aspectos de ti como precio a pagar. Y con cada aspecto de ti que has negado, te has ido limitando más y más hasta que finalmente has llegado a identificarte con esa idea limitada que has construido acerca de ti. Has aprendido que no hay mejor defensa que un buen ataque. De lo que no te has dado cuenta es que justo es a través del ataque como proteges al miedo y lo refuerzas en tu mente. Existe un razonamiento cuerdo, que cuando se decide abandonar o se deja de hacer tanto caso a la voz de la pequeñez o la voz del *ego* podrías ver con total claridad: cuanto más atacas más persiste el miedo, más te alejas de aquello que deseas y más sentido de conflicto experimentarás en tu vida. Pues **todos tus problemas se resumen a la falta de amor.** Este razonamiento te llevaría a la segunda conclusión. **Si quieres experimentar el amor debes darlo en el lugar donde percibes que falta.** Recuerda que siempre que das, serás el primer beneficiado en dicha transacción. Y aquello que compartes, lo reforzarás en tu mente.

10.2.- El poder de la intención

Imagina que tienes una situación donde se repite un conflicto una y otra vez, cualquier otra situación que no sabes cómo abordarla o qué tienes que hacer. Seguro que te es fácil reconocerla rápidamente. Lo primero y lo más importante es que fijes la meta que quieres alcanzar antes de adentrarte en la experiencia del mismo modo que un elefante entra en una cacharrería. Detente por un minuto y calibra de manera consciente la intención de lo que deseas enseñarte a través de esa situación, antes de dejarte llevar por tu mecanismo automático repetitivo a través del cual no haces más reafirmar la misma idea conflictiva una y otra vez. No se puede aprender a través del comportamiento, pues una misma situación puede tener distintas intenciones. El comportamiento es efecto, pero la intención es causa. Y es justo en la intención donde hay que poner toda la atención a la hora de experimentar cualquier circunstancia.

Por ejemplo, puedes ver a dos personas dar una limosna a una persona de la calle. La primera puede hacerlo desde una intención inconsciente de culpa, desde una mecánica en la que la mente piensa que, al dar dinero a la persona de la calle, se liberará en algún grado del sentimiento de culpa. La segunda persona, por el contrario, lo hace desde un gesto de amor al prójimo y desde una mentalidad colaborativa y de abundancia. El primero, sin darse cuenta, estará reforzando la culpa y la escasez en ese acto, pues está reafirmando la creencia en la desigualdad y en la separación. El segundo estará reforzando unidad en su mente, pues está dando al "otro" desde una mentalidad holística.

Tus ojos pueden ver un mismo comportamiento, pero la intención no se ve. Y es la intención la que crea la realidad.

Vivir una vida consciente significa que aprendas a ser consciente de la intención que se esconde en cada acto que llevas a cabo, en cada comportamiento que has programado en piloto automático según la experiencia que viviste desde la infancia hasta el día de hoy. Al verlo comprenderás que eres libre, ya que desde ahí se alcanza la comprensión de que puedes y tienes el poder de decidir cambiar las cosas. Recuerda que en cada acto estás compartiendo tus creencias con el mundo, y al compartirlo lo estás reforzando más y más en tu mente.

Ésta es la pregunta que te invito a que hagas:

—*¿Qué es lo que quiero aprender de esta situación?* Para contestar a esta pregunta, deberás ser profundamente sincero contigo mismo. Pues hay personas que dicen: ¡Yo quiero estar en paz y no lo consigo!

Si estás experimentando el conflicto, es porque de algún modo lo deseas. Hay que comprender, y repito una vez más, es literalmente imposible que estés viviendo una experiencia ajena a tu voluntad. Recuerda en todo momento que la buena noticia es que si eres tú el que está decidiendo lo que estás viviendo, también está en tu mano cambiarlo.

Así que, volviendo a tu situación, lo que te invito a hacer es **determinar conscientemente el objetivo que quieres alcanzar antes de adentrarte en la experiencia.** Si tú determinas el objetivo antes de vivirlo, tu mente usará esa experiencia como recurso o herramienta de aprendizaje para poder ver aquello que tu intención desea experimentar.

—*¿Qué deseo enseñarme de corazón a través de esta experiencia?* Aquello que decidas será lo que aprenderás. Es entonces como tu mente comenzará a pasar por alto todos aquellos aspectos que no sean útiles o sean un impedimento para llevar a cabo el aprendizaje, y ponga solo atención en los aspectos que sirvan como recurso para alcanzar con éxito el objetivo señalado por tu voluntad consciente. Cuanto más practiques esto, te estarás acercando cada vez más a alcanzar un estado mental basado en la cordura, pues tu mente comenzará a aprender a pasar por alto lo que no es útil para tu felicidad, y valorará sólo aquellos aspectos de la experiencia que catalogue como útiles para tu beneficio.

Por el contrario, el *ego*, te invitará siempre a hacer lo contrario. Éste te dirá que pongas el foco en qué puedes obtener del exterior y cómo puedes salir ganando a costa de lo que el otro pierda. Primero te adentrarás en la experiencia, y según lo vivido, te dirá qué decisión tomar y qué es lo que has de aprender ante lo sucedido. De este modo te convierte en una marioneta ante los acontecimientos.

El ego no sabe lo que quiere, ya que no sabe quién es. Es decir, Jorge Carrasco no tiene ni idea de cómo arreglar su vida, porque no sabe quién es.

—*¿Cómo puedo yo arreglar mi vida si no sé quién soy? ¿O cómo puedo saber qué es lo que más me conviene si no sé quién soy?*

Lo único que sabe el *ego* es lo que no quiere. Así que no fija metas con claridad, sino que lo va haciendo dependiendo del juicio que otorga a lo que ve.

De esta manera es como anula la intención presente y hace que te adentres a la experiencia sin un objetivo fijo, convirtiendo así tu vida en el juego de la ruleta rusa. Una vez atravieses la experiencia, el *ego* juzgará como bueno o como malo lo acontecido según su punto de vista. Y basará su juicio según lo acontecido. En base a lo aprendido tomarás entonces una decisión. Pero lo estarás haciendo en base a lo que ya pasó, es decir, en base a un espacio-tiempo que ya no existe. Así es como podrás justificar tu sensación de impotencia ante lo que te pasa en el presente.

Tienes un poder infinito y creador, y tu mente ha sido creada para cumplir tu voluntad. Por tanto, jamás te va a llevar la contraria. Siempre te mostrará aquello que tú desees. Cuando decides no decidir, ya estás decidiendo. Al no decidir, prevalecerá tu sistema automático, declinándote por la decisión más familiar ante cada acto, es decir, la decisión que procede de tu pasado y que siempre te ha mostrado lo mismo una y otra vez. Pero puedes, y debes, decidir por tu fortaleza y abandonar tu debilidad definitivamente.

Los resultados que te muestra no te gustan. Ya los conoces y cada vez se hacen más y más pesados. Estos resultados son la consecuencia del estado de confusión desde donde estás operando. Es por este motivo, por lo que deberás poner en marcha la práctica de la intención consciente que El Maestro de la Grandeza quiere recordarte.

Recuerda que en cada circunstancia que se te presente siempre eliges ante tu debilidad o ante tu fortaleza. Siempre que vivas un conflicto estarás decidiendo ante el maestro de la pequeñez. Por el contrario, puedes decirte la próxima vez: estoy dispuesto a enseñarme que **no hay nada externo a mí que tenga la capacidad de robarme la paz**. Estoy dispuesto a enseñarme respeto y amor propio en lugar de seguir usando esta relación para reforzar mi rabia, mi impotencia o mi sentido de abandono. Estoy dispuesto a deponer las armas y a enseñarme que en mi indefensión radica mi fortaleza. Estoy dispuesto a confiar en que la vida me proveerá de los recursos necesarios para mi mayor bien en cada momento. **Estoy dispuesto a escucharme y a hacer lo que mi corazón me dicte, a recorrer mi camino y a perder el miedo a aquello que temo perder.**

El desarrollo de la confianza es el valor más importante del Héroe. Pues sin este, el resto de valores que conforman la verdadera maestría como la honestidad, la mansedumbre, la indefensión, la paciencia, la generosidad o la mentalidad abierta, entre otros muchos, no podrían darse.

Es momento, por tanto, de volver a decidir en tu vida. Estar dispuesto a abandonar todo símbolo de victimismo, de penurias, de conflicto, de esfuerzo o de sufrimiento, y cualquier símbolo que nada tenga que ver con lo que realmente «eres».

Todo lo que te acontece es un reflejo del poder de la intención que está oculta para la mente consciente. Recuerda que siempre has visto aquello que has deseado ver. Si vives el conflicto es porque tu meta era el pecado. Mas si vives la paz es porque tu meta era Dios. No hay más opciones que estas.

10.3.- Principios para la sanación

Una mente que vive en el conflicto no puede alcanzar la paz. Y una mente que no está en paz no puede experimentar la vida, por tanto, vivirá una experiencia de muerte y desesperación. Mientras tu mente siga conservando las decisiones que tomaste en el pasado basadas en el conflicto, la paz se tornará imposible. Es por eso, por lo que es importante comprender este proceso sencillo.

Todos tus problemas, por muy diferentes que parezcan ser, nacen de una percepción errada o equivocada con respecto a lo que eres, a quién o qué es tu hermano, y finalmente, al significado distorsionado que has construido acerca de Dios. Las ideas distorsionadas que has erigido por encima de la verdad, no te dejan ver con claridad. La confusión en este punto es, por consecuencia, inevitable.

Siempre que tenemos un problema recurrimos a nuestra mente para hallar la solución, esto es inevitable. Pero, ¿a qué parte de nuestra mente recurrimos? ¿A qué maestro solemos pedir ayuda? Repasemos ciertos principios a tener en cuenta:

- Existe una ley fundamental de causa y efecto que sostiene el universo.
- Si esta ley existe, debe existir completamente o no existir en absoluto. Es decir, si realmente todo el universo se rige por esta ley, las personas con las que te relacionas, la casa donde vives e incluso la cantidad de pelo que tienes, es la consecuencia de una causa. Nada está regido por el azar.
- Todo pensamiento debe cobrar forma en algún nivel.
- En el mundo de las formas, las formas no dejan de ser formas, pero no son causas. Por el contrario, son el efecto o el manifiesto de un pensamiento. Un pensamiento en el que crees y alimentas a diario siempre terminará por cobrar forma en algún nivel. El primer nivel es el emocional. Cuando piensas en algo puedes ver cómo tus emociones manifiestan la naturaleza de dicho pensamiento. Cuanto más lo alimentas, su forma cobra más poder. Entonces puedes verlo en el nivel de la experiencia.
- No existen pensamientos neutros.
- Todo pensamiento, al operar en el nivel de las causas, tiene consecuencias o efectos. Como causa y efecto son lo mismo y se dan simultáneamente, no existe ningún pensamiento que no produzca una experiencia.
- No te relacionas con los demás, sino contigo mismo a través de los demás.

- Tal como hemos comentado en capítulos anteriores, las relaciones es el recurso que usa el ego para reafirmar el conflicto, del mismo modo que es el recurso que usa el Espíritu para liberarte de él. Pues es a través del otro cómo puedes enseñarte aquello que deseas aprender. Por tanto, en tu hermano (los demás), siempre podrás ver al ego o al Espíritu Santo. Si ves al ego, significa que estás viendo a tu hermano con ojos del pasado. Si ves al Espíritu significa que has renunciado al pasado para poder reconocer a tu hermano libre de juicios. Siempre verás aquello que desees ver.

No puedes corregir el problema en el nivel del comportamiento. Intentar esto es querer suplir los síntomas sin corregir la causa que produce dichos síntomas. El conflicto, debe ser corregido en el mismo nivel en el que se "creó". Y este se sitúa en el nivel del pensamiento. Mientras no seas consciente de los pensamientos de conflicto que se esconden en tu mente inconsciente, será inevitable que sigas viendo el conflicto fuera de ti.

Si comprendemos estos principios podemos comprender que cualquier problema que tengamos debe solucionarse desde el nivel del pensamiento, no desde el comportamiento.

¿Cuántas veces has tenido problemas con una persona, y has pensado en ver qué podrías hacer para que dicha persona te escuche y cambie? ¿Cuántas veces has llegado a pensar que la causa de tus problemas era tu pareja, has abandonado la relación y cuando has comenzado con otra persona te ha vuelto a pasar lo mismo? ¿A cuántos cursos, mantras y herramientas has recurrido sin que el problema se desvanezca?

Todos los conflictos que vives, las personas que te rodean y la experiencia de vida tal como la ves, emanan de tu sistema de pensamiento. Si comprendiésemos que este mundo representa nuestras ideas, entenderíamos que el mundo es la proyección o consecuencia de nuestros pensamientos, en lugar de seguir creyendo que pensamos como pensamos por culpa del mundo. La primera parte de la afirmación te lleva a una situación ventajosa en la que permites a tu mente liberarse de las creencias de conflicto que dan paso a la experiencia que vives. De este modo es como permites que el milagro pueda obrarse en tu mente. La segunda parte de la afirmación te lleva a pensar que eres víctima del mundo que ves, por tanto, tu paz procede del exterior, no del interior. En esta posición el milagro no puede obrarse, pues la mente sigue identificándose como la víctima de las circunstancias y no como el hacedor de las mismas.

Este punto es de vital importancia, pues, una vez que lo reconoces, estás preparado para realizar una entrega a aquel que sabe cómo corregir cualquier problema que le presentes.

• **¿Qué es El Espíritu?** Es la parte de tu mente que sigue en su sano juicio. Es la idea de la curación. El que salvaguarda la distancia entre Dios y tu estado de conciencia actual. Es el traductor y el terapeuta de este mundo. El único que puede salvar al mundo del estado enfermizo en el que se encuentra. Y el único que es infalible ante cualquier problema, pues el Espíritu contiene a salvo el conocimiento, y sabe que cualquier problema, sea de la forma que sea, siempre es un problema de interpretación y, por tanto, de comprensión. El Espíritu es, en definitiva, el salvador que todos tenemos dentro de nosotros mismos. Y cuando más recurramos a Él, más nos identificaremos con nuestro verdadero Ser.

- **¿Qué es un milagro?** Es la corrección de un pensamiento que nace de un estado mental basado en el miedo y la separación, por un pensamiento que nace de un estado mental basado en el amor y la unicidad. Es la herramienta que te conduce a la liberación del conflicto y la llegada de la paz. Cuando todos los milagros hayan corregido todos los errores de la mente del Hijo de Dios, la expiación habrá tenido lugar, y la filiación volverá a ser uno en su totalidad, pues todo símbolo de separación y diferencias habrá cesado definitivamente.

- **¿Qué es la entrega?** Es tu declaración de intenciones que haces a tu mente superior para que el problema sea resuelto. Es la herramienta que puedes usar para que tu voluntad vuelva a estar alineada con la Voluntad de Dios y, por tanto, con la de tu verdadero Ser. Cuando haces una entrega al Espíritu Santo, estás dejando en manos de Aquel que sabe Quién Eres cualquier problema con el que estés lidiando en este momento.

Para el Espíritu no hay grados de dificultad en los milagros. Esto significa que para Él, cualquier problema lo tratará y se resolverá con la misma facilidad, siempre y cuando tú se lo permitas. Ya que para Él, un problema es la corrección de una creencia ilusoria o falsa. Y el significado que le da a cada creencia ilusoria, por tanto, es el mismo, ya que todas no son iguales o parecidas, sino que son la misma. Una ilusión, nada más. Este proceso es el que *Un Curso de Milagros* propone para ir por la vía rápida en lo que a la salvación de tu estado de conciencia se refiere. Alcanzar un estado mental elevado que vibre en el más puro amor como consecuencia de haber eliminado de tu mente todos los obstáculos que le impedían manifestar la verdad en ti.

Siempre que has tenido un problema que no se ha resuelto es porque has dejado en manos del *ego* la solución de dicho problema. Pero has de recordar que el *ego* no solo es incapaz de resolver un problema ya que no sabe quién es, sino que jamás querrá resolverlo definitivamente, pues justamente es a través de los problemas como puede seguir reafirmando su identidad a través de ti.

Por tanto, expongamos los pasos sencillos que hay que llevar a cabo para hacer una entrega correctamente, y que sea el Espíritu el que se encargue de solucionar aquello que es de su competencia.

10.4.- La entrega

Ya hemos mencionado que no puedes corregir ningún problema si no es desde el nivel de las causas. Un ejemplo claro es cuando queremos que El Espíritu Santo o Mente Superior se encargue de nuestra relación conflictiva, y rezamos para que la consecuencia sea resuelta sin haber accedido a las causas que originan dicha relación a través de la cual se está manifestando el conflicto. Es importante recordar aquí, que cuando hablamos de relaciones no solo nos referimos a relaciones íntimas sentimentales, sino a cualquier tipo de relación especial. Esto no solo incluye a las personas con las que te relacionas, sino también demás símbolos como el dinero, la alimentación, la política, la religión, la enfermedad y demás recursos sobre los que se manifieste un conflicto o una dependencia.

Cuando entregas tu relación o situación, estás operando en el nivel de los síntomas. Por decirlo de otro modo, siempre que haces esto tu intención no es la sanación, sino perpetuar el conflicto. Mientras sigas protegiendo en tu mente las creencias que dan pie a dichos síntomas, estos aparecerán nuevamente una y otra vez. Por tanto, para que la relación que se está experimentando se transforme en paz, hay que acceder a las causas / creencias que dan pie a las proyecciones que se dan como resultado en dicha relación.

Hemos mencionado también que tú no puedes resolver tus problemas. Del mismo modo que Jorge Carrasco no puede solucionar mis problemas ya que es la parte de mi mente que está en confusión, y por tanto en conflicto, el "yo" que crees ser tampoco puede corregir nada. Debemos entregar nuestros problemas a Aquella parte de tu mente que sigue operando en el umbral de la verdad y del conocimiento.

Y otra cosa importante que debemos recordar es que si te cuesta ver la causa de dicho problema, es el resultado de tu voluntad. No hay nadie en este mundo que no esté dispuesto de todo corazón a reconocer la verdad y no le sea revelada. Pues la verdad aparece como consecuencia de que tu voluntad esté alineada con ella.

> *Pedid y se os dará; buscad y hallareis...*
> *Aquel que esté dispuesto a ver, verá.*
>
> Jesús de Nazaret

Una vez comprendido esto, veamos cuales son los pasos a seguir para que el proceso de expiación y sanación pueda ser alcanzado:

1. QUIERO VER LA CAUSA (CREENCIA / MANDATO) QUE ESTÁ OCASIONANDO ESTE CONFLICTO EN MI VIDA

a. Todo pensamiento cobra forma en algún nivel.

b. Si estás viviendo un conflicto, deberás buscar cuál es la creencia que estás reafirmando a través de la experiencia o de lo sucedido.

Si todo pensamiento cobra forma en algún nivel, alguien deberá ser el representante de tus proyecciones en el mundo tal y como lo ves. Si, por ejemplo, en tu mente se esconde la creencia de que no eres merecedor/a del amor a través del hombre/mujer, probablemente tu pareja sea una persona desprendida, poco atenta e incluso infiel. Y hasta que esta creencia no sea entregada al Espíritu y te abras de todo corazón a querer ver el cambio que el milagro trae consigo en dicha experiencia, no verás y el problema seguirá "vivo" en tu mente.

El ego y el resto del mundo con el que te rodeas, te aconsejarían dejar la relación y buscar a alguien que merezca la pena. Pero, si las leyes universales existen, existen para todos los ámbitos o no existen en absoluto. Pues la verdad no puede ser verdad a medias. Esto significa que, si tu mundo interior crea tu mundo exterior, si todo pensamiento tiene que cobrar forma en algún nivel, si no te relacionas con los demás, sino contigo mismo a través de los demás porque tú y "los demás" pertenecen al mismo Ser, si no puedes corregir el problema en el nivel de los efectos o del comportamiento, y si el universo no comete errores, o bien aprovechas la situación que tienes ante ti para solucionar definitivamente el conflicto que proyecta tu mente, o bien repetirás nuevamente el conflicto aunque adopte otra forma.

He visto muchos movimientos espirituales que promulgan con estos principios y a la mínima de cambio están cayendo en la trampa de la proyección una y otra vez, evadiendo así la oportunidad que tienen ante ellos mismos de corregir el error definitivamente en lugar de seguir jugando a ser seres santos, sin darse cuenta de que lo único que han hecho ha sido sofisticar más a su *ego*, escondiendo aún más el conflicto que siguen evadiendo y que aún está por resolver.

Por lo tanto, el paso más inteligente y rápido que te ahorrará sufrimiento y experiencias conflictivas, es decidirte a querer ver. Tu voluntad guía siempre tu camino. Por tanto, si no ves debes reconocer que tu voluntad era protegerte de la verdad. El primer paso, y el más importante, es invertir dicha voluntad. Poner toda tu intención en abrirte a ver. Esto llevará a tu mente a un estado ventajoso, ya que la estarás conduciendo a la receptividad.

Solo cuando el alumno está preparado aparece el Maestro. Esto significa que hasta que no inviertas tu voluntad y propósito no podrás reconocer la ayuda que se te envía. Ya sea a través de ti, de otros hacia ti, o de ti hacia otros. El Espíritu, el único terapeuta de este mundo, pero que no es de este mundo, está en todos nosotros y en todas las cosas. Una vez que te dispones a ver la verdad por encima de todo, tan solo debes abrir los ojos y dejar que la ayuda llegue, pues ya ha sido enviada. Esta puede ser a través de un amigo, de un libro, de un curso, de una terapia, de una película o de cualquier otro medio. El Espíritu siempre usará el formato donde la comprensión sea más familiar y sencilla para ti. Una vez conectes con la voluntad de ver, la ayuda será enviada inmediatamente. De ese modo podrás reconocer al Maestro y al Espíritu que habla través de Él.

A continuación te dejo algunas frases que pueden ayudarte a conectar con esta intención:

Por encima de todo quiero ver.

- La verdad me hará libre.
- Ver es bueno y seguro para mí, y me lo permito.
- Quiero ver la causa del conflicto que estoy viviendo en estos momentos.
- Estoy decidido/a ver.

Conectar con la intención profunda y sincera de querer ver, es un llamado a la verdad y a recordar cuál es tu verdadera voluntad.

2. Espíritu Santo, pido expiación en paz por la decisión equivocada que tome acerca de mí.

a. El E.S. es el mecanismo de los milagros, la idea de la curación y el mediador entre las interpretaciones del ego y el conocimiento de Dios.

b. Es el único terapeuta, y este se halla en todos nosotros. Al no operar en el nivel del tiempo, ya te dio la solución. Lo único que necesita es tu pequeña dosis de buena voluntad, entregarle las causas que están originando tu malestar y Él lo resolverá, pues su meta es devolverte la paz que un día negaste. *Nunca se dio tanto a cambio de tan poco.*

c. Recuerda que no puedes entregar los efectos ya que no puedes corregir el error en el nivel de los síntomas, sino en el de la raíz. (Ej.: entregar una relación, una situación, etc.).

d. Una vez entregas la causa, ahora deberás estar dispuesto a ver el milagro que esta situación esconde para ti. Esto llevará a tu mente a un estado ventajoso en el que pondrá el foco (intención) en desear ver la solución en lugar de querer seguir perpetuando el conflicto. Recuerda, tu mente siempre te mostrará aquello que desees ver.

La entrega, tal como hemos mencionado anteriormente, es tu declaración de intenciones para que el problema sea resuelto. Una vez localizas los pensamientos de conflicto y de separación (causas), la entrega debe hacerse inmediatamente. No dejes pasar un solo segundo en detenerte para realizar este acto, pues es la forma de escapar del sueño de conflicto.

Un conflicto es un encuentro entre "dos" mentes que se piensan como separadas y diferentes la una de la otra. En realidad es la misma mente expresando su necesidad de conflicto en el sueño de separación que ha fabricado para poder "vivir" su deseo colmado. El *tú* que ves enfrente de ti, eres *tú* también. Y créeme, no hay errores en el universo. La persona a través de la cual se está manifestando el conflicto que emana de tu mente, es tan solo la representación que se da en el mundo de la forma de tus pensamientos de pecado, los cuales sigues protegiendo con perfecta precisión. Por tanto, esa persona no es un error, sino tu proyección, un representante que cumple con el papel que *tú* le estás pidiendo que haga para poder reafirmar tu falsa identidad una vez más. Si comprendemos todos los principios que hemos descrito en este libro, tenemos que comprender que si tú cambias la forma en la que ves a tu hermano, tu hermano cambiará inevitablemente.

Escudriña tu mente en este momento y observa cuáles son los pensamientos que tienes acerca de dicha relación y acerca de ti. Deja de depositar tu necesidad de cambio en el exterior (síntoma) y entrega los pensamientos de separación que hacen que veas lo que ves (causa).

Por ejemplo, si estás viviendo con una persona que te es infiel, deberás descubrir cuáles son los pensamientos o creencias que hacen que atraigas esa experiencia a tu vida. Intentar solucionar el error a través de la forma tan solo te llevará a retrasarte en el camino, repitiendo el error una y otra vez.

Y no te faltarán argumentos para juzgarlo, atacarlo e incluso abandonarlo. Tan solo detente por un momento y reconoce que ese no es el camino. ¿Acaso crees que el juicio hacia un hermano, el ataque o la huida son los recursos que pueden instaurar la paz en tu mente?

Ahora el ego te aconseja: "Substituye esta relación por otra en la que puedas volver a perseguir tu viejo objetivo. La única manera de librarte de la angustia es deshaciéndote de tu hermano. No tienes que separarte de él del todo si no quieres hacerlo. Pero tienes que excluir de él gran parte de tus fantasías para poder conservar tu cordura". ¡No hagas caso de estos consejos! Ten fe en Aquel que te contestó. Él te oyó. ¿Acaso no fue muy explícito en Su respuesta? Ya no estás completamente loco. ¿Puedes acaso negar que Él no fue muy explícito en lo que te dijo? Ahora te pide que sigas teniendo fe por algún tiempo, aunque te sientas desorientado. Pues eso pasará, y verás emerger lo que justifica tu fe, brindándote una incuestionable convicción. No abandones al Espíritu Santo ahora, ni abandones a tu hermano. Esta relación ha vuelto a nacer como una relación santa.

UCDM T17 V_7:1-14

¿Cómo se relacionaron tus padres? ¿Cuál es el significado del Amor para ti? ¿Tu mamá era sumisa o dominante? ¿Tu papá era sumiso, pasivo agresivo o dominante? ¿Con quién te identificas más? ¿Qué creencias tienes acerca de las relaciones? ¿Qué aprendiste en el pasado que sigues proyectando en el presente? Recuerda que el otro representa tu pasado, y que a través de él, el ego intenta hacer eterno el conflicto.

Toda imaginada ofensa, todo dolor que todavía se recuerde, así como todas las desilusiones pasadas y las injusticias y privaciones que se percibieron, forman parte de la relación especial, que se convierte en el medio por el que intentas reparar tu herido amor propio.

UCDM T16 VII_1:3

Esos pensamientos con los que piensas a tu hermano, ¿crees que son los pensamientos con los que piensa Dios? Si no es así, entrégaselos al Espíritu para que pueda obrar el milagro en ti, y permite abrirte a ver el milagro que esta situación trae consigo para ti y para tu hermano. Libérate del pasado y libera a tu hermano junto contigo. Pues es ahí donde radica tu salvación. Si quieres liberarte del conflicto, deberás estar dispuesto a liberarte de todo lo que aprendiste en el pasado. Tu aprendizaje pasa por desaprender o deshacer el camino andado.

> *El pasado ya pasó. No intentes conservarlo en la relación especial que te mantiene encadenado a él, y que quiere enseñarte que la salvación se encuentra en el pasado y que por eso necesitas volver a él para encontrarla. ¿Qué prefieres, exteriorizar ese sueño o abandonarlo?*

UCDM T16 VII_4:1-3

Llevar las ilusiones frente a la verdad es el mayor gesto de amor que puedes hacer en este mundo, pues una vez abandones la tentación de seguir albergando todo símbolo de culpa, de sufrimiento, de sacrificio o de dolor, estarás liberando al mundo junto contigo.

Con esto no quiero decir que tengas que ser permisivo con la infidelidad, los malos tratos o cualquier otra forma de agresión o vejación. Es simplemente comprender que si estás viviendo en primera persona una experiencia de conflicto, sea en la forma que sea, algo tienes que ver tú con todo esto. No hacerte responsable de esa situación te llevará a seguir proyectando sobre el mundo dichos pensamientos, e inevitablemente los seguirás reforzando en ti. ¿Acaso es esa la enseñanza que quieres seguir mostrándote? Créeme, no existe salida desde ese lugar. Y hacer responsable solo al otro es convertirte en la víctima de los acontecimientos. Recuerda que todo pensamiento deberá cobrar forma en algún nivel. Y esa forma deberá ser representada por algo o alguien.

Si vives la infidelidad es porque juzgaste a tu hermano y lo viste con ojos del pasado.

En realidad no juzgas a tu hermano por lo que él te hizo a ti, lo juzgas por lo que tú le hiciste a él. -UCDM-

¿Qué es el perdón sino negar a ver a tu hermano con ojos del pasado?

Como hemos mencionado anteriormente, no puedes entregar la situación, pues la situación es una consecuencia, y el Espíritu no puede tratar los síntomas, pues estaría otorgando un orden de realidad a la locura. La función del Espíritu es restituir todo pensamiento ilusorio y restituirlo por la verdad. Dios no te creó víctima, ni pobre, ni enfermo, ni limitado. Por tanto, esa es la decisión equivocada que tomaste en un momento dado acerca de creer que tú eras esa imagen. Una vez entregues las causas al Espíritu, Él hará los ajustes necesarios para que esa imagen sea restituida por la verdad en ti.

Un ejemplo de cómo entregar las causas que dan paso al conflicto sería el siguiente:

- Espíritu Santo, te pido expiación en paz por la decisión equivocada que tomé acerca de que no merezco el amor perfecto a través del hombre/mujer, porque aprendí que el amor es traicionero.
- Espíritu Santo, te pido expiación en paz por la decisión equivocada que tomé acerca de que tener dinero me convierte en mala persona, porque aprendí que el dinero corrompe.
- Espíritu Santo, te pido expiación en paz por la decisión equivocada que tomé acerca de que tengo que

sacrificarme por los demás, pues aprendí que tengo que cumplir una penitencia para liberarme de la culpa.

- Espíritu Santo, te pido expiación en paz por la decisión equivocada que tomé acerca de que no soy merecedor de tener una familia, pues aprendí que los hombres no somos responsables.
- Espíritu Santo, te pido expiación en paz por la decisión equivocada que tomé acerca de que relacionarme con los demás me quita la paz.

Estos son ejemplos de creencias basadas en la culpa y en el castigo. Seguro que te has sentido familiarizado con alguna. De ser así, si te ha resonado alguna de las que están aquí suscritas, que no te quepa duda que algo tiene que ver contigo. De no ser así, simplemente sigue tu búsqueda.

Toda situación que estés viviendo de conflicto está representando un sistema de creencias aprendidas del pasado. Si te abres a ver cuáles son, créeme, ¡verás!

3. Fe, creencia y visión.

a) Esto ya lo entregué.

b) Dios no quiere que siga sufriendo por esto.

c) Me abro a ver el milagro que esta situación aguarda para mí.

La confianza, uno de los valores de la maestría, será al que deberás recurrir una vez hecha la entrega. Muchas personas deciden seguir entregando el problema, sin ser conscientes de lo que hacen de este modo es perpetuar una y otra vez. El ego siempre te hará creer que no has hecho bien la entrega, que tu problema no tiene solución, que esto es una pérdida de tiempo, e incluso, que el Espíritu no será capaz de solucionar lo que te sucede. ¡No deposites tu fe en estos pensamientos!

Uno de los errores fundamentales que se llevan a cabo en esta práctica es la falta de fe en el Espíritu. Esto se debe a que se ha depositado toda la fe en el ego, y a pesar de su incompetencia y su falta de resolución ante cualquier conflicto, el apego a esa falsa identidad es tan grande que preferimos creer en ese falso guía antes que hacerlo en nuestro verdadero Ser.

A estas alturas, ya deberás comprender que tanto el ego como el Espíritu eres tú. Esa es la idea de la separación. Negar lo que Eres para jugar a ser lo que no eres. Una identidad forjada de la ilusión que no puede sino dar paso a un mundo de ilusiones. ¿Cómo podría esta imagen corregir el mundo que ve, si el mundo que ve cree que es todo lo que tiene y todo lo que existe? Para el ego, corregir el problema es desaparecer. Esta imagen de ti no conoce la verdad, por tanto no puede arreglar nada. Lo único que puede ofrecerte, y de hecho lo hará, es más confusión, pues en eso se basa todo su mundo.

¿Tanto te cuesta creer o confiar en tu verdadero Ser? Deposita tu confianza en Él por un instante y Él obrará el milagro que tanto necesitas. Pero hazlo de todo corazón y sin reservas, pues o bien confías plenamente o no estarás confiando en absoluto. El Espíritu sólo puede obrar milagros a través de las mentes receptivas que están abiertas de todo corazón. Él solo pide de ti una pequeña dosis de buena voluntad a cambio de todo el universo. Pues todo ello te pertenece por razón de Quién Eres. *"Recuerdo Quién Soy y reclamo mi herencia"*.

Solo una mente que se muestra receptiva al milagro podrá abrirse a recibirlo junto con todos los regalos que trae consigo. Una vez hecha la entrega, tan solo debes tener fe en que el cambio se dará. Tú no tienes que hacer nada. Ese es uno de los errores que solemos cometer, pues no nos damos cuenta que cualquier intento de interferir, representa la ausencia de fe en Aquel que sabe lo que hace. En este caso, solo debes recordarte que El Espíritu es infalible a la hora de cumplir su función. De hecho, es arrogante pensar que la respuesta que da Dios a través del Espíritu puede fallar, y que debes ser tú el que se encargue una vez más del problema.

Sé que para nuestro estado mental, no hacer nada ya es un conflicto en sí. Pero justamente es lo que hay que hacer, o mejor dicho, lo que no hay que hacer, es decir, interferir. Puedes ser el observador de lo que Dios es capaz de hacer por ti si estás dispuesto realmente a ver. Recuerda que a través de tu hermano puedes ver al ego o al Espíritu, a tu verdugo o a tu salvador. Si sigues viendo al ego significa que lo estás observando con tu propio ego, por tanto no has renunciado a tus pensamientos del pasado. Si ves al Espíritu, significa que te habrás decidido en favor de la salvación. ¿Qué es ver al cristo en tu hermano más que verle libre de tu pasado, y por tanto, libre de juicios?

Del mismo modo que tus pensamientos de conflicto cobran forma en algún nivel, tus pensamientos de perdón también cumplen con esta característica. El milagro significa que te has decidido por la resolución definitiva del conflicto. Esta forma ahora puede darse de muchas maneras, pues el mundo del efecto puede adoptar múltiples formas. Hay situaciones en las que, cuando el milagro se da, la relación especial, ya sea sentimental, familiar, profesional o social, parece desvanecerse. Puede que la pareja con la que estabas de repente te diga que se va, o que tu jefe te anuncie que ya no seguirás en la plantilla. Cuando comenzamos a aplicar estos principios estamos desarrollando a su vez el valor de la confianza. Esto es a lo que UCDM califica como el "período de deshacinamiento".

Ello no tiene por qué ser doloroso, aunque normalmente lo es. Durante ese período parece como si nos estuviesen quitando las cosas, y raramente se comprende en un principio que estamos simplemente
reconociendo su falta de valor.

UCDM MM 3A_3:2-3

Lo que esto quiere decir es que cuando liberas a tu mente de las creencias símbolos de conflicto, lo que representaba el conflicto fuera de ti desaparece. Puede que de la forma en la que hemos mencionado, u otras veces ocurre una transformación aparentemente inexplicable en el otro, y los problemas por los que antes se discutía pasan a ser parte del olvido. En cualquiera de los casos, permite que el cambio se dé, sea cual sea, pues será la respuesta que estabas pidiendo.

Es por eso por lo que, para que el milagro se dé, hay que estar dispuesto a perder aquello que temes perder. Y no ser tú el que decida qué forma es la que debe adoptar el cambio, pues eso no es de tu competencia. La forma que adopte será la correcta. De lo único que puedes estar seguro, es que el milagro sólo puede brindarte paz. Por tanto, deja que sean tus emociones las que uses para juzgar lo acontecido, no los hechos que ves con tus ojos. Si sientes paz, se de la forma que se dé, ten por seguro que el cambio o la corrección se ha llevado con éxito.

Mientras perdure el conflicto, no debemos caer en la trampa de volver a entregar una y otra vez al Espíritu el problema, pues lo único que estaremos reforzando en ese gesto es la desconfianza. Y es justo en la confianza en la que hay que depositar la fe ahora.

Una vez entregadas las causas es muy probable que aún sigas viendo los efectos del conflicto en el nivel de la experiencia. Por ejemplo, si el problema que llevas arrastrando es con tu jefe, y has entregado las causas que daban pie a esa situación, es probable que cuando llegues al trabajo sombras del pasado parezcan acechar aún. Tal vez veas como tu jefe vuelve a hacer lo mismo y a llevar de nuevo el conflicto a tu mesa. En este caso, aplicaremos lo mismo que en los pasos anteriores. Llevaremos a nuestra mente a un umbral donde la receptividad a ver el milagro sea la correcta. Si sigues entregando el problema estarás cerrándote a ver el cambio, y verás aquello que desees ver. En este caso, al no creer, habrás decidido valorar más la condena que la liberación.

Pero si te abres a ver el milagro que esta entrega trae consigo para ti, el milagro se dará tarde o temprano.

A continuación te dejo algunas frases que pueden ayudarte a conectar con esta intención:

Por encima de todo quiero ver esto de otra manera.

Esto ya lo entregué. La voluntad de Dios es que experimente la paz.

Quiero ver el milagro que esta situación esconde para mí y para la gente que me rodea.

Estoy decidido/a ver esta situación de otra manera.

Estoy decidido/a ver paz en lugar de esto.

La entrega es la forma en la que permites que el milagro se obre en tu mente. Sería absurdo decirte que creas esto, pues justamente la creencia en esto es algo que solo se puede alcanzar cuando se experimenta. Y cuando lo vivas varias veces, verás que otros también viven acontecimientos que van muy ligados a sus pensamientos. Ser consciente de la asociación que hay entre causa (pensamientos) y efecto (experiencia o sucesos) irá alimentando tu confianza. A medida que alimentes tu confianza le darás más valor, y por tanto lo verás más y más. Y no solo lo verás en ti, sino también en otros. Es entonces cuando pasarás de creer en el milagro a tener certeza en el milagro. Por lo tanto, lo único que has de depositar en este momento es fe. Un pequeño desplazamiento en el que dejas de depositar tu fe en el ego, para depositar tu fe en Dios y en tu propio Ser.

10.5.- Dar sin reservas

El día que el ser humano se dé cuenta que la abundancia es la consecuencia de dar y agradecer, y la escasez es la consecuencia de quejarse y pedir, descubrirá que siempre tuvo en sus manos todos los recursos para elevar su vida a lo más alto.

Nadie puede dar lo que no tiene. De hecho, dar es la prueba de que se tiene. Ya hemos hecho mención a esto anteriormente. Tú eres consciente de que para dar algo primero debes tenerlo. Es la segunda parte de la afirmación donde las leyes universales o la percepción verdadera difieren con la mentalidad mundana que gobierna nuestro mundo. Pues si das algo físico a alguien, verás con tus propios ojos cómo ese alguien gana y tú pierdes eso que has dado.

Si has tenido y has dado, el mundo afirma que has perdido lo que poseías. La verdad mantiene que dar incrementa lo que posees.

UCDM L187_1:7-8

¿Cómo puede ser posible que al dar incrementes lo que posees entonces? Debemos recordar que las cosas representan un conjunto de pensamientos que dan lugar a ellas tal como cita UCDM.

Imagínate que das un billete de 500€ a un grupo de niños de 2 años.

¿Qué crees que harían con ese billete más que estrujarlo hasta crear una pelota y jugar con ella? El billete es un trozo de papel cargado de significado que le damos con nuestra mente. Y como bien hemos aprendido durante esta lectura, cuando compartes tus ideas no las debilitas, por el contrario, todas ellas te siguen perteneciendo. Cada vez que compartes cualquier cosa, lo haces desde una intención muy concreta. Por ejemplo, cuando vas a pagar la factura de la luz, puedes observar si estás pagando desde un sentido de injusticia o de agradecimiento. Es raro ver a alguien pagar una factura de la luz desde el agradecimiento, ¿verdad? Bueno, pues lo creas o no, pagar desde un estado de gracia es el mayor regalo que puedes darte, pues si pagas desde una sensación de injusticia estarás compartiendo pensamientos de escasez en tu mente, más si pagas desde un estado de gracia estarás reforzando pensamientos de abundancia en tu mente. Y créeme, pagar cosas en este mundo es inevitable. Lo que sí es una opción es desde qué estado o intención vas a llevar a cabo dicha transacción, recordando que los pensamientos (intención) desde donde lo hagas reforzarán en ti dichos pensamientos.

Con esto, la idea de dar y recibir se clarifica. Ahora puedes percibir que al dar, tu caudal aumenta".

UCDM L187_3:4-5

Da gustosamente, pues solo así podrás beneficiarte de dicha transacción. No tiene sentido la creencia de que compartiendo queja constantemente pueda conducirte a experimentar la abundancia. Ni tampoco tiene sentido la creencia de que compartiendo juicio o ataque a los demás pueda conducirte a experimentar la paz y el amor. Si quieres experimentar algo, deberás dar mucho de ese algo para poder experimentarlo.

> *Nunca olvides que sólo te das a ti mismo. El que entiende el significado de dar, no puede por menos que reírse de la idea del sacrificio. Tampoco puede dejar de reconocer las múltiples formas en que se puede manifestar el sacrificio. Se ríe asimismo del dolor de la pérdida, de la enfermedad y de la aflicción, de la pobreza, del hambre y de la muerte. Reconoce que el sacrificio sigue siendo la única idea que yace tras todo esto, y con su dulce risa todo ello sana.*

> UCDM L187_6:1-5

Una vez se abandona ese sistema de pensamiento, aparecen todas las cosas ante ti. No podrás vivir en la abundancia hasta que no hayas perdido el miedo al fracaso o a la pérdida. No podrás vivir en una relación auténtica hasta que no hayas perdido el miedo a los símbolos de la traición y el engaño. No podrás vivir realmente, hasta que no hayas perdido el miedo a morir. Y no podrás recordar Quién Eres hasta que no te desapegues de lo que no eres.

La necesidad es un estado mental, del mismo modo que la abundancia es su contrario. No pueden darse ambos a la par. Una mente que cree firmemente en la escasez no puede conocer la abundancia y viceversa, ya que ambas creencias proceden de dos sistemas de pensamiento radicalmente distintos.

Por ejemplo, ir a trabajar desde una emoción o sensación de obligación (sacrificio), no es generar una mentalidad abundante. El agradecimiento es la semilla de la abundancia y la salud, del mismo modo que la queja es la semilla de la escasez y la enfermedad.

Recuerda que eres tú y solo tú la persona que decide cómo sentirse en cada momento. No existe circunstancia exterior que tenga la capacidad de hacerte sentir. Todo escenario es neutro. No existe nada bueno y nada malo, sino experiencias. Lo que piensas que es malo ahora, dentro de un tiempo lo verás cómo lo mejor que te pudo pasar. Y lo que crees que es bueno ahora, lo verás cómo lo peor que te sucedió. Los escenarios son neutros para todos, y son transformados en buenos o malos cuando entran en contacto con nuestro estado mental, siendo este último, el que juzgará si lo que sucede es bueno o no.

Seguramente, al hablar de abundancia, tu mente se haya ido al símbolo del dinero solamente. Si es así, puedes comprender que eso ya es un signo de mentalidad escasa, ya que la abundancia no se manifiesta a través de una sola cosa, sino que tiene infinitas formas de hacerlo. La abundancia de relaciones, de oportunidades, de salud, de economía, de recursos, de amor, de ayuda, de comida.

Otro ejemplo de sacrificio es cuando damos desde un sentimiento de culpa a los demás. Cuando a un "necesitado" le cubres con cosas constantemente, lo único que haces es empobrecer más su situación, ya que estás reafirmando en él la creencia que tiene de sí mismo, y por tanto, al compartir esa idea la refuerzas también en ti. Esto no quiere decir que no haya que dar o ayudar a los demás cuando aparezcan situaciones delicadas, sino que no hagamos dependientes a personas que tienen plenas capacidades y facultades para ser autosuficientes, y que calibres mucho desde donde estás dando y cuál es el propósito de dicho intercambio. Hay personas en nuestra sociedad verdaderamente desvalidas e incapacitadas. Pero la gran mayoría adoptan sus ropajes para aparentar ser víctimas, y poder recibir su beneficio.

Los judíos, las personas más ricas del planeta, han comprendido profundamente los principios fundamentales de causa y efecto cuando nos referimos a la riqueza. Nos han mostrado una ley equilibrada frente a esto. El diezmo. Ellos dan el 10% de su sueldo a la vida. No a nadie en especial, sino como agradecimiento por lo que han recibido. Este acto lleva una programación mental intrínseca que cumple al 100% con los principios de la abundancia. Al dar una parte de su sueldo, en su mente están reprogramando que son poseedores y capaces, y por ende, abundantes. Es la manera en la que le dices a tu mente ¡Yo soy el recurso! La mente que es educada desde estos principios está más preparada para ver oportunidades, para ser creativa y para servir a los demás. Mientras tanto, los "codependientes" verán problemas, injusticias y dificultades en todo momento.

Ese 10% se repartirá, sobre todo, para aquellas personas que realmente necesitan recursos ya que, por ellos mismos no pueden sobrevivir. Personas que están postradas en una cama, enfermas, etc. Ese 10% da un sentido perfectamente equilibrado. Si un país tuviese esta educación, sería literalmente rico. Pero muchas veces pensamos que tenemos que dar más a los que piden.

En España, por ejemplo, el sistema está creado para empobrecer al país, no para enriquecerlo, ya que vivimos en un sistema que premia al que no produce y ahoga al que produce. ¿Cómo va a motivar un sistema así a que las personas emprendan o trabajen para mejorar la sociedad, si mientras menos haces más derechos tienes, y mientras más haces más obligaciones debes soportar? ¿Qué ideas se están compartiendo en la mente colectiva a través de la cultura y la educación de una nación completa? Hay ayudas para todo tipo de personas, aunque esas personas estén perfectamente capacitadas para producir y generar recursos. Al dar más de lo que tiene, el sistema inevitablemente está condenado a generar deuda como resultado de compartir pensamientos de escasez. Esta deuda hace subir los impuestos. Y estos impuestos hace que las personas que realmente están produciendo, finalmente no tengan dinero casi para ellos, que entren en un estado de estrés y terminen por enfermar o con algún trastorno agresivo compulsivo que proyectará hacia su familia, el vecino, la política o cualquier cosa que se cruce en su camino.

El problema de la economía moderna y de la sobreprotección, es que hacemos inútiles a los útiles. No hay que ser muy observador para comprender que estamos sosteniendo un sistema basado en el sacrificio. "Alguien tiene que pagar por el mal de otros", en lugar de vernos como una unidad y comprender qué nos beneficiaría más reforzar un sistema educativo basado en estas leyes para que todos se beneficien, en lugar de seguir sosteniendo un sistema que beneficia más a la "víctima" que al responsable.

Un país no puede enriquecerse quitando el dinero a los que tienen una mentalidad abundante, para dárselo a los que rezan por una mentalidad escasa basada en la queja constante. Estos últimos, para justificar su estado, proyectarán sobre los abundantes todo tipo de juicios que marcará más distancia en ambos bandos.

En lugar de quitar el dinero al que produce para dárselo al que no produce, estos deberían aprender de las características que tiene una mentalidad abundante, y cuáles son los principios universales de la que está compuesta, para que ellos pudiesen experimentar por ellos mismos una vida de las mismas características. Pero, como ya hemos comentado, no puedes comprender aquello que rechazas.

Personalmente, las personas más ricas que yo conozco son justamente las personas más dadoras y agradecidas. Siempre están dispuestas a dar y a ayudar, pues han comprendido que siempre que dan a otro están beneficiándose directamente ellos, ya que están reforzando cada vez más y más que ellos son algo de valor y que tienen algo bueno que ofrecer al mundo.

Como hemos mencionado anteriormente, lo único que distingue al presente del pasado y del futuro es tu presencia. Hay ciencias que estudian el futuro, terapias que lidian con el pasado, y pocas mentes que se experimentan en el presente. Si tu presencia es presente, sólo el presente es vida. ¡Todo lo que necesitas para vivir lo tienes ahora!

Cuando llegaste a este mundo, viniste con todo lo que necesitabas para experimentar la vida. La vida no es un juego que se gana o se pierde, solo se juega. Y Tú, eres todo lo que necesitas para jugar esta partida.

Recuerda que, el Jardín del Edén, era el estado mental libre de la creencia en la necesidad de la que gozaba el Hijo De Dios. ¡¡Por eso lo tenía todo!! Y es justo a ese estado mental al que tiene que retornar tu mente. Cuando te liberas de la creencia en la necesidad, aparece la abundancia, pues, tal como llevamos describiendo a lo largo del libro, cuanta más alimentes un sistema de pensamiento, más lo experimentarás en tu vida y verás con tus ojos los testigos que hablen del sistema de pensamiento por el que te has decantado.

Ahora bien, para pasar de un sistema de pensamiento a otro, no hay que volverse loco tirando todo lo que tienes o renunciando a los regalos que la vida te ofrece, entrando así en un estado de penitencia y de sacrificio, pues es justo la idea en el sacrificio la que da paso al mundo del conflicto, y por tanto, la que debemos dejar de enseñarnos por más tiempo.

Privarte de todo solo daría paso a un mayor conflicto en tu mente, pues tal como hemos dicho antes, el error no se cambia a nivel de comportamiento, en el nivel de los efectos, sino en el nivel de las causas o pensamientos.

Por lo tanto, el sistema correcto para ir de un sistema de pensamiento a otro no es privándote de cosas, sino entregando al Espíritu Santo toda idea de escasez y privación, y poniendo foco en alimentar un estado de gracia.

El resto se ordenará tras haber alimentado durante un tiempo un estado mental basado en audiencia. Como consecuencia, cosas externas a ti empezarán a cambiar: hábitos, relaciones, economía, y un sinfín de cosas que irán apareciendo poco a poco a medida que vayas practicando esto.

Debes comprender también que llevas mucho tiempo tal vez reforzando un sistema de pensamiento antiguo. Ser impaciente, emerge de la necesidad de tener resultados rápidos, por lo tanto hay que tener cuidado con la impaciencia, pues te llevará de nuevo a un estado de necesidad.

Todos tenemos la capacidad de agradecer y de servir a los demás. Si quieres vivir una vida abundante, haz cosas de corazón por los demás. Pero no por las personas con las que te relacionas solamente. Esa es la trampa del ego y de las relaciones especiales, pues en ese gesto puede esconderse la intención de esperar algo a cambio de eso que das. Y eso pertenece al principio de escasez, pues, al dar para recibir, estás haciéndolo desde la necesidad de recibir. El camino pasa por transformar esa emoción inconsciente de escasez, por una emoción plena de agradecimiento cuando estás dando. Ya que, solo el hecho de poder dar, te convierte en alguien que tiene. Solo el hecho de poder ayudar a los demás, te convierte en alguien que es de valor para los demás. Esas características pertenecen al estado mental de la abundancia, y por ende, de tu propio y verdadero Ser.

Si quieres experimentar amor, dalo para poder tenerlo. Si quieres experimentar riqueza, enseña a otros, sin miramientos, a verse abundantes y agradecidos. Pero no se lo des hecho, enséñales. Si quieres tener paz, lleva paz a otras mentes. Si quieres tener felicidad, compártela con los demás. Dar es la prueba de que tienes. Este es el idioma materno de tu mente. Por eso siempre te ha dado lo que has pedido. Cuando te has quejado por algo, tu mente te ha concedido que veas el resultado de tus creencias en el nivel de tu experiencia. Recuerda que todo pensamiento cobra forma en algún nivel.

Cuando te vayas a la cama, haz una lista con 5 cosas por las que estás agradecido. Apúntalas. Cada día haz lo mismo, pero sin repetir ninguna que ya esté apuntada en la hoja. Haz esto durante 30 días y permítete observar qué cambios en ti has experimentado en ese proceso.

¿Por qué estoy agradecido hoy?
¿Qué cosas nuevas, por insignificantes que parezcan,
son motivo de agradecimiento?

Tu mente es una experta buscadora y nunca falla. Si la entrenas para buscar conflicto, usará todas las situaciones de tu día a día para encontrar aquello que deseas. Se volverá una experta en buscar defectos en cada situación y en cada persona que se cruce en tu camino, creando una realidad de conflicto para ti. Por el contrario, si preparas a tu mente en principios de agradecimientos, te mostrará a todo lujo de detalles un mundo lleno de posibilidades, recursos y abundancia para ti.

10.6.- Tienes el poder de decidir

Nos pasamos la vida queriendo controlar todo desde el presente, para evitar futuros inciertos. Y después de cada uno, siempre hay otro, y nuevamente otro. Pero todos te llevan al mismo sitio, nunca más allá. Lo cierto es que cuando piensas en controlar algo, eres tú el que está siendo controlado por ese pensamiento. Amigo mío, el mundo está esperando con gran esperanza tu despertar.

¿Qué vas a enseñarte a partir de este momento? Pues aquello que te enseñes es aquello en lo que te convertirás y aquello que vivirás. Y tus decisiones serán la lección y el legado que dejarás al mundo. De nuevo,

¿Qué quieres enseñarte a partir de este momento?

No puedes controlar el futuro, pero sí puedes conocer tus posibilidades y descubrir el potencial ilimitado de tu mente santa. No puedes cambiar el exterior, pero sí puedes corregir tu conflicto interior. No puedes caminar hacia adelante sin caminar hacia adentro. No puedes condenar a nadie sin condenarte a ti mismo. Y no puedes hallar la paz juzgando el mundo que ves, pero puedes perdonar el mundo que ves y liberarte a ti junto con él.

A cada paso que das, cada día que pase, en cada situación que se te presente, siempre estarás ante una nueva oportunidad de elegir de nuevo. Se te ha dado el poder de decidir cómo quieres pensar, qué quieres sentir y cómo quieres vivir en este momento. Cuando estésinterpretando un conflicto, recuérdate que estás representado tu propia libertad al pensar conflictivamente, que no hay nada que pueda hacerte daño excepto tus propios pensamientos, y que está en tus manos decidirte por pensamientos que contengan una calidad vibracional que te eleven y no por aquellos pensamientos que te condenen.

Elige siempre ante tu fortaleza y no ante tu debilidad. En ese espacio radica tu poder de transformar todo el universo, pues el único cambio que debes llevar a cabo está en tu interior.

¡Tienes tanta capacidad para hacer el bien! Cada vez que emprendes una lucha estás condenado a perder, pues en la lucha solo el ego sale victorioso. Es en tus relaciones donde eliges experimentar el cielo o el infierno, ser salvador o juez de tu hermano, perdonar y liberarte o culpar y condenarte.

Si la energía que te impulsa a decidir en la vida nace del miedo a fracasar, en lugar del deseo de vivir, amar y experimentar, puede que ese impulso te lleve a hacer grandes cosas e incluso a atesorar fortunas, pero jamás podrás alcanzar la grandeza desde ese lugar. La arrogancia y el miedo te impedirán ver con claridad. No te dejes engañar por más tiempo. Es aprendiendo a acallar esa voz que todo lo quiere controlar como puedes volver a recuperar el dominio de tu vida. No puedes controlar el curso de la vida y mucho menos luchar contra ella, pero sí puedes conocer sus principios y disponerlos a tu favor.

En estos momentos tú puedes hacer dos cosas: regresar a tu rutina de siempre, o servir a algo más grande que tú. Si eliges la primera opción, todos habremos perdido algo maravilloso. Si eliges la segunda opción, habrás dado el paso a convertirte en el cambio que quieres ver en el mundo.

Tal vez creas que no estás preparado para eso. Sin embargo, no sabes que naciste capacitado para vivirlo. Lo cierto es que ya estás preparado para ser ese cambio.

En cada una de las circunstancias que se te presenten puedes, conscientemente, volver a elegir a favor de tu felicidad en lugar de la tristeza, a favor de tu amor y compasión en lugar de tu miedo y tu sed de venganza.

Tu mayor éxito habrá llegado cuando tu postura de descanso sea la mejor de tus sonrisas. Mientras tanto, a cada paso que des, ante cada situación que se te presente, sabrás que siempre podrás *Vivir por Amor, o morir por miedo.*

Este libro se terminó de imprimir
el 19 de marzo de 2021

Día del Padre

Made in the USA
Columbia, SC
14 September 2024

42251926R00238